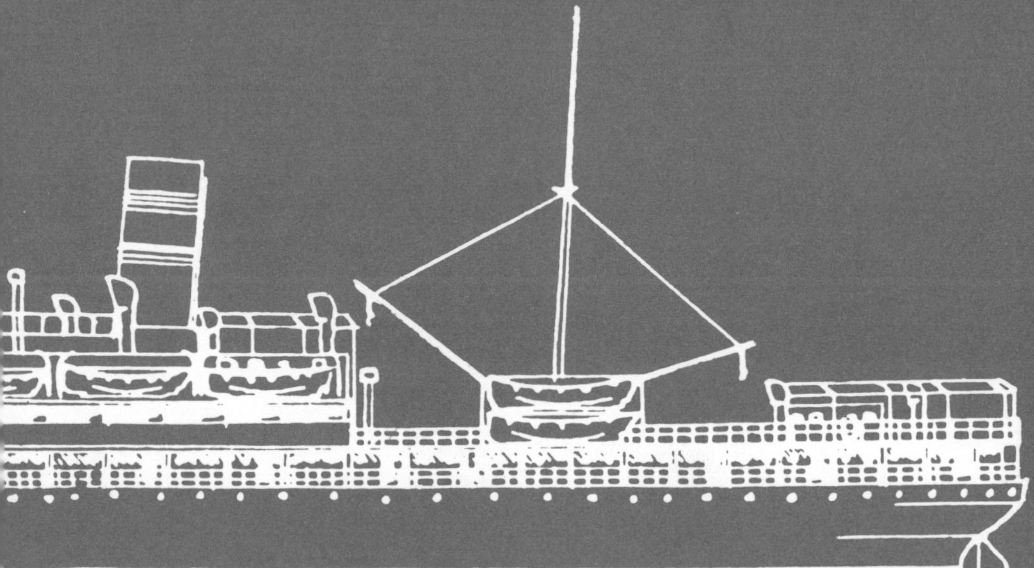

Kurt Gerdau

UBENA
Rettung über See

Im Kielwasser des Krieges

KOEHLERS VERLAGSGESELLSCHAFT MBH · HERFORD

CIP-Kurztitelaufnahme der Deutschen Bibliothek

Gerdau, Kurt:
Ubena – Rettung über See: im Kielwasser d.
Krieges/Kurt Gerdau. – Herford: Koehler, 1985.
  ISBN 3-7822-0353-4

ISBN 3 7822 0353 4; Warengruppe Nr. 21
©1985 by Koehlers Verlagsgesellschaft mbH, Herford
Alle Rechte, insbesondere das der Übersetzung, vorbehalten
Schutzumschlaggestaltung: Ernst A. Eberhard, Bad Salzuflen,
unter Verwendung einer Aufnahme von Kapitän Hermann Minngold Förster
Produktion: Jörn Heese
Gesamtherstellung: Brühlsche Universitätsdruckerei, Gießen
Printed in Germany

Inhaltsverzeichnis

Weihnachten in Ostpreußen 7
Der Tag, als das Ende begann 25
Zurück hinter die Weichsel 40
Probefahrt entlang der Samlandküste 50
Die letzten Stunden in Pillau 55
Gefährliche Weiterfahrt nach Bremerhaven 76
Fluchtpunkt Danziger Bucht 79
Die *Ubena* verläßt Bremerhaven 96
Die Marine räumt Danzig 102
Ubena läuft Gotenhafen an 107
Die *Ubena* verläßt Neufahrwasser 112
Auf der Reede vor Gotenhafen und Hela 118
Kurs auf Kopenhagen 123
Die letzten Tage des Krieges 130
Epilog: Grauenvolle Erinnerungen 138
Deutsche Afrika-Linien 144
Blohm & Voß und die Reederei 146
Das Schiff 148
Der verschwundene Passagier 151
Selbstmord im Kabelgatt 154
Flaggenwechsel auf der *Ubena* 157
Prügelei mit tödlichem Ausgang 159
Ubena – Wohnschiff für drei U-Boot-Flottillen 162
Die Boote der 7. U-Flottille und ihr Verbleib 165
Von Kiel nach Pillau 167
Die *Ubena* in Pillau 169
Das Ende der 21. U-Flottille 173
Die Boote der 21. U-Flottille und ihr Verbleib 175
Für *U 977* ging der Krieg weiter 179
Die Post auf den Spuren der *Ubena* 182
Daten der *Ubena* 184
Chronik des Schiffes 186
Glossar 189
Quellen 191

*»Du hast in Krieg und Schrecken
mich wunderbar bewahrt.«*

Agnes Miegel

Weihnachten in Ostpreußen

Seit rund neun Stunden heult und orgelt der Sturm aus Nordost und saust, bevor er Atem holt und die Seestadt Pillau erreicht, über die langgestreckte Kurische Nehrung hinweg. Vom Frost ausgedörrte Krüppelkiefern biegen sich heftig, aber sie brechen nicht. Es ist klirrend kalt, doch die Luft riecht nach Schnee. In den Dörfern Pillkoppen, Nidden, Sarkau, Rossitten schließen die Frauen die Fensterläden in den Gehöften. Der steife Wind springt über die Samlandküste, den Hafen, die Molen hinweg und erreicht die draußen auf See liegenden Vorpostenboote und den Geleitzug, der aus Kurland kommend langsam westwärts zieht. Vom hohen Pillauer Lotsenturm aus sind die tiefabgeladenen Frachter noch gut auszumachen. Sie heben sich gegen einen fahlroten Horizont scharf ab. Von Schornsteinkanten abgerissene Rauchfahnen treiben wie Trauerschleier den dunklen Schiffen voraus und werden vom böigen Wind auf das umgebrochene Wasser gedrückt. Die kleinen Begleitfahrzeuge der Sicherungsdivision haben Mühe, sich in der groben See zu behaupten. Ihre Anwesenheit ist nicht viel wert, denn sämtliche Waffen sind seit Stunden unklar. Das überkommende Spritzwasser gefriert sofort und verstärkt unaufhaltsam den Eispanzer auf den Kanonen und Wasserbombenabwurfgeräten. Doch die Fahrzeuge bleiben beim Geleit. Artur Lankau, Kapitän der *Mungo*, schüttelt sorgenvoll den Kopf, wenn er auf Leeseite durch das gepanzerte Brückenfenster auf den nicht weit entfernt dahintorkelnden U-Jäger sieht, dessen Bewegungen immer schwerfälliger werden. Wir wären ein gefundenes Fressen für russische Unterseeboote, denkt Lankau, aber zum Glück für uns feiern die Besatzungen wohl ebenfalls Weihnachten.

Auf dem Turm Am Seetief in Pillau legt Oberlotse Alfred Krüger das schwere Fernglas zurück auf die Konsole und greift zögernd zur Tabakspfeife. Er raucht zuviel, nach Meinung seiner Frau und des im August bei einem Verkehrsunfall ums Leben gekommenen Arztes Dr. Hugo Bautze. Er hatte ihn regelmäßig konsultiert, wenn ihm sein Rheuma zu schaffen machte, eine Krankheit allerdings, gegen die auch der Luftschutzarzt kein anderes Mittel wußte, als ihm die Zigarrenkiste mit Krüllschnitt hinzuhalten. Bei seinem Nachfolger, einem von der Kammer eingesetzten Arzt aus Eydtkau, war er noch nicht gewesen. Warum auch, denn der Pächter Reinhard der Adler-Apotheke kennt sein Leiden. »Mit Rheuma kann man besser leben als mit mancher Frau«, diese Weisheit hatte er ihm bei seinem ersten Besuch am Großen Markt mit auf den Heimweg gegeben.

Zufrieden zieht Krüger an seiner Pfeife. Der Tabak beißt auf der Zunge. Den mitgebrachten duftenden Pfefferkuchen wird er nachher mit einem Gläschen angewärmten Lübecker Rotspon hinunterspülen. Schließlich ist Heiligabend, und wer weiß, was die Zukunft noch alles bringen wird. Er überlegt, ob er den Hilfslotsen Peter Hoffmeister einladen soll, aber dann wird jeder nur ein kleines Gläschen bekommen, gerade genug, um den hohlen Zahn zu füllen. Hoffmeister steht am gegenüberliegenden Fenster und beobachtet das Anlegemanöver des Lotsendampfers *Friedrich Wilhelm*. Im Hafenbecken III, dem Marinehafen zwischen Russendamm und Schwalbenberg, liegt der Schwere Kreuzer *Lützow* an einem der beiden erst im Frühjahr fertiggebauten Liegeplätze für Großkampfschiffe. Noch knattern die bunten Kriegsflaggen an den Masten der im Hafen ausruhenden Fahrzeuge, doch die Zeit bis zum Sonnenuntergang schrumpft schnell. Auf den Frachtern wird nicht mehr gearbeitet. Die Schauerleute sind von Bord gegangen. Dickvermummte Matrosen beeilen sich, die Luken abzudecken, denn draußen an Deck ist es ungemütlich. In den Messen stehen schon die geschmückten Weihnachtsbäume, bestückt mit kleinen Wachskerzen.

Einsam liegen die Unterseeboote der Schulflottille wie tote Wale neben den großen ehemaligen Passagierdampfern. Die jungen Marinesoldaten haben mit ihren Unteroffizieren die Schulboote verlassen und sind in ihre Unterkünfte an Land zurückgekehrt, während die zum Stab der 21. Unterseebootsflottille gehörenden Offiziere, soweit sie nicht an Land wohnen, sich in den gemütlichen Kammern auf der *Ubena* frischmachen. Die offizielle Weihnachtsfeier der 21. U-Flottille fand in diesem Jahr am späten Nachmittag an Land statt. Jetzt sitzen die Besatzungen der Boote zusammen, jede für sich. Die Stimmung ist gedrückt.

In den Kabinen auf der *Ubena* wird gescherzt. Geöffnete Weihnachtspäckchen aus der Heimat liegen auf den Kojen. Erste Lieder klingen auf, und eine Flasche Machandel wird herumgereicht. »Ist das der Fusel von *U 977*?«, fragt einer und lacht schallend auf.

Der Kapitän hat zum Punsch gebeten. Zuvor wird er zu ihnen sprechen, als Hausherr sozusagen und in Vertretung des abwesenden Flottillenchefs, der kurz vor Weihnachten überraschend das Schiff verlassen mußte und nun mit Scharlach im Lazarett liegt. Eine Karte hat er geschickt und seinen Männern ein frohes Weihnachtsfest gewünscht. Kein Wort vom Endsieg.

An der langen Pier, an der einst die weißen, schmucken Dampfer vom *Seedienst Ostpreußen* ihre Passagiere übernahmen, bis der Ausbruch des Krieges sie aus dem friedlichen Seeverkehr riß, liegen die dunkelgrau gestrichenen großen Pötte. Hinter der hoch aus dem Wasser ragenden *Robert Ley*, die seit Herbst einige Fahrten mit Verwundeten nach Swinemünde hinter sich hat, träumen die Dampfer der Deutschen Afrika-Linien von Hamburg, Ostafrika und tropischer Hitze. Aus Gründen der Tarnung wurde der Raum zwischen den beiden Schornsteinen der *Pretoria* mit einem Brettergerüst versehen.

In der Ecke des Hafenbeckens, beim Marineausrüstungs- und Reparaturbetrieb, liegt die *Ubena*. Von der eigentlichen Stammbesatzung sind nicht mehr viele an Bord. Fünf Chinesen sorgen dafür, daß die Schiffswäsche untadelig aussieht. Neben dem Küchenpersonal arbeiten zahlreiche Stewards unter Leitung von Arnold Fürst. Geführt wird der Turbinendampfer von Hermann Förster aus Himmelpforten an der Elbe. Er ist in Libau aufgewachsen. Im April wird er 65 Jahre alt. Es ist Zeit, an den Abschied zu denken. Von einer kurzen Unterbrechung abgesehen, in der er als Prisenoffizier im Mittelmeer eingesetzt war, ist er seit 1931 Schiffsführer der schönen *Ubena*. Seine seemännische Laufbahn begann er 1894 als Schiffsjunge auf dem Seelenverkäufer *Fritz Reuter*. Zur Afrika-Linie kam er 1901 als 4. Offizier. Die *Ubena* kennt er wie kaum ein anderer und weiß ihre See-Eigenschaften zu schätzen. Bei der Reederei in Hamburg gilt Förster als Sonntagskind, und mehr als Glück kann sich kein Kapitän wünschen. Fortuna stand ihm öfter als einmal zur Seite, und sie war höllisch auf Draht, als er bei Kap Horn aus dem Mast stürzte, aber unten an Deck im Wasser landete und nicht mal eine Schürfwunde davontrug. Die Prügel des Steuermanns, weil er sich an Deck herumdrückte, während seine Kameraden oben in der Takelage schufteten, ärgerten ihn maßlos. So wollte er als Offizier nicht werden. Am 30. August 1939, nur wenige Stunden vor Ausbruch des Zweiten Weltkrieges, passierte die *Ubena* Feuerschiff *Elbe I*. Kapitän Förster hatte es wieder einmal geschafft, Pech dagegen hatte das gleichaltrige Schwesterschiff *Watussi*. Es wurde am 2. Dezember 1939 am Kap der Guten Hoffnung von Flugzeugen entdeckt. Kapitän Wilhelm Stammer blieb keine andere Wahl, als sein Schiff selbst zu versenken.

Hermann Förster sitzt in seiner geräumigen, stilvoll eingerichteten Kajüte am Schreibtisch und überlegt, was er nachher den jungen Offizieren sagen soll. In den zurückliegenden Jahren hat er viele unerschrockene angehende U-Boot-Kommandanten an Bord beherbergt. In dieser gemütlichen Kabine haben sie miteinander geklönt, mitunter heftig diskutiert, Schach und Skat gespielt und bei gegebenen oder gesuchten Anlässen kräftig gefeiert, wie das in allen Marinen der Welt üblich ist. Die Offiziere des Stabes waren keine Weltverbesserer und verstanden zu leben, solange noch Zeit war.

Sie blieben an Bord, bis ihre Ausbildung abgeschlossen war, dann fuhren sie davon. Einige ihrer Namen tauchten in den Wehrmachtsberichten auf, wenn sie nach Erfolgen ihre Auszeichnungen erhielten. Aber die Sondermeldungen wurden immer seltener. Oft kehrten die Besatzungen schon von ihrer ersten Feindfahrt nicht zurück, wurden bereits vor dem Angriff auf einen Geleitzug unter Wasser gedrückt und vernichtet. Doch die Begeisterung der angehenden U-Boot-Besatzungen hält auch jetzt noch an, obwohl das bittere Ende abzusehen ist. Sie fühlen sich als die wahren Ritter des Krieges.

Förster lehnt sich in seinem Stuhl zurück und horcht auf den Sturm, der um die Aufbauten des Schiffes jault. Das Gespräch am Mittagstisch geht ihm nicht aus dem Kopf. Einer der Kommandanten bemerkte lässig: »Freunde, laßt uns dieses Weihnachtsfest würdig begehen. Es wird mit Sicherheit das letzte im Krieg sein!«

Für einen Moment herrschte atemlose Spannung in der Messe. Sie waren zwar unter sich, aber was bedeutete Crewgeist in einer Zeit, in der Denunzianten wie Volkshelden gefeiert wurden? Der mit am Tisch sitzende stellvertretende Flottillenchef hob sein Glas, atmete tief durch und prostete ihm ungeniert zu: »Sie haben vollkommen recht. Wenn erst unsere neuen Unterseeboote eingesetzt werden, ist der Krieg bald gewonnen, sagt der Admiral!«

Keiner lachte an der Back. Alle wissen, daß die neuen Boote keine Chancen mehr haben, überhaupt noch an die Front zu kommen. Obwohl es offiziell verschwiegen wird, ist die groß angekündigte Ardennenoffensive gescheitert. Die Amerikaner rücken unaufhaltsam im Westen und Süden vor, und im Osten steht der Russe mit beiden Beinen auf deutschem Boden. Der schnell zusammengeschaufelte Ostwall wird ihn nicht aufhalten. Seit der Kapitulation Finnlands im vergangenen September ist auch die mittlere Ostsee nicht mehr vor russischen Unterseebooten sicher. Aus dem Nebenschauplatz Ostsee wurde für die Marine inzwischen ein Hauptkriegsschauplatz.

Die noch einsatzbereiten Schweren Kreuzer, einst für den Atlantik gebaut, für den Kampf gegen feindliche Großkampfschiffe und Geleitzüge, werden nun hier eingesetzt, um von See aus die sich tapfer verteidigenden Infanteristen zu unterstützen. Noch schwerer wiegt für die Marine, daß durch den Verlust der Seeherrschaft in der mittleren Ostsee die weitere Ausbildung von neuen U-Boot-Besatzungen gefährdet ist. Das alles weiß natürlich auch Kapitän Hermann Förster, dessen Blick auf dem Bild »Blumenmarkt in Haarlem« hängenbleibt. Auf Anordnung des neuen Flottillenchefs mußte es aus dem Eßsalon verschwinden. Es hing dort, seit die *Ubena* 1928 in Dienst gestellt worden war. Der alte Handelsschiffskapitän vermißt Otto Schuhart, der über ein Jahr lang die Geschicke der 21. U-Flottille gelenkt hat, bevor ihn vor einigen Monaten Korvettenkapitän Collmann ablöste. Schuhart, denkt er, das ist ein Mann aus echtem Schrot und Korn. Schade, daß er abkommandiert worden ist. Förster notiert sich einige Stichworte für seine Ansprache. Er macht sich nichts vor. Auch ihnen auf der *Ubena* bleiben bestenfalls noch einige Monate, dann wird endgültig Schluß sein. Er hat nie so recht begriffen, warum viele Menschen aus dem geräumten Memelgebiet nicht weiter nach Westen gezogen sind.

Es klopft kurz an seiner Kammertür. Der Steward bringt ihm die blankgeputzten schwarzen Halbschuhe und eine ausgebürstete Uniformjacke. Golden glänzen die vier Ärmelstreifen. Als sich der Steward räuspert, blickt Förster auf. »Es ist Zeit, Herr Kapitän«, mahnt ihn leise der Mann, der seit Jahren seine Sachen in Ordnung hält und ihn gut kennt. Er ist ruhig und verschwiegen. »Die Menschen sind schon versammelt«, nuschelt er vor sich hin. Der Kapitän lächelt. Der ältere Steward weigert sich, zwischen Marinesoldaten und Matrosen der Handelsschiffahrt zu unterscheiden und findet im Ausdruck ›Menschen‹ einen gemeinsamen Nenner, zum Leidwesen der dekorierten Offiziere des Stabes; aber er steht unter dem Schutz von Obersteward Arnold Fürst, und wenn der nicht ausreicht, greift der Alte ein. Es ist nicht so, daß Förster nicht weiß, daß sich die ehrenwerten Kollegen von der grauen Dampferkompanie mitunter abfällig über die Leute von der Handelsschiffahrt äußern. Ihn selbst hat das oft genug gestört.

»Die Welt ist voller Narren!« hatte ihm Korvettenkapitän Schuhart geantwortet, als er eine Beschwerde seines I. Offiziers weitergab.

»Nun gut, aber müssen die ausgerechnet zur See fahren?« gab er zu bedenken, wobei er wütend durch die Nase schnaufte. Schuhart lachte, und damit war der Fall geklärt. Der junge Dachs bekam einen auf die Mütze und wurde zurechtgestutzt, und Karl Duffner ging wieder mit durchgedrücktem Kreuz über die Decks der *Ubena*, wenn er seine tägliche Runde machte. Der I. Offizier hat sich abgemeldet, er will Heiligabend an Land verbringen. Förster lächelt in sich hinein und greift zur geliebten Tabakspfeife. Der Steward reißt ein Streichholz an und reicht ihm das brennende Zündholz. Förster nickt dankend, und als er den auffordernden Blick sieht, fallen ihm wieder die mahnenden Worte ein. »Nun gut, Steward, dann wollen wir die ›Menschen‹ nicht enttäuschen. Nach Weihnachten fahren wir beide in Urlaub. Verdient haben wir ihn schließlich. Ist Post gekommen?« Der Steward weiß, daß die Frage keine Höflichkeitsfloskel ist, und antwortet ungezwungen:

»Ein riesengroßes Paket ist eingetroffen. Pünktlich auf die Minute. Der übliche Weihnachtsstollen natürlich, mit echten Rosinen, handgestrickte dicke Socken aus Schafwolle, ein alter Pullover von mir hat wohl daran glauben müssen, und das Buch ›Gärten und Straßen‹ von Ernst Jünger.«

Irritiert schaut Förster auf: »Das Buch kommt reichlich spät, finde ich. Es ist das Tagebuch des Frankreichfeldzuges von Jünger. Mein Gott, wie lange ist das her, der Krieg kommt mir wie eine Ewigkeit vor.«

»Ich weiß nicht, was sich die Lieben zu Hause dabei gedacht haben mögen. Eine Anspielung vielleicht? Egal, wichtig ist, daß wir gesund das Ende des Krieges erleben. Egal, wieviele Stunden er noch dauert.«

Der Kapitän bricht das Gespräch ab mit den Worten, daß er nach Weihnachten Gelegenheit haben wird, die Meinung seiner Angehörigen persönlich zu erfragen. Zustimmend grunzt der Steward und hilft dem Kapitän in den blauen Rock. Ein rascher Blick in den Spiegel: Förster ist zufrieden. Es kommt ihm vor, als ob die *Ubena* unterwegs nach Afrika ist und er ein Bordfest eröffnen soll. Auch zahlreiche Weihnachtsfeste hat er auf See verbracht. Schmunzelnd erinnert er sich an ein Jahr, als sie Heiligabend und Äquatortaufe in einem Rutsch abgetan hatten. War das eine Sause! Er wird, wenn es die Gelegenheit zuläßt, die Story nachher erzählen, nach dem offiziellen Programm, nimmt er sich vor.

Der Steward öffnet ihm die Tür.

Als er den Speisesaal betritt, erheben sich die Offiziere und Mitarbeiter des Stabes der Flottille höflich von ihren Sitzen. Die Gespräche verstummen. Förster bleibt gleich stehen, bedankt sich, spricht frei weg, ohne den Spickzettel aus der Tasche zu ziehen. Mit keinem Wort geht er auf die militärische Lage ein. Das kann nicht seine Aufgabe sein, meint er, davon sollten die Offiziere mehr verstehen als er. Er spricht von Kameradschaft auf See schlechthin, die sich in der Not bewähren muß, und von der verständlichen Sehnsucht der Menschen nach Frieden. Es ist Zeit, daß wir wieder beten lernen, sagt er leise und zitiert zum Schluß »Friede ist Freiheit in Ruhe«.

Förster sitzt wie üblich nebem dem Wohnschiffsoffizier Kapitänleutnant Liebe von Kreutzner, einem älteren robusten Österreicher, den die Marine als Mittler zwischen Schiffsführung und Flottille eingesetzt hat. Ganz ohne Reibereien geht es auch mit dem geistreichen Kapitänleutnant nicht ab, der sich aber stets müht, Einvernehmen zu erzielen. Nach der Ansprache, als die Stewards den Punsch hereinbringen und ausschenken, beugt sich der aus Graz stammende Marineoffizier zum Kapitän und sagt mit gedämpfter Stimme fast ohne Akzent:

»Mein lieber Kapitän, Sie zitieren hier Cicero mit einer Selbstverständlichkeit, die mir in diesem Kreis gänzlich unangebracht erscheint. Die Löwenkinder um uns herum sind nach wie vor tatendurstig, und die von Ihnen erwähnte Freiheit ist eine Geisteshaltung, die kaum im Einklang mit der allgemeinen Dienstvorschrift für deutsche Marineoffiziere steht.«

Förster kommt nicht dazu, sich zu äußern, denn der stellvertretende Flottillenchef Kapitänleutnant Atzinger bedankt sich im Namen des Stabes für die Gastfreundschaft und bedauert, daß Korvettenkapitän Collmann nicht bei ihnen sein kann. Er hebt sein Glas und trinkt auf die Gesundheit des Flottillenchefs. Die Gläser klirren.

Danach singen die Männer altvertraute Weihnachtslieder. Ihr kräftiger Gesang ist draußen an Deck und auf der Pier zu hören, wo die Posten vor der Gangway stehen und auf baldige Ablösung hoffen. Sie treten sich die kaltgewordenen Füße auf der Stelle warm oder versuchen es jedenfalls. Der Wind trägt die Melodien fort, hinaus in die Nacht, die friedlicher nicht sein kann. Der Posten horcht auf.

Schritte werden laut.

Oberleutnant Kühn, Kommandant von *U 708*, verläßt die *Ubena* und strebt seiner Privatwohnung zu, wo seine junge Frau bereits ungeduldig am Fenster steht und auf ihn wartet, gegen die Scheibe haucht und Eisblumen auflöst.

Karl Herbert Kühn hat sie aus Wuppertal-Vohwinkel nach Pillau geholt, und die 25jährige Resi fühlt sich ausgesprochen wohl in dieser kleinen Stadt, die nach See riecht, nach Tang und toten Fischen, fernab von Luftangriffen und ständigem nächtlichen Aufsuchen der miefigen Kellerräume, der tristen Bunker. Das Samland mit seiner einzigartigen Bernsteinküste und den unbegrenzten Bademöglichkeiten liegt vor der Haustür. Obwohl sie noch nicht lange in Ostpreußen ist, kennt sie Neukuhren, Cranz, Rauschen und Palmnicken besser als mancher einheimische Fischer. Langsam läßt die Angst vor Fliegerangriffen nach. Pillau liegt noch nicht in Reichweite der englischen Bomber, und die Russen haben andere Sorgen. Die Ruhe tut der jungen Frau gut, denn sie erwartet in genau einem Monat ihr erstes Kind. Wenn es ein Mädchen wird, soll es Karin heißen. Karl Kühn schlägt den Mantelkragen hoch, bevor er den Gruß des Postens erwidert. »Frohe Weihnachten!« sagt er forsch und dreht sich noch einmal um; aber der Posten hat sich schon abgewendet und hört ihn nicht mehr, was auch an den umgelegten Ohrenschützern liegen kann.

Auf der *Knurrhahn*, die hinter dem großen Wohnschiff vertäut ist und auf der sich die Dienststellen des Stabes der Flottille befinden, ausgenommen die Kassenverwaltung, ist nur die Wachstube besetzt. Leise spielt das Radio. Der Sen-

13

der Königsberg überträgt eine Weihnachtssendung. Pastoral klingt die Stimme des Sprechers: »Friede auf Erden und den Menschen ein Wohlgefallen!«

*

Der steife, eiskalte Wind aus Nordost, der über das zufrierende Kurische Haff heult und die Menschen aus den engen Gassen in die Häuser jagt, weht weiter, pfeift durch die zerstörten Häuser der Provinzhauptstadt Königsberg, jault über das flache Land, über tiefe, einsame Wälder, kleine unscheinbare Dörfer, schmale Bäche, vereiste Teiche, langt kräftig um die Giebel einzelner Bauerngehöfte im Kreis Heilsberg. Die fruchtbaren Felder, saftigen Wiesen und bewaldeten Hügel liegen tief unter Schnee begraben. Viele aus dem Memelland geflüchtete Bauern haben im Ermland mit ihren Pferden Halt statt Rast gemacht. Einige sind sogar wieder zurückgekehrt, als die Front im vergangenen Herbst zum Stehen kam, der Russe nicht weiter nachstieß, und der Wehrmachtsbericht sie wider besseres Wissen dazu verleitete. Der erneuten Räumung am 7. Oktober kamen sie nur unwillig und zögernd nach, klammerten sich an ihre Höfe und wollten nicht wieder mit Sack und Pack ihre Heimat verlassen. Der Russe kommt, der Russe geht, meinten einige, andere waren einfach zu müde, sie wollten nicht mehr.

Mutter Kruck ist mit ihrer 19jährigen schwangeren Tochter Liesbeth und der resoluten Nachbarin Gertrud Domakowski auf der kleinen Bahnstation Werfen im Kreis Tilsit-Ragnit in einen der letzten normal verkehrenden Züge gestiegen. Doch er hat schon erhebliche Verspätung und ist ungeheizt. Erste zarte Eisblumen überziehen die Fensterscheiben. Ihr Mann, der Bahnmeister, schickt den überfüllten Personenzug auf die Reise nach Westen. Die uralte Lokomotive ächzt unter der Last der an ihr hängenden Waggons und ihrer Jahre, als sie sich zögernd in Bewegung setzt. Vater Kruck rennt auf dem Bahnsteig noch ein paar Meter mit dem Zug mit und winkt ihnen mit der Kelle zu.

Mutter Kruck sieht nur seinen konturlosen Schatten durch das blinde Fenster und muß sich das Wasser aus den Augen wischen. Er darf nicht mit auf die Flucht, muß auf seinem Posten bleiben, obwohl keine Züge mehr abzufertigen sind. Doch preußische Beamte fragen nicht nach Sinn oder Unsinn von Befehlen: sie gehorchen. Und so ist mancher brave Mann umgekommen, weil ihn sein Vorgesetzter einfach vergessen hat.

Mutter Kruck kann sich nicht entscheiden, weit weg zu fahren, womöglich bis ins »Reich«, und so steigen die drei Frauen in Heilsberg aus, weil sie die Stadt kennen. Burg, Kirche und Tor bestimmen die Stadtsilhouette. Der geräumige Marktplatz, umstellt von Giebelhäusern und Laubengängen, ist von Wehrmachtsfahrzeugen hoffnungslos verstopft. In der Stadt können sie nicht bleiben, sämtliche Zimmer sind belegt, und so ziehen sie weiter und erhalten schließlich ein Quartier bei einem Bauern. Sie warten auf den Vater, der nicht nachkommt, obwohl Mutter Kruck ihm einen kurzen Brief geschrieben hat mit der Aufforderung, nicht länger in Werfen zu bleiben. Als der russische Angriff erneut abgeschlagen wird, nimmt sie sich vor, nach Neujahr zurückzufahren und nach den Gräbern zu sehen. Als Gertrud Domakowski davon hört, schüttelt sie über soviel Dummheit den Kopf. Sie möchte am liebsten weiterfahren, egal wohin, nur weg, weit weg. Mitunter zittern leicht die Fensterscheiben von den fern einschlagenden Granaten, und jedesmal horchen sie alle erschreckt auf. Manchmal hebt Gertrud auch den Zeigefinger, als ob sie etwas melden will.

Tochter Liesbeth sitzt am Fenster auf einem bequemen Stuhl und schaut hinunter auf den Hof, über den eine schwarze Katze schleicht und seltsamerweise in der Hundehütte verschwindet. Ein kleiner Junge kommt angetrabt. Er zieht einen neuen Schlitten hinter sich her. Die kleinen Hände stecken in roten Fäustlingen, und von der Nase perlt mitunter ein Tropfen. Liesbeth lächelt still in sich hinein und streicht unbewußt über ihren gewölbten Bauch. Sie beobachtet, wie der Junge den Schlitten neben der Treppe an die Hauswand lehnt und mit den Händen den Schnee von den blanken Kufen streicht. Es ist Arnold. Er wird den Hof einmal erben, später, wenn die Zeit reif ist. Der Bauer ist gefallen, vor zwei Jahren schon, und liegt irgendwo in Rußland begraben. Im Mittelabschnitt, wie die Bäuerin sagt. Liesbeth stimmt das traurig. Sie überhört die Mutter, die im Kuhstall ausgeholfen hat und nun mit einem vollen Milchtopf neben ihr steht und ihn ihr unter die Nase hält.

»Mehr hab' ich nicht für dich«, nuschelt sie und dreht sich ab, um nicht das enttäuschte Gesicht ihrer Großen sehen zu müssen. Doch die Tochter ist zu sehr mit sich beschäftigt, gedankenlos nimmt sie den Krug und trinkt gierig, schmatzt, wischt sich mit dem Handrücken den Schmand von den Lippen und stellt fest: »Milch von der Kuh, wenn sie noch warm ist, schmeckt immer noch am besten, da geht nichts drüber!« Erst jetzt bemerkt sie, daß ihre Mutter weint. Liesbeth steht auf und legt beide Arme um ihre Schultern, wiegt sie, fragt, warum sie traurig ist, ob sie etwa schlimme Nachrichten von zu Hause hat. Bewußt vermeidet sie, von Vater zu sprechen. Die Mutter schüttelt den Kopf: »Das ist es nicht, Liesbeth. Eingeladen sind wir, drüben, und sollen mit ihnen feiern. Zugesagt hab' ich, aber weiß Gott im Himmel, mir ist nicht danach zumute.«

Die Tochter beruhigt sie, spricht auf sie ein: »Die Bäuerin meint es gut mit uns.

Wir müssen ja nicht bis Ultimo bleiben. Leicht hat es die arme Frau nicht. Da sind die Kinder, der Hof, das Vieh, der Haushalt, die kranke Großmutter und nun auch noch wir. Sie ist unglaublich stark, finde ich, neulich hat sie gesagt, daß ich so lange bleiben kann, wie ich will.« Abwesend nickt die Mutter. Sie fürchtet, daß ihr diese Kraft fehlt, daß sie viel zu schnell verzagt und aufgibt: »Wir haben nicht mehr viel von dem wenigen, das wir hatten, aber der Abschied ist mir schwergefallen. Wer wird sich um die Gräber kümmern, wenn wir nicht mehr heimkommen? Heiligabend und keine Geschenke. Wie eine Bettlerin komme ich mir vor.«

»Und was sagt die Domakowski?«

Mutter Kruck löst sich aus den Armen der Tochter und hebt wie hilfesuchend beide Hände hoch: »Was soll sie schon gesagt haben, die Domakowski? Warum sollen wir nich mit de Herrschaften e bißche plachaudern, sind schließlich keen Jesinde nich, sondern Volksjenossen!«

Liesbeth lacht laut, und auch Mutter Kruck muß schmunzeln. Bevor sie nach unten gehen, machen sie sich zurecht, so gut es die Umstände zulassen. »Wenn man erst die Lichterchens auf dem Tannenbaum brennen, sieht keen Aas nich, daß unsere Röck' Falten schlagen«, bemerkt trocken die Nachbarin und schreitet bewußt forsch voran, gewillt, sich nicht unterbuttern zu lassen. Die Bäuerin schiebt sie sofort an den bereits gedeckten langen Tisch. »Keine Umstände, nur keine Umstände«, bittet sie und gibt zu bedenken, daß sie vielleicht morgen auch nichts mehr hat und auf die Hilfe anderer Menschen angewiesen ist. Gertrud nickt vielleicht etwas zu eifrig mit dem Kopf, so daß die Bäuerin irritiert aufsieht. Schuldbewußt räuspert sich Gertrud und will erklären, aber sie bringt kein Wort heraus. Allmählich weicht bei Mutter Kruck die innere Spannung und macht einem Gefühl von Einsamkeit Platz. Wortlos nimmt sie zur Kenntnis, daß die Bäuerin die Bescherung der Kinder vorverlegt hat, um sie nicht in Verlegenheit zu bringen. Aber was soll sie dazu sagen, sie als Fremde. Für einen Augenblick ist sie wieder im ungeheizten Personenzug, der Werfen verläßt, und sieht den dunklen Schatten hinter dem beschlagenen Fenster mit den angedeuteten Eisblumen. Sie hat Angst, es könnte das letzte Bild von ihrem Mann gewesen sein. Jetzt fällt ihr plötzlich ein, daß sie kein Foto von ihm auf die Flucht mitgenommen hat. In der Aufregung des Tages muß es auf dem Küchentisch stehen geblieben sein. Hingestellt hat sie es bestimmt, schwören könnte sie.

Am Kopfende hockt wie eine Glucke die Altbäuerin. Sie muß weit über 80 Jahre alt sein. Krank soll sie sein, aber ihre Augen wandern flink, wenn auch unstet von einem zum anderen. Wenn sie spricht, dann von Hindenburg und der

Schlacht in Masuren. »Die Russen sind sehr christliche Menschen, ich habe viele gekannt, sie sind inzwischen alle tot, tot wie Hindenburg. Ich habe ihn gekannt, sogar mit ihm gegessen, einmal, wie das so ist im Leben«, sagt sie mit schnarrender Stimme und rührt unschlüssig mit dem Löffel in der Suppe. Mit am Tisch sitzt auch ein Franzose, vielleicht ein Kriegsgefangener oder Fremdarbeiter. Hin und wieder wirft er einen verstohlenen Blick zu der Bäuerin, die ihm gegenüber Platz genommen hat. Gertrud Domakowski entgeht es nicht, aber sie ist viel zu viel Mensch, um darüber die Nase zu rümpfen. So ein schöner großer Hof braucht schließlich einen richtigen Mann, und stattlich ist er, denkt sie und seufzt.

Viel wird nicht gesprochen, ein paar Worte über das Wetter, den anhaltenden Sturm, den Frost, aber keiner redet über den Krieg. Es ist, als ob sie eine Vereinbarung getroffen hätten. Die beiden Kinder sitzen unruhig auf ihren Stühlen. Schließlich hält es der Junge nicht mehr auf seinem Platz aus. Er rutscht hinunter und will mit seinen Geschenken spielen. Gleich darauf rattert funkensprühend ein Spielzeugpanzer über den Teppich, und der Junge schreit: »Bum, bum, bum!« Die zwei Jahre ältere Tochter soll unter dem karg geschmückten Weihnachtsbaum ein Gedicht aufsagen, aber sie ziert sich und schaut unmißverständlich auf die drei Fremden am Tisch. Die Domakowski ist bereit wegzusehen, Mutter Kruck erhebt sich und bietet der Bäuerin ihre Hilfe beim Abräumen des Geschirrs an, aber davon will sie nichts wissen. Die Großmutter schaut nicht auf, als sie sich verabschieden. Sie hat keinen Bissen angerührt, wie Gertrud feststellt. Oben in ihrem Zimmer angekommen, löscht Mutter Kruck das Licht, bevor sie die Verdunklung am Fenster beiseiteschiebt. Stumm schaut sie hinaus in die Winternacht. Der Wind verwirbelt den Schnee auf dem Hof und türmt ihn an geschützten Ecken zu Haufen. Ein Tier, vielleicht ein Fuchs, schleicht dem Hühnerstall zu, in dem sofort heftiges Gackern beginnt. Der Hofhund schlägt an, bellt wie pflichtgemäß und verschwindet schnell wieder in seiner Hütte. Liesbeth, die den ganzen Abend geschwiegen hat, legt Mutters Hand auf ihren prallen Bauch und sagt leise, als könne sie das Kind aufwecken: »Es bewegt sich, ich spüre das Herzklopfen.«
»Du mußt gut auf dich aufpassen, versprich mir das!«
»Ja, Mutter.«

*

Weiter weht der Wind, er hat nun schon einen langen Weg hinter sich, als er an den geschlossenen Fensterläden der aneinandergelehnten Häuser rüttelt, aber die kleine Stadt Saalfeld am Ewingsee will heute nichts vom Krieg wissen, sie hat ihn auszusperren versucht. Im oberen Stock des Mietshauses in der Schmiedestraße hat Anna Scharein die Lichter auf der schmächtigen Fichte angezündet. Das Bäumchen ist kein Musterexemplar seiner Gattung, aber Anna hat es so lange gedreht, bis es im richtigen Licht steht. Pfeife rauchend sitzt Hermann auf der selbstgezimmerten Bank, mit dem inzwischen etwas gekrümmten Rücken an den großen Kachelofen gelehnt, während Tochter Irene emsig strickt. Der Geruch von in der Ofenröhre bratenden Äpfeln zieht durch die ganze kleine Wohnung. Die für den Raum zu mächtige Standuhr hält ihre Zeit an. Ruckartig verharrt auch Anna in der begonnenen Bewegung, blickt erschreckt hoch und murmelt vor sich hin: »Es wird mit unserem Kurt doch nichts passiert sein?«

Obwohl sie leise spricht, hat Hermann jedes Wort gehört. Er nimmt die Stummelpfeife kurz aus dem Mund und ermahnt sie, nicht so einen Unfug in die Welt zu setzen, das mit der Uhr, das sei doch nur Aberglaube: »Weib, du red'st ja das Unglück ins Haus. Du bist jenau wie deine Mutter!«

Hermann meint es nicht böse, er hat auch nicht viel zu sagen in diesem Haushalt, denn eigentlich führt Anna die Ehe. Ihm ist das recht; aber sie ist sofort gekränkt, wirft ruckartig den Kopf in den Nacken, bis der festgesteckte Dutt mit dem falschen Zopf den Kragen der hochgeschlossenen Bluse erreicht, und verzieht den Mund zu einem dünnen blassen Strich.

Kurt steckt irgendwo in Rußland bei den Panzern. Der letzte Brief ist drei Wochen alt, für Anna eine schier endlose Zeit. Wenn die postlosen Tage sich häufen und Hermann die Wehrmachtsberichte laut vorzulesen beginnt, liegt sie in den Nächten wach, als könne sie so auf den Sohn achtgeben. In den Vormittagsstunden hält sie es oft nicht mehr im Haus aus, sondern eilt der Briefträgerin entgegen, mitunter bis zum Marktplatz. Es kommt vor, daß der Schäferhund Bosko sie die letzte Strecke der Langgasse begleitet und sich dann auf seinen Stammplatz vor der Tür zur Schlachterei legt. Obwohl der Hund ausgesprochen friedfertig ist, haben die Kinder der Umgebung eine Heidenangst vor ihm, bis auf Kurt Scharein, der mit Bosko gut auskommt.

Weihnachten hätte er wenigstens auf Urlaub kommen können, denkt Anna und glaubt, daß es nur an ihrem Sohn liegt, wenn sie das Fest ohne ihn verbringen müssen. Andere Soldaten kommen schließlich auch nach Hause, erhalten sogar Sonderurlaub, nicht nur Ehemänner und Familienväter.

Den Krieg kennt Anna aus den täglichen Zeitungsberichten des beliebten Mohrunger Kreisblattes, der von ihr hoch geschätzten Berliner Illustrierten und der Wochenschau, wenn sie ins Kino geht. Den Birgel mag sie nicht, aber die Röck und die Zarah Leander mit ihrer dunklen Stimme. Krieg ist etwas ganz Schlimmes, aber so lange er weit weg war und sich in Afrika oder an der Wolga abspielte, ließ er sich ertragen. Die Lebensmittelrationen reichten nicht immer, aber dank der guten verwandtschaftlichen Beziehungen kommen genug Eier, Geflügel und Butter in die Stadt. Sie hat rechtzeitig noch zwei Päckchen an die Front geschickt, mit Pulverkuchen für ihren Jungen und Weihnachtsstollen für Willy. Den Kuchen hat sie selbst gebacken. Heute am Heiligabend würden sicher auch die Russen nicht kämpfen, sondern feiern, glaubt sie. Es sind ja auch Menschen, die viel Seele haben und so gerne traurige Lieder singen.

Hermann Scharein ist freigestellt. Nach dem kurzen, siegreichen Polenfeldzug hatte die Wehrmacht freiwillig auf ihn verzichtet, ohne damit Hermann entgegenzukommen. Im Ersten Weltkrieg war er mit dabei gewesen und hatte Ludendorff geholfen, die Russen aus Ostpreußen zu vertreiben. Wenn er gelegentlich davon erzählt, vom gewaltigen Nachtmarsch, dem Feuerüberfall am Dorfrand, dem Angriff im Morgengrauen mit aufgepflanztem Bajonett, unterbricht Anna ihn gewöhnlich und fragt, ob ihm das denn nicht leid tut inzwischen. Doch er zeigt sich bisher ungerührt und behauptet: »Im Krieg, Anna, heißt es: du oder ich, da gibt's kein Pardon, wie die Franzmänner sagen.«

In Wirklichkeit war das alles ein bißchen anders gewesen. Aber das war schon so lange her, und Hermann hatte schlicht vergessen, daß er bei der Bagage gewesen war. Russische Soldaten hatte er nur als entwaffnete Gefangene gesehen oder als Tote auf den Schlachtfeldern. Bis Saalfeld waren die Russen im Ersten Weltkrieg nicht gekommen, und das würden sie bestimmt auch nicht in diesem Krieg. Er hat wie tausend andere Männer auch kräftig am Ostwall mitgeschaufelt. Diese Verteidigungsstellung besteht aus tiefen, endlosen Panzergräben, im Zick-zack verlaufenden brusttiefen Stollen und kleinen Feldbunkern. Um jedes Dorf, jede Ansammlung von Gebäuden ziehen sich Schützengräben, denn Ostpreußen bleibt deutsch, und kein Meter Boden soll aufgegeben werden. Der Iwan wird erleben, was es heißt, deutschen Boden zu betreten.

Seit zwei Monaten ist Hermann wieder Soldat, genau genommen Volkssturmgrenadier bei der 2. Kompanie. Wenn sie nicht auf dem Sportplatz am Bahnhof im Karree marschieren und »Argonnerwald um Mitternacht« singen, um Mut zu schöpfen, buddeln sie an der Stadtgrenze und vertiefen die Stellungen. Gewehre haben sie allerdings nicht, aber die sollen rechtzeitig kommen, wird ihnen versichert: Gewehre und Panzerfäuste. Eigentlich müßten sie längst da sein. Hermann Scharein, der wie immer den linken Flügel der Kompanie bildet, ist noch nie davongelaufen, und das wird er auch nicht, wenn sie ihn ohne Gewehr in den Graben schicken.

Der Flüchtlingstreck auf der Langgasse versiegt. Die Fuhrwerke aus Ostpolen, Weißrußland, aus Masuren haben Halt gemacht. Ungeordnet stehen sie auf dem Schulhof. Die Menschen fanden in den teils ausgeräumten Klassen Unterschlupf, während die kleinen struppigen Pferde draußen stehen müssen, windgeschützt nur durch das hohe Schulgebäude und das angrenzende Feuerwehrdepot. Vor etlichen Jahren, als Saalfeld noch eine Brauerei besaß, brachte Hermann das Bier mit Pferd und Wagen zu den Gastwirtschaften. Jetzt arbeitet er im kriegswichtigen Sägewerk Vohwinkel & Richtberg. Er überlegt, ob er kurz nach unten gehen soll, um Rudolf und Minna ein frohes Weihnachtsfest zu wünschen, aber er verschiebt den Besuch auf später. Neben ihm hat Irene Platz genommen. Die einzige Tochter erwartet ihr erstes Kind. Im Gegensatz zu Kurt, der in der Landmaschinenfabrik Dieser seine Lehre ordentlich abschloß, bevor er zum Arbeitsdienst einberufen wurde, hat Irene den Eltern öfter Probleme aufgegeben, aber sie sind nicht nachtragend, Anna nicht und noch weniger Hermann. Anfang Mai soll das Kind zur Welt kommen, hat der Arzt gesagt. Das Datum weiß sie genau, denn überraschend für sie war Willy für drei Tage auf Urlaub gekommen, und sie hat an Hand des Kalenders »Der redliche Ostpreuße« der besorgten Mutter wiederholt vorgerechnet, daß alles seine Ordnung hat.

Seit einigen Wochen strickt Irene in jeder freien Minute, und Anna hilft ihr. Sie ist überzeugt, daß Handarbeit die Nerven beruhigt, schläft sie doch regelmäßig beim Klickern der Stricknadeln ein. Es wird bestimmt ein prächtiger Junge, hat sie Willy geschrieben und ›prächtig‹ dick unterstrichen. Wie der Vater soll er Willy heißen. Die Entscheidung ist ihr nicht leicht gefallen, denn genau genommen kann sie den Namen Willy nicht ausstehen. Der zukünftige Opa neben ihr freut sich. Bald wird er einen Enkel auf dem Schoß haben, und wenn er größer ist, wird er ihm von der großen Schlacht erzählen, als sie die Russen quer durch die tiefen Masurischen Wälder aus Ostpreußen jagten, damals vor dreißig Jahren, er und General Ludendorff.

Saalfeld liegt weit hinter der Front im Osten, und die Bewohner der kleinen Stadt feiern das Weihnachtsfest wie in den Jahren zuvor. Es gibt zwar kaum noch eine Familie, die keine Kriegstoten zu beklagen hat, aber dieser Menschenschlag ist hart im Nehmen. Draußen rieselt der Schnee. Satte dicke Flocken stapeln sich wie Wattebäusche auf Ästen und Dachfirsten. Wäschepfähle in den Hinterhöfen und Zäune tragen verwegene weiße Kappen. Vor der Häuserzeile in der Schmiedestraße versperrt eine mächtige Schneewehe einige Haustüren. Ein aus der Stadt nahender Pferdeschlitten beeilt sich, nach Hause zu kommen. Silbern und heiter klingen die Glöckchen am Geschirr.

Anna hat ihre Vorbereitungen beendet: Die Kerzen am Bäumchen brennen, das unter der Last von Lametta und Engelshaar die mageren Zweige hängen läßt. Sie schaltet die Deckenlampe aus und sagt betont feierlich: »Ich wünsche uns allen ein frohes Weihnachtsfest und Frieden auf Erden, und, und daß dem Jung' nichts passiert!«

»Und Willy«, ergänzt Irene.

Die wenigen Geschenke unter der Fichte sind nach praktischen Gesichtspunkten ausgewählt. Hermann erhält die versprochenen dicken Unterhosen und zwei Paar selbstgestrickte Socken. Die Tochter freut sich über die blaue Wolle, allerbeste Qualität, und holt aus einer Schublade ein kleines Päckchen. »Es ist von Willy«, betont sie und drückt ihrem erstaunt blickenden Vater den Krüllschnitt in die Hand. Anna steht wie immer mit leeren Händen neben dem Bäumchen. Sie lächelt still in sich hinein, ein bißchen traurig, ein bißchen verletzt. Mit seiner abgearbeiteten Hand streicht Hermann vorsichtig über ihren nackten Unterarm und nickt gedankenschwer mit dem Kopf, als er zu verstehen gibt, daß schon noch alles gut ausgehen wird. Was er damit meint, bleibt ungesagt, und keiner fragt ihn.

Als die Kerzen zur Hälfte niedergebrannt sind und Anna sie aus Sparsamkeitsgründen auspustet, fällt Hermann wieder Rudolf ein und daß er ihm und Minna ein gesundes Weihnachtsfest wünschen will. Vielleicht hat der Schwager auch noch eine Flasche Machandel im Schrank oder Bärenfang, was ihm lieber wäre.

Sie könnten gerne ein Gläschen zusammen auf die Gesundheit trinken. Schon hat er den Türgriff in der Hand, als unten die Haustür geht. Sie ist unverschlossen. Wer auch sollte ihnen etwas tun, etwas stehlen wollen. Nanu, denkt Hermann, so spät noch Besuch, und das am Heiligabend? Das kann nur einer der beiden Söhne sein, der Urlaub erhalten hat, wahrscheinlich der Heinz aus Italien. Befördert worden wird er sein. Hermann will schon Anna rufen, bemerkt aber, daß er sich geirrt hat; Heinz kann das nicht sein, denn der Besucher findet sich unten nicht zurecht. Kein Wunder, denn dort stehen Fahrräder, und Licht brennt nicht im Treppenhaus, die Birne ist ausgeschraubt. Der Luftschutzwart wollte es so. Den Bewohnern macht es nichts aus, sie finden auch im Finstern die Treppenstufen, und die Kinder von Schumanns krabbeln sowieso auf allen Vieren die Stufen hoch. Hermann öffnet die Tür, so daß ein gelblicher Lichtschein in den Hausflur fällt. Unten vor der Tür von Böhnkes steht Bäckermeister Pietsch im langen braunen Parteimantel. Das genügt, Hermann weiß, was der Besuch zu bedeuten hat. Er ist erleichtert, daß er nicht ihnen gilt.

»Was ist?« will Anna wissen und drängt ihn von der Tür weg. Hermann hält den Finger an den Mund, ermahnt sie, ruhig zu sein. Die Tür läßt er einen Spaltbreit offen. Sie haben keine Mühe, das Gespräch zu verfolgen, den Aufschrei von Minna und Rudolfs Frage, wer von den Jungen nicht zurückkommt. Es ist Erich, hören sie den Bäckermeister antworten. Sein Unterseeboot ist von Feindfahrt nicht zurückgekehrt. »Er ist für Großdeutschland gefallen. Im Namen der Partei...«

Doch der Schwager läßt den Mann nicht ausreden, er spricht einfach dazwischen, gibt zu bedenken, daß der Älteste nur verschollen, nicht tot ist. Wer weiß das schon, wenn ein U-Boot verloren geht? Es gibt oft Überlebende auf See, vielleicht ist er in Gefangenschaft geraten. Doch der Bäckermeister in der braunen Uniform kennt seine Geschäfte: Er nimmt den beiden jede Hoffnung, als er leise, aber bestimmt erklärt, daß es in diesem Falle keine Überlebenden gegeben habe. »Gewiß, es gibt noch Wunder, wir alle haben das jüngst im Sommer miterleben dürfen, als unser Führer dem feigen Anschlag von gewissenlosen Offizieren entging.«

Minnas lautes Weinen übertönt seine ins Pathos übergehende Stimme, und oben im Hausflur zieht sich Annas Herz krampfhaft zusammen. Sie will nach unten gehen, um Minna in dieser schweren Stunde mit ein paar frommen Bibelsprüchen beizustehen, aber Hermann hält sie am Arm zurück, schüttelt den Kopf und sagt grob: »Weib, du bleibst hier!«

Den Ton ist Anna nicht gewohnt. Sie will protestieren, aber als sie Hermanns Gesicht sieht, seine zusammengekniffenen Augen, zuckt sie beleidigt mit den Schultern und wirft den Kopf in den Nacken. Unten geht die leicht klemmende Haustür. Der Besuch verschwindet. Unter den Tritten des schweren Bäckermeisters Pietsch knirscht der Schnee auf der engen Straße. Behutsam schließt Hermann die Wohnungstür. Sie sitzen noch lange wach in dieser Heiligen Nacht. Anna betet und ist überzeugt davon, daß der liebe Gott sie versteht, und Hermann grübelt über das Schicksal nach und über das, was sie noch alles erleben müssen, bevor ihre Zeit abgelaufen ist. Sie gehen erst schlafen, als unten Minnas Weinen verstummt.

*

Der Sturm, der über Pillau, Heilsberg, den großen Markt in Bartenstein und böig über die glatte Fläche des zugefrorenen Ewingsee streicht und mit dem pulvrigen Neuschnee spielt, fegt weiter über das Land, über den Kreis Preußisch Holland und heult um die verstreut liegenden Gehöfte in Neumark. Die alte Glocke in der kleinen Dorfkirche läutet an diesem Abend später als gewöhnlich das Weihnachtsfest ein. Der Küster hat sich in der Zeit geirrt. In den geräumigen Ställen der Bauern steht eng zusammengedrängt das Hornvieh. So manches Stück ist in den letzten Wochen hinzugekommen. Die geflüchteten Bauern hoffen, bald wieder auf ihre verlassenen Höfe zurückkehren zu können, und bis dahin werden sich die Kühe erholt haben.

Wie überall im Land haben auch in Neumark die Frauen die Plätze der eigentlichen Bauern eingenommen, mitunter sind es auch Kriegsgefangene. Sie arbeiten oft mehr, als von ihnen erwartet wird, und übernehmen Verantwortung. Sie heißen schon lange nicht mehr »Poli«, sondern Pierre, Louis, Maurice. Ihr Mulhouse heißt inzwischen Mühlhausen und ist die nächste Bahnstation, leicht mit Pferd und Wagen zu erreichen. Innerhalb seiner Gemarkung kreuzen sich die Chausseen, die Elbing mit Mehlsack und Preußisch Holland mit Frauenburg verbinden. An schönen Tagen kann man mühelos vom Kirchturm die Türme des Doms in Frauenburg erkennen.

Im Haus der Schefflers spielt der Volksempfänger Weihnachtslieder, und die Kriegerwitwe Elisabeth Wittke hört aufmerksam zu. Zwischendurch meldet sich eine Bunkerbesatzung an der Kanalküste, ein Leutnant Heinrich grüßt seine Verlobte, und Grenadiere am Ostwall bereiten sich auf die Ablösung ihrer Kameraden vor. Sie hört zu, verfolgt die Namen, obwohl sie weiß, daß sich ihr Mann nicht mehr melden kann. Er fiel im Juli bei Drubroska an der Rollbahn. Begraben hat ihn ein Kamerad aus dem Nachbardorf. Während sich die 13jährige Tochter Christel über den reichlich gefüllten bunten Teller hermacht und Tante Christine in der geräumigen Wohnküche das Abendessen zubereitet, liest Elisabeth erneut den letzten, nicht zu Ende geschriebenen Brief ihres gefallenen Mannes: »Nach Ostpreußen darf der Russe nicht rein...« Sie kennt inzwischen die Worte auswendig, das ist es nicht, warum sie immer wieder zu dem Brief greift. Seufzend läßt sie ihn sinken und wischt sich die Tränen aus dem Gesicht. Das Kind, das sie unter ihrem Herzen trägt, wird ohne Vater aufwachsen müssen. Das wird kein Honiglecken sein, aber sie freut sich trotzdem, ist voller Zuversicht. So habe ich wenigstens etwas von ihm. Vielleicht wird es ein Sohn und sieht ihm ähnlich, hofft sie und ist überzeugt, neben der heranwachsenden Tochter auch noch einen Jungen großziehen zu können. Da ist ja auch noch Tante Christine, mit einem Herzen so groß wie ein Scheunentor.

»Du wirst wieder heiraten, bist ja ein strammes Weibchen«, hat sie neulich zu ihr gesagt und ihren Kaffee geschlurft, aber Elisabeth gibt sich keinen Illusionen hin. Zwei Kinder und nichts weiter auf der hohen Kante, da wird kaum einer anbeißen, bei dem Überangebot von jungen Frauen und Witwen. Sie ist aufgestanden, hat der Tante die Hand auf die Schulter gelegt und abgewehrt:

»Warum noch mal heiraten, ich hab' ja dich!« Sie lächelte, aber ihre Stimme klang traurig. – Das kleine, nicht weit von der Ostbahn entfernt liegende Dorf Neumark rüstet zur wohlverdienten Nachtruhe. Die Wachskerzen an den Weihnachtsbäumen bei Adloffs, Woop, Tieltke, Hing und Schlerff sind längst heruntergebrannt. Morgen beginnt ein neuer Arbeitstag, und auf dem Land gilt es, früh aus den Federn zu kriechen.

Noch wohnen einige aus dem Reich evakuierte Frauen mit ihren Kindern bei den Bauern. Sie haben ihre Häuser und Wohnungen bei den pausenlosen Luftangriffen verloren, sind teilweise zweimal total ausgebombt und mit bleichen Gesichtern, rot geschminkten Lippen und flachen Persilkartons in den schwachen Händen nach Neumark gekommen. Sagenhaft reich sind die meisten von ihnen gewesen, wie sie unverblümt zu verstehen geben, hatten große Geschäfte, Dienstmädchen selbstverständlich vor dem Krieg, Autos und sogar Kühlschränke. Die Bomben haben alles restlos zerstört, alles! Als sie kamen, wurden sie wie Exoten angestarrt und belächelt, dann siegte der Nachahmungstrieb und der Lippenstift. Was auch blieb den Dorfschönen übrig, als sich der gleichen Waffen zu bedienen, denn die jungen Bengels stürzten sich wie hungrige Habichte auf die scheinbar sich anbietende Beute. Selbst in der Dorfschule kam es zu tätlichen Auseinandersetzungen zwischen den Pimpfen, und einen Sommer lang weigerten sich die Mädchen, barfuß zu gehen.

Drei Kriegsjahre gingen ins Land, nicht ohne Spuren zu hinterlassen, und als die ersten Familien aus dem Reich ihre Koffer wieder packten und zum Bahnhof nach Mühlhausen gebracht wurden, flossen manche Tränen. Sie haben voneinander gelernt. Andere Frauen aber bleiben mit ihren Kindern, aus Angst vor den Bombennächten im Westen, und keiner hilft ihnen, eine Entscheidung zu treffen. Es sind die Neumarker, die Einheimischen, die felsenfest davon überzeugt sind, daß der Iwan nie bis in ihr Dorf kommen wird, nie! Bis Hohenstein vielleicht, aber nicht einen Fußbreit weiter. Das war 1914 so, und nicht anders wird es 1945 sein. Der Bürgermeister hat das gesagt, warum sich also aufregen? Schließlich leuchtet es auch dem Dümmsten ein, daß der Führer die Russen bei Tannenberg schlagen will!

Elisabeth Wittke dreht das irgendwo zwischen Gumbinnen und Moskau aufgenommene Foto ihres für Führer, Volk und Vaterland gefallenen Mannes auf dem Nachtschränkchen so, daß sie einen letzten Blick auf ihn werfen kann, wenn sie das Licht auslöscht. Draußen jammert der Wind sein uraltes Lied. Er pustet den Schnee von den alten Bäumen, die neben der gewundenen Dorfstraße wie trauernde Riesen ihre Äste schütteln, und stiebt weiter über das flache Land, streift Elbing, die Danziger Bucht und verliert sich in Pommern.

Der Tag, als das Ende begann

Am 12. Januar 1945 wird morgens um 5 Uhr an die Soldaten der 1. Ukrainischen Front im Brückenkopf von Baranow warmes Essen ausgeteilt. Die Befehle für den Angriff sind ausgegeben, ein Zurück ist nicht vorgesehen. Aus den Lautsprechern dröhnt unablässig Tanzmusik und Chorgesang hinüber zu den viel zu dünn besetzten deutschen Gräben. Dichter Nebel senkt sich wie ein Leichentuch über das von unzähligen Granaten und Minen zerwühlte Land und macht die Angreifer für den Gegner unsichtbar, nicht aber für den Tod, der über das Schlachtfeld reitet. Weit reißt die Hölle ihre Tore auf, als die geduldige Erde unter dem pausenlosen Einschlag der Stalinorgeln bebt. Schon springen russische Gardisten aus den Ausgangsstellungen, angefeuert von ihren Kommissaren, stürmen schießend und wild sich Mut anschreiend über das trichterübersäte Vorfeld. Sie laufen, springen, werfen sich hin, robben weiter, hoch fliegen die Pulse. Nicht alle kommen über die Todeszone, der Rest aber stürzt sich in die deutschen Gräben, bitteren Haß im Herzen tragend. Das ist im Weichselbogen. Der Angriff auf die ostpreußische Grenze beginnt am nächsten Tag.

Es ist ein Sonnabend: In der Nacht hat es leicht geschneit. Gräben, Seen und Bäche sind zugefroren. In den frühen Morgenstunden trommeln 350 Batterien und Stalinorgeln zwei endlos währende Stunden lang auf die deutschen Stellungen nördlich der Straße Ebenrode-Gumbinnen. Als das Trommelfeuer wie vorgesehen nach hinten verlegt, rollen russische Panzer in endloser Kolonne auf die stark gelichteten Reihen der 549., 349. Volks-Grenadier- und der 1. Infanterie-Division vor. Der Landser will nicht weichen, er ist kein Feigling, er will kämpfen und Ostpreußen verteidigen, aber so groß sein persönlicher Mut auch ist, der Angriffsschwung des Gegners ist zu gewaltig. Noch hält hier die Front, aber wie lange? Die Gefahr droht von den Flügeln her.

*

Als Anna Scharein den neben ihr leicht durch die Nase schnaufenden Hermann weckt, hören beide, daß auf der Schmiedestraße eifrig Schnee geschippt wird. Hermann will wissen, wie spät es ist, in der Hoffnung, daß sich Anna ausnahmsweise in der Zeit geirrt haben könne, einmal in vierundzwanzig Jahren.

25

Doch sie kennt nicht nur die gängigen Bibel- sondern auch seine Sprüche und zieht ihm einfach die Federdecke weg. Es ist noch vor 6 Uhr, aber pünktlich um 7 Uhr heult bei Vohwinkel & Richtberg die Sirene. Der Volksempfänger bleibt abgeschaltet, weil die Tochter in der kleinen Kammer nebenan nicht geweckt werden soll, und so hören sie auch nicht, was das Führerhauptquartier an diesem kalten Januarmorgen bereit ist, zuzugeben. Einen Feindsender einzuschalten käme überhaupt nicht in Frage, überflüssig das von Anna am Mittelknopf angebrachte Warnschildchen mit der Aufschrift: Denke daran! Das Abhören ausländischer Sender ist ein Verbrechen gegen die nationale Sicherheit unseres Volkes. Es wird auf Befehl des Führers mit schweren Zuchthausstrafen geahndet.

Mit ausgetretenen Pantoffeln an den Füßen steht Anna im langen weißen Nachthemd am eingebauten Küchenherd und kocht Kaffee für sich. Hermann erhält warme Milch mit Bienenhonig. Sie streicht ein paar dicke Brotscheiben mit frischer Blutwurst und Pommerscher und stopft sie, eingewickelt in gebrauchtes Pergamentpapier, in eine ausgediente Keksdose. Ein ausgeleierter Weckgummi hält Deckel und Behälter zusammen. In der Wohnung ist es noch kühl. Es riecht nach Schlaf und aufgebrühtem Muckefuck. Wahrscheinlich ist die Glut im Kachelofen wieder zusammengefallen. Das kann an den Briketts, aber auch am Zeitungspapier liegen, in das Hermann sie kurz vor dem Zubettgehen eingewickelt hat. Er beeilt sich, aber es ist wie an jedem Morgen, so recht kommt er nicht in Gang, macht sich zu viele Gedanken, ob er bei dem Neuschnee überhaupt mit dem Fahrrad losziehen kann, und gibt seinem Schwager Rudolf die Schuld, falls er zu spät kommen sollte. Er hätte ihn ja wecken können! Hermann horcht: Rudolf hat aufgehört, mit der Schippe zu hantieren, und stellt sie hinter die Haustür. Das Fahrrad läßt er im Flur stehen, also muß er sich sputen. Ein Rest von Milch und Honig bleibt im Pott.

»Bis dann«, sagt er zum Abschied, die Türklinke schon in der Hand. Anna schaut nur kurz hoch und mahnt: »Bleib nicht wieder im Krug hängen.« Hermann schweigt, warum sich vorher streiten, denkt er.

In der Schmiede wird schon fleißig gearbeitet. Die beiden hölzernen Schiebetore stehen weit offen. Rotgelb leuchtet die Glut der Feuerstelle, über der eine Qualmwolke hängt. Vor der Schmiede stehen angeleint ein paar müde Panjepferde mit zu Boden gesenkten Köpfen. Reif hängt glitzernd an ihren Nüstern. Kleine Dampfwolken bilden sich, wenn sie heftig ausatmen. Am vorderen Amboß schlägt der Altgeselle im Takt ein rotglühendes Hufeisen zurecht. Es riecht nach verbranntem Horn. Hermann Scharein ist ein Pferdenarr, und wenn immer es die Zeit zuläßt, geht er an der Schmiede nicht vorbei, ohne mit dem Meister oder Gesellen ein paar fachbezogene Worte zu wechseln. Über Pferde gibt es viel zu erzählen und zu reden, viel mehr als über das Wetter, doch heute hat er es eilig. Er biegt geschwind in die Langgasse ein, nicht ohne auszurutschen. Beim alten Schuster Herold ist noch alles still, aber Schlachter Patschkowski im Nebenhaus ist seltsamerweise nicht in seinem Laden, obwohl die vier Treppenstufen schon gefegt sind.

Eine Militärkolonne kommt Hermann entgegen: Lastwagen mit aufgesessener Infanterie, aber auch schwere Kettenfahrzeuge, Panzer und einige Sturmgeschütze rasseln vorüber nach Osten aus der Stadt. Nachdenklich blickt ihnen Hermann hinterher, geht dann schneller, um Rudolf einzuholen, was ihm kurz vor dem Marktplatz auch gelingt. Seit Heiligabend sind fast zwanzig Tage vergangen. Gemeinsam erschienen Anna und Hermann am nächsten Vormittag unten, um ihr Beileid auszusprechen, je nach Veranlagung. So drückte Hermann dem Schwager stumm die Hand und sah ihm fest in die Augen, während Anna in eine kurze, aber rührende Tränenarie ausbrach, die sie mit dem Bibelspruch ausklingen ließ: »Gott gibt, Gott nimmt, liebe Minna.«

Am darauffolgenden Sonntag waren beide Familien geschlossen zur Kirche gegangen. Rektor Surkau spielte wie immer die große Orgel. Der Gottesdienst war gut besucht, doch konnte der Pastor nicht umhin, festzustellen, daß er zum ersten Mal in seiner Amtszeit in dieser Gemeinde eine Familie begrüßen kann, die er in guten Zeiten nie hier gesehen hat. Erst jetzt, wo sie um ihren gefallenen Sohn trauert, findet sie den Weg zu Gott.

Die Anspielung reichte Rudolf Böhnke. Ruhig stand er auf und zog Minna hinter sich her aus der Kirche, vorbei an den verdutzt blickenden Gemeindemitgliedern. Hermann wollte sich dem Schwager anschließen, aber die rechts von ihm näher zum Gang sitzende Anna ließ ihn nicht durch. Zu Hause versammelt, nannte sie ihren Schwager einen gottlosen Heiden, und auch Minna war nicht wohl bei dem Gedanken, vielleicht Gott, ganz bestimmt aber den Herrn Pastor beleidigt zu haben. Doch Rudolf ließ an seiner Entscheidung keine Zweifel aufkommen, ohne sie jedoch zu begründen. Er hielt eine Diskussion für überflüssig, und als die beiden Frauen weiter auf ihn einredeten und nicht abzusehen war, wann sie damit aufhören würden, erklärte Rudolf mit fester Stimme: »Ich werde mich freiwillig an die Front melden!«

Damit war das Kirchenthema vom Tisch. Minna heulte los und erklärte, sie wird das nicht zulassen, und was er sich dabei wohl denkt. Er müsse, und ihre Stimme überschlug sich, wohl den Verstand versoffen haben!

Das ging so bis ins neue Jahr, dann sprach Rudolf nicht mehr davon, und Minna hütete sich, ihn daran zu erinnern.

Auf Höhe der ehemaligen Volksschule, in der sich seit dem Neubau die Volksbücherei befindet, fragt der fast einen Kopf kleinere Hermann den Schwager: »Hast jesehen, die Infanterie auf den Wagen?«

»Das jibt Zunder!«

»Meenst, es jeht los?«

»Ja!«

»Und wir?«

»Wir jehen hopps!«

»Mensch, Rudolf!«

»Mensch Hermann!«

Als sie an der Molkerei vorbeikommen, hat sich Hermann wieder so weit gefangen, um das Gespräch fortsetzen zu können: »Meenst, der Ostwall hält?« Rudolf geht schneller, blickt durch eine Häuserlücke auf den See, dicke Baumstämme sind dort in das Eis eingelassen worden, als Schutz gegen Lastensegler, und tönt: »Wie die Maginotlinie!« – »Gottverdammich!«

Morgen ist endlich Sonntag, fällt Hermann ein, da werde ich mich mal so richtig ausschlafen. Wer weiß, wozu das gut ist. Und weil heute Sonnabend ist, will er auf dem Heimweg im Poggenkrug Halt machen, wie jede Woche, wenn es Lohn gegeben hat und die Papiertüte mit dem Hartgeld in der Brusttasche drückt. Die Anna soll sich nicht so aufplustern. Kümmel ist gesund.

*

Auch in Königsberg ist von einer wie immer gearteten Katastrophe nichts zu spüren. Das Telefon funktioniert wie üblich, die Straßenbahn fährt pünktlich, Post wird zugestellt, Zeitungen erscheinen, die Kinos haben geöffnet. Die Bäkker bieten Brot, Brötchen und Kuchen an und kleben abends Lebensmittelmarken auf Packpapier. Else, die Frau des Bäckermeisters Seeck, fühlt sich an diesem Morgen in ihrer Wohnung in der Diefenbachstraße nicht so recht wohl, aber das ist kein Wunder. Wenn sie richtig gerechnet hat, und davon versteht sie eine Menge als Geschäftsfrau, wird sie in fünfzehn Tagen niederkommen. So bleibt sie an diesem Sonnabend eben etwas länger im Bett, bis die Kinder keine Ruhe mehr geben. Als sie hört, daß der Iwan auf breiter Front zum Großangriff angetreten ist, atmet sie tief durch. Wie oft schon hat sie diesen Satz so oder so ähnlich in den letzten Jahren gehört: Ostpreußen wird der Führer bestimmt nicht preisgeben, das mit dem Memelland, na ja, das war schlimm, aber die eigentliche Provinz, nie! Beruhigt macht sie sich an die Arbeit und putzt die Wohnung. Ordnung muß sein, und davon abgesehen beruhigt es die Nerven.

Anders verleben die Menschen in Angerapp diesen Morgen. In Gruppen stehen sie auf den Straßen, vor ihren Haustüren, frieren und horchen mit nachdenklichen Gesichtern auf den immer näher kommenden Schlachtenlärm, der tief grollend wie ein aufziehendes Gewitter Unheil kündet und die Angst in die Häuser treibt, mit an den Tischen sitzt. Über den Mitteilungsdrang der Bewohner in Angerapp pflegen Fremde scherzhaft zu äußern: Ehe noch etwas geschehen ist, weiß es bereits die ganze Stadt!

Nemmersdorf liegt nur fünfzehn Kilometer nördlich entfernt, und diesen Ort kennt in Deutschland inzwischen jedes Kind. Was die Propaganda in den zurückliegenden Jahren nicht schaffte, den gutgläubigen Ostpreußen klarzumachen, daß die Russen Untermenschen sind, gelang ihnen selbst, als sie den Ort vorübergehend eroberten. Geschürter Haß und oft genug persönliche Rachegelüste, und es gab einiges zu sühnen, führten zu einer unbeschreiblichen Orgie von Grausamkeit und Brutalität. Das Wort Nemmersdorf genügt, um die Menschen zur Flucht zu bewegen.

Die Hebamme Ella Meck bereitet sich darauf vor, ohne jedoch das Wort ›Flucht‹, das wie Desertion und Verrat klingt, zu verwenden. Sie schwatzt nicht viel, hört manches, und das reicht ihr. Als die Bündel gepackt sind, macht sie sich auf den Weg zum Friedhof bei der Ragawiße-Schlucht, um nach den Gräbern der Eltern und Großeltern zu sehen. Der Schnee hat die Hügel eingeebnet. Mit den bloßen Händen schiebt sie ihn von den Steinen. Ella Meck betet, aber sie spricht nicht zu Gott, sondern zu ihren Angehörigen. Es sind einfache Worte. Ella ist traurig, denn sie fühlt, daß es ein Abschied für immer ist. Vom Grab der Mutter scharrt sie eine Handvoll Erde zusammen und steckt sie ein. Als sie den Friedhof verläßt, geht sie gebückt. In der Wohnung hält sie sich nicht länger auf. Der nächste Zug bringt sie nach Königsberg, dort steigt die Hebamme um und fährt weiter bis Pillau. Kinder werden überall geboren, und je schlimmer die Zeiten sind, desto mehr strengen sich die Frauen an, als ob sie die Fehler der Männer korrigieren wollen, denkt Ella.

*

Am 14. Januar greifen Marschall Rokossowskis Truppen an, die versammelt im Narew-Bogen stehen. Die Soldaten haben eine längere Ruhepause hinter sich, die verschiedenen Truppenverbände sind mit Ersatzleuten aufgefüllt worden. Mehr noch zählt, daß die zurückliegenden gewonnenen Schlachten die Rotarmisten kampfstark gemacht haben. Das Gefühl, gewinnen zu können, wiegt in entscheidenden Augenblicken eine Division auf. Rokossowskis Truppen sollen Ostpreußen einkesseln: Ihre Ziele heißen Elbing, Danzig, heißen

Hela, Saalfeld, heißen Neumark und Lauenburg in Pommern. Verzweifelt wehren sich die deutschen Landser und geben nur wenige Kilometer Boden preis. Sie ahnen, wohin der Stoßkeil gehen soll. Zwei Tage später herrschen 10 Grad Kälte. Klare Luft liegt über den Schlachtfeldern. Die von Hitler versprochenen Reserven befinden sich noch in Kurland im Kampf oder in Dänemark. Fast ungehindert kann der Russe seine überlegene Luftwaffe in die Bodenkämpfe einsetzen. Nur vereinzelt tauchen deutsche Flugzeuge am Himmel auf, leisten Widerstand, kommen in den Gräben sterbenden Infanteristen zu Hilfe. Schnell schrumpfen die schwachen deutschen Divisionen zusammen: Die Front zerfällt in einzelne Kampfgruppen. Für die russischen Panzer ist der Weg zur Küste frei, und sie nutzen die Gunst der Stunde, rollen vorwärts wie einst die deutschen Panzer bei ihren Sommeroffensiven in Rußland.

In den Kreisen Mohrungen und Preußisch Holland haben die Zivilisten keine Ahnung von der eigentlichen Gefahr. Gebannt starren sie nach Osten, dort aber scheint die Front zu halten. Wo der deutsche Soldat steht, da kommt kein anderer hin, heißt eine vor Jahren bewußt unter das hurra schreiende, gläubige Volk gestreute Parole, und sie steckt immer noch in den Köpfen der Volksgenossinnen und Volksgenossen.

Die da oben werden schon wissen, was richtig ist, meint Mutter Kruck auf dem Bauernhof bei Heilsberg und fügt trutzig hinzu: »Und wenn der Führer man auch nicht alles weiß, was hier so passiert, das kann ihm schließlich ja nicht entgehen! Gut ist, daß er sein Hauptquartier in Masuren hat.«

Gertrud Domakowski ist ganz anderer Ansicht, aber in politischen Fragen kann sie sich nicht gegen die Frau eines Bahnbeamten durchsetzen, und so verläßt Liesbeth Kruck die beiden Frauen und fährt mit einem Personenzug zurück nach Werfen, der kleinen Bahnstation im Kreis Tilsit-Ragnit. Gepäck nimmt sie nicht mit, warum auch, sie will ja nur nach dem Rechten sehen, hofft, ihren Vater anzutreffen und vor allen Dingen den langersehnten, überfälligen Brief von ihrem Liebsten. Obwohl sie einsieht, daß die Deutsche Reichspost in diesen schweren Zeiten vor kaum lösbare Probleme gestellt ist, will sie nicht begreifen, daß die Feldpostbriefe so schlampig zugestellt werden.

Es gab um diese Fahrt nach Hause eine familieninterne Auseinandersetzung, denn eigentlich wollte Mutter Kruck die Reise machen, doch Liesbeth ließ nicht locker. Die Nachbarin hielt sich nun mit abfälligen Äußerungen zurück und begleitete Mutter Kruck zum Bahnhof. Sie mußten lange stehen und warten, bis der Bummelzug endlich einlief, und er beeilte sich keineswegs, Heilsberg zu verlassen. Endlich setzte er sich in Bewegung. Winken konnte Liesbeth nicht, denn sie stand eingeklemmt zwischen einem Kinderwagen und einer Batterie Koffer, die einer resoluten Frau aus Rastenburg gehörten. Obwohl Liesbeth ihren Zustand nicht verheimlichte, sondern den prall vorgewölbten Bauch provozierend in den Gang streckte, bot ihr niemand einen Sitzplatz an. Gleichgültig blickten alle an ihr vorbei, mieden ihre fragenden Augen. Sie konnte es einfach nicht fassen.

In Werfen eingetroffen, eilt sie nach Hause, je näher sie kommt, desto schneller werden ihre Schritte. Der Weg ist ihr vertraut, aber sie blickt nicht nach links, nicht nach rechts. Auf der Straße rollen ihr Panzer entgegen und versprengte Wagen eines Flüchtlingstrecks. Am Straßenrand wartet ein alter Mann. Er lehnt auf einem Krückstock und ruft ihr etwas zu. Liesbeth versteht ihn nicht, nickt aber und hastet weiter. Endlich steht sie vor dem Elternhaus. Es ist verschlossen. Keine noch so schwache Rauchfahne zieht aus dem Schornstein. Im Kasten befindet sich keine Post, auch keine in der Küche, nur ein Zettel, von Vater unterschrieben, daß er zum Volkssturm eingezogen worden ist und weg muß. Sonst nichts, nicht, wohin er gegangen ist, noch, wann er wiederkommt und warum plötzlich die Reichsbahn ohne ihn auskommt, kein Gruß an Mutter, an sie.

Liesbeths Beine zittern. Müde läßt sie sich auf der Treppe nieder und weint ihre Sehnsucht und Enttäuschung hinaus, doch keiner ist da, der sie tröstet, in die Arme nimmt und auf sie beruhigend einspricht. Sie müßte auf der Stelle umkehren, aber nun fühlt sie sich zu schwach und entschließt sich, die Nacht im eigenen Bett zu verbringen. Die kalte Wohnung stört sie nicht weiter. Angezogen wie sie ist, verkriecht sie sich unter dem Inlett. Gegen drei Uhr passiert der letzte Zug laut pfeifend die Bahnstation Werfen. Liesbeth verschläft die Chance. Sie träumt von der Heimkehr ihres Geliebten, sieht ihn lachend die Dorfstraße entlangkommen, wie er ihr mit Blumen zuwinkt, sie anlacht und stumm an ihr vorüberzieht. Er dreht sich noch einmal um, dann ist er verschwunden, und sie wacht auf.

*

Elisabeth Wittke in Neumark hat nicht gut geschlafen. Sie fühlt sich gerädert wie so oft in den letzten Nächten. Vielleicht liegt es auch nur an Christel, die kurz nach Mitternacht zu ihr ins Bett krabbelte und ihre Nähe suchte, sich eng an sie schmiegte. Töpfe klappern in der Küche. Christine Scheffler schürt das Holzfeuer im Küchenherd. Scheite prasseln, es duftet nach Kien. Elisabeth kann die Tante nicht hantieren sehen, aber an den zahlreichen vertrauten Geräuschen vermag sie jeden Handschlag zu erkennen. Das dumpfe Poltern ist

31

die Feuerklappe, ein paar gußeiserne Ringe werden scheppernd weggezogen. Schritte zum Schrank, bedächtig, um Krach zu vermeiden. Das Brotschapp wird geöffnet. Wie gewöhnlich quietscht die Schublade beim Aufziehen. Bestecke klirren. Jetzt hebt die Tante den frischen Brotlaib an die pralle Brust und schneidet für jeden zwei Scheiben ab, fingerdick, damit alle was zu beißen haben. Mangel leiden sie nicht, das Land gibt genug her, macht sie satt, auch im Krieg. Jetzt kocht die Milch auf dem Herd, zu spät, sie läuft über wie so oft. Angewidert wird das Tantchen das Gesicht verziehen und schnell den Topf vom Feuer ziehen.

Elisabeth kitzelt ihre Tochter wach und fragt schelmisch, ob sie heute zur Schule gehen oder lieber im Bett bleiben will. Ohne zu überlegen entscheidet sich die Dreizehnjährige für den Besuch der nahen Dorfschule, um am Nachmittag wie verabredet auf dem glattgefegten Teich Schlittschuh laufen zu können. »Du mußt dich warm anziehen«, mahnt die Mutter und windet sich auf dem Bett. Die tägliche Arbeit wartet. Sie hat sich zwar vorgenommen, mit dem Milchwagen, der die Bauernhöfe in den umliegenden Dörfern abklappert, zu den Schwiegereltern zu fahren, aber sie verschiebt den Besuch auf einen der nächsten Tage. Nach dem gemeinsam eingenommenen Frühstück verläßt die Tochter das Haus, während sich die beiden Frauen an die Arbeit machen und die Wohnung aufräumen. Als sie gemütlich in der warmen Wohnküche sitzen und Kartoffeln schälen, denn zu Mittag soll es Flinsen geben, schlägt Christine Scheffler vor zu überlegen, ob es nicht besser sei, ein Schwein zu schlachten, bevor es zu spät ist. Elisabeth begreift nicht, was die Tante meint, und warnt: »Wenn die uns erwischen, wandern wir beide ins Zuchthaus!« Doch so leicht ist das Tantchen nicht von ihrem Plan abzubringen. Sie wendet ein, daß sich jetzt keiner von der Partei mehr drum kümmert, ob noch alle Schweine da sind, und wenn sie es nicht schlachten, würden es ganz bestimmt die Soldaten tun, unsere oder die Russen. Das aber will Elisabeth nicht gelten lassen: »Deutsche Soldaten stehlen Soldatenwitwen keine Schweine, das ist das eine, und der Iwan kommt nur bis Hohenstein, wenn überhaupt, das ist das andere!«

»Wir sollten das Schwein aber man doch schlachten, wer weiß schon, wie alles noch kommt!«

Elisabeth läßt eine Kartoffel in den halb mit Wasser gefüllten Eimer fallen. Es spritzt auf, einige Tropfen landen auf Tante Schefflers Gesicht. »Ohne mich, Tantchen, wenn das so ist, wie du sagst, mal angenommen, dann sollen die Spitzbuben das Schwein selber schlachten. Warum soll ich für sie schuften?« Christine Scheffler, das Tantchen, wischt sich flüchtig mit dem Handrücken über das Gesicht, rührt anschließend die Kartoffeln im Eimer um und findet, daß sie für das Mittagsmahl reichen müßten. Keilchen müßte man auch mal wieder machen, fällt ihr dabei ein. Das mit der Arbeit ist ein Argument, aber noch gibt sie nicht klein bei, meint, daß sie das Fleisch einwecken und, sobald es dunkel ist, im Stall vergraben könnten. »Dann haben wir wenigstens was zu essen, wenn wir zurückkommen, falls wir doch wegmachen müssen«, wendet sie störrisch ein.

Die beiden Frauen verbindet mehr als nur eine bloß verwandtschaftliche Beziehung. Als Elisabeth Wittke so dasteht und auf das Tantchen blickt, wird ihr wieder bewußt, wie sehr sie an ihr hängt. Was, denkt sie zum wiederholten Mal, wäre wohl aus mir geworden, wenn sie mich nicht angenommen und großgezogen hätte, mich, das arme Waisenkind, das keiner sonst haben wollte. Und so gibt sie nach: »Gut, Tantchen, dann bringen wir das Schwein um, muß ja nicht heute sein, ein paar Tage haben wir bestimmt noch Zeit. Vielleicht klärt sich bis dahin auch der ganze Schlamassel, wer weiß das schon.«

Christine streichelt ihr Gesicht, als wüßte sie, warum Elisabeth nachgibt, und will nicht nachstehen, wechselt das Thema, läßt sich über das Wetter aus und erzählt von ihrem letzten Besuch im Gartenrestaurant Zander in Mühlhausen vor zehn Jahren. »Du hättest 1927 dabei sein sollen, als das sechshundertjährige Jubiläum gefeiert wurde. Ich sag dir, das war 'ne Pracht, also so was Schönes habe ich nie wieder erlebt. Am Sonnabend war ich da, zum Feldgottesdienst auf dem Markt, alles schön geschmückt. Da standen die Vereine, die Schulklassen, die Lehrer. Der Gesangverein war auch da und gab ein Ständchen. Schließlich predigte Pfarrer Rosenow. Ich hör' ihn noch heut', wie er sagt: ›Herr Gott, du bist unsere Zuflucht für und für.‹ Und dann der große Festzug am Sonntag, so was Wunderschönes hat die Welt noch nicht gesehen!«

Und während Elisabeth Kartoffeln reibt, erzählt das Tantchen weiter, wie es damals in Mühlhausen am Sonntag war, im Gartenrestaurant Zander. Damals, bevor der Hitler in Berlin die Macht übernahm.

*

Mitte Januar ist Kapitän Hermann Förster wieder in Pillau und Herr auf seiner *Ubena*. Der verdiente Urlaub ist vorüber, die Zeit viel zu schnell vergangen. Im engen Kreis der Familie hat er, wie das an der Küste so usus ist, bei einem steifen Grog Silvester gefeiert und mit seiner Frau auf ein neues Jahr angestoßen, auf ein Jahr, wie er bedächtig sagte, das endlich Frieden bringt, so oder so. »Wie der Krieg ausgehen wird, weiß ich nicht, aber sicher ist, daß unsere Feinde keine Rücksicht nehmen werden. Die Abrechnung wird vielen von uns nicht passen, aber der Sieger entscheidet, was Recht, was Unrecht ist. Es ist Zeit, den Abschied einzureichen.«

Himmelpforten an der Elbe war bisher vom Krieg verschont geblieben, abgesehen von den nächtlichen Fliegeralarmen, den Bombennotabwürfen und dem wilden Geschieße der in der Nähe aufgestellten Flakbatterien. Hoffentlich bleibt es dabei, dachte Förster, als er sich auf die Reise zurück nach dem fernen Ostpreußen machte, die weniger reibungslos verlief als die Heimfahrt. Inzwischen verkehrten die Personenzüge nicht mehr pünktlich, mitunter fielen sie auch aus. Die Fahrpläne waren nicht mehr viel wert. Wehrmachtstreifen, die unterwegs Heldenklau spielten und alle wehrfähigen Männer überprüften, waren neben den plötzlich auftauchenden Tieffliegern das größte Übel.

Als der Kapitän die Gangway und den salutierenden Posten davor passiert, ist er heilfroh, wieder geordnete Verhältnisse um sich zu haben. Der I. Offizier Karl Dunker legt nur zu gerne die Verantwortung für das Schiff zurück in die Hände des Kapitäns. Als Förster durch seinen Dampfer schlendert, um sich zu orientieren und Hände zu schütteln, begegnet ihm auf dem Bootsdeck Oberleutnant Kühn. Förster erinnert sich sofort an die junge blonde Frau des Offiziers, die aus dem Ruhrpott stammt und schwanger war oder noch ist. Er hat sie anläßlich eines Bordfestes auf der *Ubena* kennengelernt, das Korvettenkapitän Schuhart gab. Sie wechseln ein paar belanglose Worte über das Wetter in Pillau in den zurückliegenden Wochen und die zunehmend schlechter werdenden Bedingungen in der Ausbildung der neuen U-Boot-Besatzungen. Kühn weist auf die Gefahr hin, die durch russische Unterseeboote in der Danziger Bucht entsteht, und malt ein düsteres Bild von der Zukunft. Hermann Förster hört aufmerksam zu und bietet dem jungen Offizier eine Zigarette an, fragt so nebenbei: »Und was macht Ihre Frau, darf man schon gratulieren?«

Lachend wehrt der Oberleutnant ab: »Noch ist es nicht soweit. Ich habe meine Frau gestern nach Rauschen in die Klinik gebracht. Dort ist sie in Sicherheit und in guten Händen. Das Kind kann jeden Augenblick vom Stapel laufen, aber wie bei uns Seeleuten üblich: wichtig ist, bei der Kiellegung dabei zu sein, was?«

»Sehr richtig, vom Stapel laufen die Pötte alleine!«

Die beiden Männer lachen kräftig und fühlen sich verstanden. Hermann Förster will einen Witz erzählen, einen politischen, den er unterwegs im Zug aufgeschnappt hat, aber Obersteward Arnold Fürst sieht ihn und bittet um eine Unterschrift.

»Um was geht es?«

»Bei der Neujahrsfeier – Herr Kapitän befanden sich ja leider auf Heimatur-

34

laub – sind in der Offiziersmesse mehrere Gläser aus dem Bestand des Schiffes zu Bruch gegangen, nicht ohne Verschulden der Herren vom Stab, muß ich ehrlicherweise hinzufügen. Nun fehlen diese Gläser natürlich, es handelt sich um die geschliffenen Pokale mit dem eingelassenen Wappen der Reederei, Herr Kapitän werden sich erinnern. Hoffentlich bekommen wir überhaupt noch Ersatz, um das Service wieder aufzufüllen, von den Scherereien mit dem Inspektor auf dem Kontor ganz zu schweigen. Sie wissen doch, wie er sich jedesmal anstellt. Es wäre hilfreich, wenn Herr Kapitän ein paar Zeilen schreiben würden.«

Verständnisvoll hört Förster zu, nickt und unterschreibt den Materialanforderungsschein in dreifacher Ausfertigung. Als der Obersteward, die Mappe an die Brust drückend, im Schiffsinneren verschwunden ist, zuckt der Kapitän mit den Schultern und wendet sich wieder dem U-Boot-Kommandanten zu mit der Bemerkung: »Was soll man dazu sagen: Die Welt geht unter, doch das rührt einen echten Steward nicht, Hauptsache, die Gläser sind vollzählig.«

»Eine Frage der Erziehung, Herr Kapitän.«

»Richtig, solange es nur Gläser sind, ist der Schaden erträglich, sie können ersetzt werden, und wenn nicht, der Cognac schmeckt auch aus Untertassen.«

Ungeniert lachen die beiden Männer und verabschieden sich mit einem festen Händedruck. Hermann Förster erinnert sich mit Grauen an einen Kameradschaftsabend im vergangenen Herbst, als die Stimmung ihren Höhepunkt erreichte. Ausgelassen sangen die Offiziere und nahmen die Gelegenheit zu feiern wahr. Seit der unnahbare Korvettenkapitän Schuhart mit seinen stets maßregelnden Blicken die Flottille an Herwig Collmann übergeben hatte, lockerte sich auch die Stimmung auf der *Ubena*. Erleichtert plusterten sich die jungen Offiziere auf, froh, die Vaterfigur los zu sein. Nach »Heidemarie« und »Wir lagen vor Madagaskar« setzte sich der neue Chef an den Flügel und drosch auf die Tasten. Er konnte spielen, keine Frage, die Stimmung schwappte über. Es war, als ob einer der heimgekehrten Kameraden einen ganzen Geleitzug versenkt hätte. Plötzlich brach mitten im Akkord die Musik ab, ein paar dumpfe Töne noch, dann war endgültig Schluß. Blumentöpfe, gehegt und gepflegt, wanderten von Hand zu Hand und landeten in der Mechanik des teuren Instruments.

Während die angeheiterten Offiziere jubelten, begriff Hermann Förster die Welt nicht mehr und ging hinaus an Deck, zornig auf die jungen Leute, die in der Zerstörung ihr Heil suchen. Am nächsten Morgen beschwerte er sich energisch bei Liebe von Kreutzner und übergab ihm ein Protestschreiben, das an Deutlichkeit nichts zu wünschen übrig ließ. Der Wohnschiffsoffizier las aufmerksam jede Zeile, faltete das Blatt sorgfältig zusammen und gab zu bedenken, daß es unklug sei, einen augenblicklichen Ärger niederzuschreiben, selbst dann, wenn der Anlaß es rechtfertige, und fügte hinzu: »Musikalische Veranstaltungen, die insbesondere der allgemeinen Belustigung dienen, sind seit Beginn des totalen Krieges untersagt, mein lieber Kapitän. Das Instrument ist unbrauchbar gemacht worden, weil sich unbotmäßige Volksgenossen aus dem Reich und der Ostmark über das Verbot hinwegsetzten.«

»Etwa ich?«

Liebe von Kreutzner lächelte höflich, versprach aber, den Einspruch weiterzuleiten. Tagelang vermied der Chef der Flottille, Försters Weg zu kreuzen, und als der Zufall nicht mehr zu vermeiden war, blickte er betreten zur Seite. Obwohl beide Männer versuchten, sachlich über den Vorfall zu sprechen, blieb eine leichte Verstimmung zurück.

Als Förster das Gespräch abbrach, konnte er sich nicht verkneifen zu sagen: »Bei Schuhart wäre das undenkbar gewesen.«

Der Kapitän schüttelt die Gedanken ab. Der Flügel wurde auf Kosten der Flottille in Ordnung gebracht. Es gibt schließlich wichtigere Dinge zu ordnen. In der Kassenverwaltung, der einzigen Dienststelle der Flottille, die sich auf der *Ubena* befindet, begrüßt er charmant wie immer die Marinehelferinnen. Er erkundigt sich bei Oberleutnant Hilbrich nach dem Aufenthalt des Flottilleningenieurs und erfährt von Leutnant Klausen, daß Kurt Zimmermann zusammen mit dem stellvertretenden Flottillenchef Atzinger mit dem Sicherheitsschlepper unterwegs ist. Noch befinden sich einige Schulboote auf See, und die beiden Offiziere kontrollieren den Ausbildungsstand der Besatzungen.

Förster verabschiedet sich und verläßt die Räume, in denen vor dem Krieg die Zahlmeisterei des Schiffes untergebracht war.

Der Kapitän will mit dem Ingenieur ein Wort unter vier Augen reden. Zimmermann ist zuständig für die Betreuung der rund 30 Schulboote, des Sicherheitsschleppers *Wogram*, des Wohnbootes *Knurrhahn*, der zahlreichen Barkassen und Beiboote sowie der Landversorgungsanlagen der Einheit und hat die richtigen Beziehungen zu den Werften und zum Treibstoffdepot. Verbindungen dieser Art sind nur schlecht, wenn man keine hat, meint der Oberleutnant und hütet wie einen Augapfel seine Telefonnummernsammlung.

Die Reederei in Hamburg hat dem Kapitän einen längeren Brief geschrieben, vertraulich, und ihm mitgeteilt, daß sie den Oberbefehlshaber der Kriegsmarine gebeten hat, die *Ubena* unverzüglich in einen westlichen Hafen zu verlegen. Förster staunt über die Forderung, nimmt aber das Schreiben nicht sonderlich ernst. Die Herren in Hamburg haben keine Ahnung, was eigentlich los ist, er kann aber die Mitteilung nicht einfach ablegen, ohne etwas zu unternehmen. Wenn die *Ubena* in Fahrt gesetzt werden soll, gibt es Arbeit in Hülle und Fülle, denn seit ihrer Ankunft in Pillau vor drei Jahren stehen die Maschinen des Schiffes still. Ob es mit eigener Kraft überhaupt den Hafen verlassen kann, muß erst geprüft werden. Erschwert wird die Angelegenheit, weil er mit keinem der zur Besatzung gehörenden Mitglieder darüber sprechen soll. Wenn einer helfen kann, dann nur der Flottilleningenieur. Zum Glück versteht sich Förster gut mit dem Fachmann, und er ist sicher, daß er ihm unbürokratisch entgegenkommen wird.

Der Kapitän stopft sich seine Pfeife und macht sich auf den Weg hinauf zur Kommandobrücke. Innen sieht sie aus, als ob die *Ubena* jeden Augenblick ablegen will. Das Messing ist geputzt, es riecht noch nach Sidol. Im Kartenhaus entdeckt er auf dem Tisch eine Seekarte der östlichen Ostsee. Sie muß kürzlich berichtigt worden sein, dem Datum am unteren Kartenrand nach zu urteilen. Förster nickt zufrieden. Der I. Offizier hat sein Ressort gut in Schuß. Nachdenklich betrachtet er einige handschriftliche Eintragungen. Überwiegend handelt es sich um vom Gegner versenkte Schiffe, die als Unterwasserhindernisse gekennzeichnet sind. Bevor er die Brücke verläßt, streicht er mit der Hand über den wuchtigen Maschinentelegrafen. Das Messing fühlt sich angenehm kühl an. Sorgen bereitet ihm der Kompaß. Die lange Liegezeit wird Einfluß auf den festen Magnetismus des Schiffskörpers genommen haben. Daran läßt sich kaum noch etwas ändern. Auf der Brückennock klopft Förster seine Pfeife aus. Er kommt zu dem Ergebnis, daß die Marine die *Ubena* nicht allein fahren lassen wird. Wenn in Pillau Schluß ist, verlegen sie mit Sicherheit auch die anderen Wohnschiffe. Wahrscheinlich hat der Kollege von der *Pretoria* den gleichen Schrieb von der Reederei erhalten.

Der Sicherheitsschlepper *Wogram* kehrt kurz nach Einbruch der Dunkelheit von See kommend in den Hafen zurück und geht an der *Knurrhahn* längsseits. Die beiden für die Ausbildung verantwortlichen Offiziere, dick vermummt in grauen, abgewetzten Lederpäckchen, steigen über und verschwinden im Inneren des Schiffes, um ihre Bemerkungen über den erreichten Ausbildungsstand der einzelnen U-Boot-Besatzungen schriftlich niederzulegen. Sie waren den ganzen Tag draußen und sind körperlich geschafft, sehnen sich nach einer heißen Dusche und einer Bauernnacht, aber der Schriftkram muß zuerst noch aufgearbeitet werden.

Kapitän Förster hat durchaus Verständnis für die Sehnsüchte der Ausbildungsoffiziere, aber er kann heute keine Rücksicht nehmen. Ohne es sich einzugestehen, beunruhigt ihn der Brief aus Hamburg. Erst kurz vor Mitternacht bekommt er den Flottilleningenieur zu fassen, vor dessen Kabinentür. Förster hat aufgepaßt, zeigt sich aber überrascht, ihn zu so später Stunde noch auf den Beinen anzutreffen. Kurt Zimmermann freut sich aufrichtig, den alten Schiffsführer wiederzusehen, lehnt aber den angebotenen Cognac dankend ab mit der Bemerkung, daß er einfach zu müde sei.

Förster kann nicht warten. Er preßt die Lippen zusammen, atmet schwer durch und gibt sich einen Ruck: »Tut mir leid, aber ich muß Sie sprechen, ein paar Minuten nur, aber bitte nicht hier draußen auf dem Gang.« Der vor ihm stehende Oberleutnant hat die Mütze mit dem einst golden glänzenden Eichenlaub auf dem Schirm lässig in den Nacken geschoben und nickt verständnisvoll, fühlt, daß der Mann echte Probleme hat. Auf ein paar Minuten mehr oder weniger Schlaf kommt es ihm nun auch nicht mehr an. Die Kabinentür ist nicht abgeschlossen. Er läßt dem Schiffsführer den Vortritt. Früher überquerten in dieser freundlich eingerichteten Kabine betuchte Passagiere den Atlantik, umrundeten Afrika, betreut von emsig wirkenden Stewardessen und Stewards. Die Kajüte ist aufgeklart, nichts liegt unordentlich herum. Zimmermann zieht die Lederjacke aus und hängt sie an einen Kleiderhaken hinter der Tür. Gleichzeitig bietet er dem Kapitän an, Platz zu nehmen. Förster nickt, läßt sich nieder und streckt die Beine weit von sich. Während er seine Pfeife stopft, kommt er stockend auf den Brief der Reederei zu sprechen und schließt seine Ausführungen mit dem Satz: »Was ich davon halte, spielt überhaupt keine Rolle: Die Reederei befiehlt, und ich muß mich danach richten.«

»Und was habe ich damit zu tun?«

»Ich soll den Dampfer seeklar machen, aber es geheimhalten, das geht nur, wenn Sie mir helfen, anders kann ich es nicht schaffen.«

»Ich?«

»Ja! Wenn ich zum Chief sage, er soll die Maschine klarmachen, weiß am nächsten Tag in Pillau jedes Mädchen, was das zu bedeuten hat. Wenn Sie sich als Flottilleningenieur aber darum kümmern, wird kaum ein Mensch an Bord Verdacht schöpfen.«

»Ich weiß, was Sie meinen. Befinden sich außer den Chinesen noch andere Ausländer an Bord?«

»Ein Holländer aus Amsterdam und zwei Kroaten.«

»Sind die Leute verläßlich?«

»Gestern waren sie es noch.«

»Und heute?«

»Sie tun ihre Pflicht.«

Der Flottilleningenieur versteht die Sorgen des Kapitäns. Im Augenblick aber hat er keine Zeit, der Reparaturplan für die Unterseeboote der Flottille muß fertiggestellt werden, neben dem Ausbildungsprogramm. Wenn aber infolge der Eislage die Boote nicht auslaufen können, bekommt er Luft, und so verspricht er dem Alten in die Hand, sich um die Maschinenanlage der *Ubena* zu kümmern.

»Ich habe gewußt, daß Sie mich nicht im Stich lassen würden.« Bescheiden winkt der Oberleutnant ab: »Noch läuft sie nicht, andererseits ist die Aufgabe auch eine Herausforderung. Ich werde sehen, was sich machen läßt.«

Etwas schwerfällig erhebt sich der Kapitän aus dem Lehnstuhl. Die kalte Pfeife hält er noch, wenn auch mit Tabak gestopft, fest in der Hand. Von Kurt Zimmermann verabschiedet er sich mit einem festen Händedruck, der mehr aussagt als viele Worte. In dieser Nacht sitzt er noch lange wach und erwägt viele Möglichkeiten, doch seine Gedanken wandern. Seine Zeit auf See läuft langsam aus, und er läßt die Vergangenheit erneut Revue passieren. Er hat in den zurückliegenden fünf Jahrzehnten viel erlebt und kann für den Rest des Lebens davon zehren. Die Zeit wird ihm nicht lang werden. Förster beendet seinen Rückblick mit der Feststellung, daß es gut ist, Freunde zu haben, man wäre sonst arm dran.

Auf der *Ubena* ist es still geworden, nur der Posten vor dem Schiff paßt auf, daß kein Unbefugter es betritt, sich ihm auch nur nähert. Ein Minenräumverband läuft in den Pillauer Hafen ein und gibt ein Sirenenkonzert. Dazwischen hustet ein Motorschiff mit seinem Typhon.

Zurück hinter die Weichsel

Liesbeth Kruck hat den letzten Zug nach Heilsberg verpaßt, der gegen drei Uhr den kleinen Ort Werfen passierte. Als sie morgens schweißgebadet in ihrem Bett aufwacht, ist es draußen schon hell. Blutrot fällt das Licht der aufgehenden Sonne durch die Bäume des kleinen Wäldchens. Schneekristalle glitzern im Licht. Für einen Moment weiß sie nicht, wo sie ist. Das Zimmer ist kalt, das Haus leer und kommt ihr merkwürdig fremd vor. Als sie aus dem Fenster blickt, sieht sie Einwohner mit vollbepackten Schlitten das Dorf verlassen. Ein paar Hunde bellen sich an, laufen nebenher. Die Menschen begeben sich auf die Flucht, von der keiner weiß, ob er sie überstehen wird. Eines aber wissen sie genau, daß sie nach dem Krieg zurückkehren werden, um die Äcker zu bestellen, egal wie der Krieg ausgeht, denn wer soll das denn sonst tun, schließlich ist es ihr Land, ihre Heimat. Die Gräber auf den Friedhöfen beweisen es besser als Urkunden.

Liesbeth verläßt das Elternhaus, schließt die Tür auch nicht mehr ab, damit die Russen sie nicht aufbrechen und zerstören. Ein Wagen hält, und so kommt sie per Pferd nach Königsberg. Bis zum 22. März bleibt sie in einem Heim, dann geht es am Frischen Haff entlang nach Westen. Sie macht sich große Sorgen um die Mutter und schwere Vorwürfe, sie in Heilsberg verlassen zu haben. Mehr als einmal droht ihr Lebenswille zu erlahmen, doch sie rappelt sich immer wieder auf. Aus dem Bewußtsein, für das wachsende Leben in sich verantwortlich zu sein, schöpft sie den Mut, aufzustehen und weiterzulaufen. Jeder Schritt fällt ihr schwer. Gut nur, daß die robuste Domakowski bei der Mutter ist, denkt sie mitunter, die ist viel praktischer veranlagt und wird schon auf sie aufpassen.

Vor Liesbeth liegt das Frische Haff. Die unwirtliche Eisdecke reicht bis weit hinter den Horizont. Tief hängen an diesem Tag die Wolken unter dem Himmel, als sie den Weg über das Haff antritt. Sie weint, dreht sich aber nicht einmal um, aus Furcht, umzukehren. Der scharfe Ostwind jault und fegt den Schnee hinter ihr her, löscht ihre Fußspuren aus. Neben ihr rollen Fuhrwerke, ziehen Frauen Schlitten, laufen Kinder, brechen Menschen zusammen, bleiben liegen, werden Pferde getötet. Sie nimmt das alles nicht wahr. Auf diesem Weg ist jeder allein. Das Mitleid ist drüben am Strand geblieben. Sie überquert Eis-

rinnen, stolpert über umgebrochene Schollen, zurückgebliebenes Flüchtlingsgut und steifgefrorene Leichen. Nur nicht hinsehen, nicht umdrehen: weitergehen, weitergehen, hämmert sie sich ein und bleibt dann doch stehen, als sie ein
kleines Bündel vor sich sieht, genau vor ihren Füßen. Sie beugt sich hinunter,
doch das Kind ist tot. Es hat die Augen geschlossen und scheint tief zu schlafen. Liesbeth rafft sich auf, ruft sich zur Ordnung, befiehlt sich, weiterzugehen,
die Füße anzuheben und über das Bündel zu steigen, hinter den anderen her.
Ein Lied sollte ich singen, fällt ihr ein, Soldaten singen immer, wenn sie marschieren, das lenkt ab; aber so sehr sie auch grübelt, ihr fällt kein Marschlied
ein außer der Zeile »Auf der Heide blüht ein kleines Blümelein, und das heißt
Erika...«
Liesbeth Krucks Schritte werden immer langsamer, mitunter bleibt sie auch
stehen, aber sie schafft es, kommt auf die Nehrung. Da sind Soldaten, einer
faßt sie am Arm, zieht sie auf einen Lastwagen, bringt sie nach Narmeln und
setzt sie im Wartesaal des Bahnhofs ab. Die trockene Hitze im überfüllten
Wartesaal, die vielen Menschen, alles dreht sich, sie kann sich noch gerade mit
den Händen abstützen, um nicht zu stürzen, fällt auf die Knie, sackt zusammen und schläft ein. Die nach ihr Kommenden treten achtlos über sie hinweg.
Am 20. Januar wendet sich Generaloberst Reinhardt an Hitler und weist darauf hin, daß am nächsten Tag der russische Angriff auf ganz Ostpreußen zu
erwarten sei. Zur gleichen Zeit werden die Särge von Generalfeldmarschall von
Hindenburg und seiner Gattin aus dem Reichsehrenmal Tannenberg nach Königsberg gebracht. Hitler lehnt eine Zurücknahme der 4. Armee auf die Masu-
rische Seenplatte ab und verspricht die Zuführung von Kräften aus Dänemark
und Kurland. Bis diese Truppen aber in Ostpreußen eintreffen können, wird
es zu spät sein. Die Front ist bereits in zwei Teile zerrissen, und der Weg für
die russischen Panzer ist frei zum Vorstoß auf Elbing. Gelingt er, dann ist der
Kessel geschlossen, und die in Ostpreußen stehenden Armeen sind abgeschnit-
ten. Eine nennenswerte Eingreifreserve ist nur auf dem Papier vorhanden.
Einige Divisionen sind bis auf ihre taktischen Zeichen zusammengeschmolzen,
sie werden aber weiterhin im Führerhauptquartier auf der Generalstabskarte
hin- und hergeschoben.
Die Verbindungen zwischen den einzelnen Kampfgruppen aufrechtzuerhalten,
wird von Stunde zu Stunde schwieriger.
Um so höher ist die Einsatzbereitschaft der kämpfenden Truppen zu bewerten,
der Mut jedes einzelnen Soldaten.

*

Elisabeth Wittke hat den polternden Milchwagen in Neumark erwischt und fährt wie vorgehabt am 21. Januar zu ihren Schwiegereltern nach Ebersbach. Als sie dort eintrifft, ist Berta Wittke dabei, ausgesuchte Wäschestücke und Kleidung in große Säcke zu stopfen. Irritiert läßt sich Elisabeth auf einen schmalen Stuhl nieder und fragt naiv: »Was machst du da?« Berta, in den Jahren an den Hüften und am Busen rundlicher geworden, rückt das verrutschte Leibchen zurecht und pustet eine Strähne aus den Augen, bevor sie hastig antwortet: »Was schon, Elisabeth? Wir hauen ab! Der Iwan is durch, hörst keene Nachrichten?«

Um Himmelswillen, durchfährt es Elisabeth, nur das nicht! Sie hat sich mit Jakob, dem Milchwagenfahrer, verabredet und will mit ihm am nächsten Morgen zurück nach Neumark fahren und dabei wie vorgehabt das Säuglingskörbchen mitnehmen, das bei den Schwiegereltern auf dem Boden steht. Berta hat es ihr versprochen. Aber ihr Protest klingt doch etwas unsicher, als sie auf die Front im Osten hinweist und behauptet: »Die Russen sind noch weit entfernt. Du wirst sehen, Berta, sie kommen nur bis Hohenstein.«

Berta schaut nicht einmal auf, sie läßt sich auch in ihrer Tätigkeit nicht stören und stopft weiter Wäsche und Kleider in saubere Kartoffelsäcke. Aus Erfahrung weiß sie, daß mit Elisabeth nicht gut Kirschen essen ist, wenn sie sich etwas in den Kopf gesetzt hat. Sie fragt, ob sie satt ist, und schickt sie anschließend in die Küche, damit das Zeug wegkommt. Es tut ihr leid, die schönen Sachen einfach zurücklassen zu müssen, und Berta ist überzeugt davon, daß nichts mehr da sein wird, wenn sie wiederkommen. Hauptsache, das Haus steht noch, hofft sie, damit die Familie ein Dach über dem Kopf hat, wenn es soweit ist und nicht mehr geschossen wird. Elisabeth hat keinen Hunger, ihr ist der Appetit vergangen. Sie sitzt vor vollen Töpfen und nagt an einer Brotkante. Die Schuhe hat sie von den Füßen gestreift. Es stört sie, daß die Schwiegermutter ihre Meinung einfach hingenommen hat, ohne sich mit ihr zu streiten, was sie sonst liebend gerne tut.

Die Nacht in Ebersbach kommt Elisabeth endlos vor. Fragen über Fragen bedrängen ihr Herz, rauben ihr den Schlaf: Wird das Milchauto noch fahren, wenn alles schon im Aufbruch begriffen ist, und wie sieht es in diesen Stunden zu Hause aus? Wird sie das Tantchen überhaupt noch in Neumark finden, oder ist sie bereits auf der Flucht ohne sie? Sie ist froh, als die Nacht vorbei ist, der Tag graut. Hastig schlingt sie eine Schnitte Brot hinunter und packt ein Stück Wurst in ihren Korb.

Wie verabredet hält der Milchwagen der Molkerei pünktlich vor der Haustür. Jakob öffnet die Wagentür und grinst über das ganze breite Gesicht. Er freut sich, Elisabeth wiederzusehen. Bis Neumark sind es nur vier Kilometer, keine Entfernung, aber das Lastauto kommt nur langsam voran. Ihnen entgegen rollen in langer Kette vollbepackte Treckwagen, Kutschen und Schlitten aus den umliegenden Gemeinden des Kreises. Endlich das bekannte Dorfschild, die Kirchturmspitze taucht hinter den Bäumen und der neuen Scheune auf. Auch hier sind die Bauern dabei, ihre Wagen zur Flucht herzurichten.

Christine Scheffler fällt buchstäblich ein Stein vom Herzen, als ihre Elisabeth in das Haus hereinstürmt und in ihre Arme sinkt. Sie ahnt, wie ihr zumute ist. Überall liegen Gepäckstücke. Die ganze Nacht hindurch hat das Tantchen in Schränken, Truhen und Koffern gewühlt, sortiert und hofft, alles richtig gemacht zu haben. Familien ohne eigene Gespanne werden Bauern mit entsprechenden Fuhrwerken zugewiesen, die ausnahmslos von alten Männern, Kriegsgefangenen und Fremdarbeitern gelenkt werden. Es gibt nur wenige von ihnen, die sich absetzen und der Befreiung durch die sowjetische Armee entgegensehen. Keiner hindert sie. Im Gegenteil, sie werden von den Abfahrenden gebeten, doch in der Zwischenzeit auf die Höfe zu achten und das Vieh in den Ställen zu versorgen. Die Kühe müssen unbedingt regelmäßig gemolken werden. Daß sie später oft nicht dazu kommen werden, ihre Versprechen einzulösen, liegt nicht an ihnen. Im Kielwasser des Krieges schwimmt jeder nur noch um sein Leben.

Das putzige geflochtene Säuglingskörbchen, in dem schon die Tochter vor dreizehn Jahren ihre ersten Monate verbrachte, muß Elisabeth Wittke im Flur stehen lassen. Sie kann es nicht mit auf die Flucht nehmen, und nun fragt sie sich, warum sie es überhaupt aus Ebersbach mitgenommen hat.

Von einer bevorstehenden Entscheidungsschlacht bei Hohenstein spricht plötzlich kein Mensch mehr. Der Bürgermeister ist verschwunden, jedenfalls zeigt er sich nirgendwo. Bei 20 Grad unter Null setzt sich am 22. Januar der Treck von Neumark mühsam in Bewegung. Die Bauern wollen über Elbing und Dirschau nach Pommern fliehen. Hinter der Weichsel glauben sie vor den Russen absolut sicher zu sein. Dort sollen bereits Divisionen zum Gegenangriff versammelt sein.

Sobald die Kältewelle vorbei ist, will Hitler losschlagen.

Der Russe wird sich noch wundern!

Woher diese Nachrichten stammen und wer sie verbreitet, weiß keiner der Flüchtlinge zu sagen, aber sie fliegen von Wagen zu Wagen und werden zu gerne geglaubt.

Es schneit ununterbrochen. Auf den überfüllten Straßen kommen die schwerbeladenen Fuhrwerke nur langsam vorwärts. Einige Bäuerinnen konnten sich von ihrem Hausrat nicht trennen, und nun zetern sie bei jedem Stück, das unterwegs in den Straßengraben geworfen werden muß, um den Pferden die Arbeit zu erleichtern. Die neben den Pferden hergehenden Männer können mit den Gespannen vorerst jedenfalls Schritt halten. Noch haben sie es nicht sonderlich eilig. Einige halten die Flucht sogar für verfrüht. Als sie an der Dorfkirche vorbeiziehen, läuten plötzlich die beiden Glocken. Der Küster kann es nicht sein, der ist bereits abgehauen, ohne sich vom Pastor zu verabschieden. Luise Kaiser ist von ihrem Wagen gesprungen, um auf diese Art Abschied von der Heimat zu nehmen. Während sie am Strang hängt, kraftvoll zieht und über ihr die Glocken schlagen, läßt sie ihren Tränen freien Lauf. Luise ist keine Kirchläuferin, sie hat für solche Sachen nie Zeit gehabt. In diesen Minuten erinnert sie sich an das Gespräch mit dem Herrn Pastor nach der Taufe ihres Ältesten, als er sie mit gesenktem Blick ermahnte, mehr an ihr Seelenheil zu denken. Sie drückte das Taufkissen fester an die Brust und sagte patzig: »Ich versorge das Vieh, Sie beten. Wenn jeder von uns seine Arbeit gut tut, wird das Gott gefällig sein, Herr Pastor!«

Diese Antwort machte damals im Dorf schnell die Runde. Im Krug klatschten sich die Bauern auf die Schenkel und lachten sich ein schiefes Maul. Der Geistliche vermied nach diesem Gespräch eine weitere Aussprache über ihr Seelenheil, und Luise blieb ihren alten Gewohnheiten treu, die Kirche lediglich zu besonderen Anlässen aufzusuchen wie Taufe und Begräbnis und Hochzeiten natürlich, aber das war auch etwas ganz anderes.

Langsam rollen die Wagen durch das Dorf und passieren die Kirche. Als Luise außer Puste den Strick losläßt, sieht sie im Türrahmen eine dunkle Gestalt lehnen. Sie erschrickt, fährt zusammen, greift sich ans Herz, erkennt dann aber den Pastor.

»Ich danke dir, Luise.«

Luise ist die Begegnung peinlich, fragt: »Haben Sie gebetet?«

»Ja, für unsere Heimkehr.«

Hoffentlich hat der liebe Gott Sie auch gehört, denkt Luise Kaiser, aber sie sagt es nicht. Warum den Mann noch kränken, er hat es sowieso nicht leicht gehabt. Sie ermahnt ihn, endlich Schluß zu machen, der letzte Wagen wartet draußen. Er nickt traurig und geht langsam hinter ihr her. Die Tür zur Kirche bleibt offen.

Bei Frauenburg setzt der Treck auf die Autobahn. Spiegelglatt die Fahrbahn. Oft rutschen die Pferde aus und wälzen sich wiehernd am Boden. Halfter reißen, und Deichseln brechen wie Streichhölzer. Militärtransporte ziehen an ihnen vorbei, überholen sie rasch oder kommen ihnen vereinzelt entgegen. Mitten auf der Autobahn steht ein Wehrmachtsfahrzeug, davor zwei Soldaten. Einer fuchtelt mit der Maschinenpistole herum und brüllt: »Fahren Sie rechts, oder ich schieße Ihnen die Pferde unter den Hintern tot!«

Sie karren die ganze Nacht hindurch, ohne Pause zu machen. Nur weg, weiter, weiter! Übernächtigt sitzen die Gespannführer auf den Böcken, eingehüllt in Decken, mitunter nicken sie für Sekunden ein. Alle anderen haben sich in den Wagen verkrochen und frieren doch. Gegen Morgen läßt der Schneefall nach. Keiner weiß, wo die Russen wirklich sind, ob sie schon Neumark erobert haben oder an der Weichsel stehen.

Elbing taucht auf. Die Autobahn ist dem Altbauer Scherff nicht geheuer, und er lenkt sein Fuhrwerk auf eine Seitenstraße. Hier müssen sich die Wittkes trennen. Der Wagen ist überladen, die Pferde schaffen es nicht mehr. Elisabeth bleibt sitzen, das Tantchen und die Tochter müssen auf den nächsten Wagen umsteigen. Sie haben nicht viel Zeit zum Jammern, die anderen wollen weiter, aber so schlimm ist es nicht, meinen sie, denn die Wagen fahren hintereinander, was soll da schon geschehen. Sobald der Treck haltmacht, die Pferde gefüttert werden müssen, bieten sich Gelegenheiten, Absprachen zu treffen.

Es schneit wieder. Teilweise reicht die Sicht nicht weiter als bis zum Vordergespann. Elisabeth Wittke fühlt sich unwohl, sie liegt nicht sonderlich bequem: Der Bauch drückt auf ihr Kreuz, die Füße sind eiskalt, und die Plane über ihr ist undicht geworden. Sie muß wieder an den letzten Brief ihres gefallenen Mannes denken und an seine Warnung, daß der Russe auf keinen Fall nach Ostpreußen rein darf! Der Brief liegt in einem der Koffer, wahrscheinlich in dem braunen, mit dem breiten Lederriemen darum. Und nun hat es der Iwan doch geschafft. Er ist umsonst gefallen, ihr Willy, und ihr fällt plötzlich ein, daß sie neulich das Sparbuch unter den Bettwäschestapel geschoben hat, und den wird das Tantchen bestimmt nicht angerührt haben.

Nun ist auch noch das ganze ersparte Geld futsch!

Beim nächsten Halt der Kolonne muß sie unbedingt das Tantchen danach fragen, nimmt sie sich vor und schläft vor Erschöpfung ein, nicht tief, das ist unter diesen Umständen auch unmöglich, denn der Wagen schwankt, schaukelt und ruckert ununterbrochen, aber immerhin so fest, daß sie für kurze Zeit das ihnen nachfolgende Fuhrwerk mit Tochter Christel und dem Tantchen aus den Augen verliert. Als sie aufwacht, bilden sie die Nachhut des Trecks. Der Wagen hinter ihnen muß den Anschluß verloren haben, vielleicht ist ihnen etwas passiert. Sie schreit auf, rappelt sich aus den Kissen, kriecht nach vorne zu den anderen, aber sie sieht ein, daß Warten gefährlich ist. Wer hier auf offener Chaussee hält, kommt nicht weiter, der ist verloren. So schwer es auch Elisabeth fällt, sie hört auf zu jammern, sich zu beschuldigen und gibt sich mit dem Zugeständnis der Bäuerin zufrieden, vor der Dirschauer Brücke auf den anderen Wagen zu warten.

Keiner kennt sich hier in der Gegend richtig aus. Zum Glück hat Elisabeth in letzter Minute vor der Flucht eine Landkarte des Kreises in ihre altmodische Handtasche gesteckt. So leitet sie den großen Planwagen über die verschneiten Straßen nach Tiegenhof und weiter in Richtung Dirschau, zur Weichsel. Je näher sie der Brücke über den mächtigen Fluß kommen, desto mehr drängt sich der Verkehr zusammen. Im Straßengraben liegen neben zerschossenen Autos umgestürzte Fuhrwerke, Flüchtlingsgepäck, so weit das Auge reicht, auseinandergerissen, durchwühlt. Herrenlose Pferde und brüllende Rinder irren umher. Soldaten versuchen, Ordnung auf der Chaussee zu halten, aber in diesem Chaos gehen ihre Bemühungen unter. Es hilft oft nur Gewalt.

Liesbeth Wittke sitzt vorne mit auf dem Kutscherbock neben Josef und wird immer unruhiger. Sie nähern sich dem Strom. Eisschollen treiben der See zu, ein Lastkahn liegt halb unter Wasser am Ufer. Im Umkreis der Brückenauffahrt stehen Flakgeschütze und einige gepanzerte Fahrzeuge. Aus dem dünnen Schornstein einer Gulaschkanone kräuselt dunkler Rauch. Soldaten stehen herum und treten sich die Füße warm, warten auf gekochtes Schweinefleisch.

»Wir wollen doch hier halten«, versucht Liesbeth ein um das andere Mal, sich Gehör zu verschaffen, aber Josef bleibt stur und lehnt ab, denn sobald sie nicht fahren, werden sie erbarmungslos von der Straße in den Graben geschoben zu den anderen, die nicht weiterkonnten oder -wollten.

Am 25. Januar setzen sie über die große Brücke, sie haben die mächtige Weichsel zwischen sich und die Russen gebracht, sie sind in Sicherheit, glauben sie.

*

Neidenburg, Tannenberg, Allendorf, Allenstein, Osterode, Deutsch Eylau gehen am 23. Januar verloren, und die Truppen der 2. Weißrussischen Front stürmen unaufhaltsam weiter und bedrohen Mohrungen und Saalfeld. Wer sich ihnen entgegenstellt, ist verloren, wird niedergewalzt. Die Saat der Gewalt geht auf. Die Menschen in Ostpreußen sterben einen vielfachen Tod, sie müssen für das büßen, was in Rußland geschah. Die Siege wurden einst gemeinsam gefeiert, den letzten Weg geht jeder allein. Wir haben doch nichts getan, empören sich die Frauen, die Mütter und können nicht glauben, daß ihre Männer, ihre Söhne im Soldatenrock zu den gleichen Handlungen fähig waren, fähig sind. Die Bilder vom Rückzug der deutschen Truppen aus Rußland sprechen eine deutliche Sprache. »Der deutsche Soldat hinterläßt den Bolschewiken eine verbrannte Erde«, heißt es in den begleitenden Kommentaren. Das ist vergessen, was zählt, sind die Verbrechen der einmarschierenden mordenden Soldateska. Ihnen scheint nichts heilig zu sein, und dieser Ruf eilt ihnen voraus. Den ganzen Tag über rollen durch die kleine alte Stadt am Ewingsee deutsche Truppen, aber sie fahren nicht nach Osten in Richtung Mohrungen, sondern biegen hinter der Stadt rechts ab, auf die Chaussee, die nach Maldeuten führt, was keiner im Ort begreift. Um die Mittagszeit wird der Volkssturm einberufen und rückt in die Verteidigungsgräben vor der Stadt ein. Gewehre oder panzerbrechende Waffen sind nur spärlich vorhanden. Erfahrung im Umgang damit hat keiner. Doch jetzt sollen die alten Männer und Jünglinge plötzlich mit den nicht ungefährlichen Waffen umgehen. Beim zweiten Probeschuß, abgefeuert auf ein verbeultes, auf dem Feld herumstehendes Ölfaß, zerfetzt die Ausstoßflamme der kleinen Rakete den hinter ihr zusehenden Fleischermeister Patschkowski. Er ist auf der Stelle tot, das ganze Gesicht und die Brust sind verbrannt. Betreten blicken die Männer auf den unglücklichen Schützen, der die Hände vor das Gesicht schlägt und heult: »Das hab' ich nicht gewollt, das nicht!«

Hermann Scharein als linker Flügelmann der Kompanie hat keine Waffe abbekommen, was ihn nicht stört, und wird als Meldegänger eingeteilt. Der Abschied von Frau und Tochter nach dem Mittagessen fiel denkbar kurz aus. Anna ermahnte ihn, auf sich aufzupassen, und Hermann schluckte schwer am Speichel, griff zum Rucksack und erwiderte: »Wenn nicht anders, sehen wir uns in Ahrensfelde, leb wohl, Anna!« Sie umarmten sich, und Hermann spürte, daß Anna weinte. Sein Herz zog sich zusammen, am liebsten wäre er geblieben, hätte sich versteckt, aber Anna sagte nichts, und so ging er davon. Er kam auch nicht zurück, als die Zivilbevölkerung aufgerufen wurde, innerhalb von zwei Stunden Saalfeld zu verlassen.

Immer wieder tritt Anna an das Fenster zur Straße und blickt die Schmiedestraße entlang, aber vergeblich, er schickt auch keine Nachricht. Ohne ihn will Anna nicht gehen, und so bleiben sie die Nacht über in der Stadt und fahren erst am frühen Morgen mit Schwager Rudolf fort. Züge verkehren nicht mehr. Ein paar Häuser brennen, warum, weiß keiner, wahrscheinlich Brandstiftung. Im Südosten liegt am Himmel ein rotes Wolkenkissen, dessen Farbe sich von Sekunde zu Sekunde verändert. Heftiges Artilleriefeuer läßt die Erde erzittern. Rudolfs Laster hat kein Verdeck, und der eiskalte Fahrtwind läßt die auf der Pritsche kauernden Frauen und Kinder zittern. Anna zieht Irene an sich heran und hüllt sie in eine herumliegende alte Pferdedecke. Sie wärmt nicht viel, die Kälte dringt schnell durch sämtliche Bekleidungsstücke. Weiter geht die Fahrt, vorbei an müde dahinkriechenden Trecks. Sie haben kaum noch eine reelle Chance, den heranstürmenden Russen zu entkommen, ihren Panzern, die über Pferde, Wagen, Menschen rollen und alles Leben auslöschen.

In den Gräben zu beiden Seiten der Chaussee nach Miswalde häuft sich Kriegs- und Flüchtlingsgut. Soldaten einer Panzerabteilung sind dabei, ihre liegengebliebenen Fahrzeuge zu sprengen. Auf der nächsten Kreuzung steht eine doppelte Wehrmachtsstreife und fischt erbarmungslos alle wehrfähigen Männer aus den vorbeiziehenden Kolonnen. Rudolf Böhnke zeigt stumm einen zerknitterten Wisch vor, das genügt. Der holzgasangetriebene Laster kann ungehindert die Sperre passieren. Am Steuer sitzt ein russischer Kriegsgefangener, der seit rund zwei Jahren den Schwager durch die einsamen ostpreußischen Wälder kutschiert hat, wenn sie unterwegs waren, um Langholz für das Sägewerk zu holen. Mitunter mußten sie im Wald in einer Hütte übernachten. Eine Pistole sollte Rudolf mitnehmen, hatte ihm der Leiter des kleinen Gefangenenlagers ans Herz gelegt und belehrend hinzugefügt: »Den Bolschies isch nicht zu traue, dreh ihne den Röck zu, und schon bischt 'ne Leich!« Rudolf nickte, nahm die Pistole und versteckte sie zu Hause im Vertiko. Statt der Waffe nahm Rudolf die doppelte Portion Essen mit. Er war im Ersten Weltkrieg in französischer Kriegsgefangenschaft gewesen. Diese Erfahrung, so bitter sie damals war, kam ihm jetzt zugute.

Pushkin, wie ihn Rudolf nennt, ist anhänglich und zuverlässig. Er hätte in Saalfeld im Lager abgeliefert werden müssen, aber Rudolf war kurz vor dem Tor mit ihm umgekehrt, und Pushkin hatte ihm dankbar den Arm um die Schulter gelegt und gesagt: »Kamerad, du!«

So einfach kann Leben sein.

Als sie die erste Sperre passieren, atmet Rudolf verständlicherweise auf. Natürlich hat er Angst, daß übereifrige Polizei den Kriegsgefangenen einfach kassiert. Auf die Russen ist in diesen Wochen und Monaten im Osten kein Mensch gut zu sprechen, zu häufig kommen die Schreckensmeldungen, und die Angst wächst.

Der Lastwagen überholt spielend die langsamen Fuhrwerke, und Pushkin gibt Gas. Die Fahrt geht über Miswalde nach Elbing. Sie halten aber nur kurz, um Holz auf den Gaskocher zu werfen. Rudolf will seine Familie hinter die Weichsel bringen, in Sicherheit. Am 25. Januar treffen sie in Danzig ein. In Zoppot wohnen Verwandte, vielleicht kann die Familie dort das Ende des Krieges abwarten. Aber in dem schönen Einzelhaus im Seebad ist angeblich kein Bett mehr frei. Rudolf glaubt kein Wort, ist empört, und wäre Minna nicht gewesen, er hätte den lieben Verwandten seine Meinung gesagt.

Sie fahren zurück nach Danzig. In einer Schule bringt er alle unter, dann macht er kehrt. Er will nach Saalfeld zurück, hofft, noch ein paar Sachen retten zu können.

»Laß den Plunder und bleib hier!« bittet ihn Minna, aber Rudolf ist nicht zu halten, er vertraut auf sein Glück.

»Ihr bleibt hier, ich hol euch und bring Hermann, den Krieger, mit!«

Dankbar tätschelt Anna seine Hand. Sie stehen vor dem Schulgebäude am Tor, als sich der Laster in Bewegung setzt, und sehen ihm stumm nach, wie er hinter der nächsten Häuserzeile verschwindet.

Probefahrt entlang der Samlandküste

Noch bevor der Befehl aus dem Oberkommando der Kriegsmarine zur Verlegung der I. Unterseeboot-Lehrdivision nach Westen beim zuständigen Fregattenkapitän Fritz Proske eintraf, hatte der rührige Flottilleningenieur Kurt Zimmermann die seit Jahren ungenutzte, aber nicht ungepflegte Maschinenanlage der *Ubena* soweit in Ordnung gebracht, daß sie zur Probefahrt hätten auslaufen können. Es fehlte nur noch die Genehmigung. Mit Hilfe des technischen Personals des Marine-Ausrüstungs- und -Reparaturbetriebes, der MAUREP, waren die notwendigen Druckproben durchgeführt worden. Auch die Elektro-Anlage funktionierte wieder einwandfrei. Darüber hinaus war es Zimmermann gelungen, eine ausreichende Menge Öl zu bunkern. Nicht so viel, wie der Kapitän gern gehabt hätte, aber schließlich mußten die anderen Wohnschiffe der in Pillau liegenden Flottillen ebenfalls versorgt werden. Keiner wollte freiwillig zurückbleiben, wenn es soweit war, den Marsch nach Westen anzutreten. Noch befürchteten die Marineoffiziere an Bord, daß sie den Russen als Kanonenfutter vorgeworfen werden sollten, denn sie hatten inzwischen ihre blauen Uniformen gegen feldgraue eintauschen müssen.

Als Hermann Förster über Deck spaziert und plötzlich dem in Feldgrau gekleideten Flottilleningenieur gegenübersteht, bleibt ihm für einen Augenblick die Sprache weg. Dann hat er sich gefaßt und bemerkt:

»Das putzt ungemein!«

Verlegen grinst der Oberleutnant. Immer noch besser eine feldgraue Uniform als ein Talar, denkt er. Viel hätte nicht gefehlt, und er wäre vielleicht Marinepfarrer und nicht Ingenieur geworden. Bevor er Förster antworten kann, mischt sich der stämmige, großgewachsene Kapitänleutnant Liebe von Kreutzner ein:

»Mein lieber Kapitän, dieses Zitat, so harmlos es auch klingt, läßt darauf schließen, daß die Bordbücherei der *Ubena* nicht entsprechend der allgemein noch gültigen Anweisungen durchforstet worden ist. Ohne weiter darüber nachzudenken, nehme ich an, daß nicht ein Mann allein im Bücherschrank steht.«

Während der gut einen Kopf kleinere Ingenieur verständnislos zuhört und abwechselnd die beiden vor ihm stehenden Männer mustert, verschränkt Liebe von Kreutzner lässig die Arme hinter seinem Rücken und geht stillvergnügt davon. Hermann Förster zieht etwas heftiger an seiner Pfeife und brummt vor sich hin, was so viel heißen soll wie: zum Teufel mit dem Kerl!

Der 31jährige Zimmermann kommt sogleich auf die Leistungen seiner Leute zu sprechen und daß diese Aufgabe auch eine echte Herausforderung an sie alle gewesen ist. Der Schiffsführer versteht viel von Schiffen und Menschen, weniger von Kesseln, Zylindern, Ventilen und dem notwendigen Dampfdruck, um mit dem versierten Fachmann auf gleicher Ebene diskutieren zu können. Natürlich ist wichtig zu wissen, nach wieviel Stunden sie den Dampf hochfahren können, davon hängt schließlich die Geschwindigkeit des Schiffes ab und möglicherweise auch ihre Sicherheit. Sorgen bereitet beiden der starke, teils sichtbare Bewuchs des Unterwasserschiffes. Seit 1942 ist die *Ubena* nicht mehr im Dock gewesen. Eine sehr lange Zeit. Ganze Parasitenkolonien müssen sich inzwischen am Boden des Schiffes gebildet haben, begünstigt durch die wasserklimatischen Bedingungen im hintersten Teil des Hafenbeckens, wo das Wasser nicht mehr bewegt wird, selbst dann nicht, wenn es draußen stürmt.

Förster bricht das Fachgespräch mit der Bemerkung ab, daß es doch keinen Sinn hat, darüber zu spekulieren, in der Praxis sieht sowieso alles ganz anders aus. Er fragt: »Ist immer noch keine Order aus Berlin eingetroffen? Wenn das noch ein paar Tage dauert, stehen plötzlich die Russen unten an der Gangway. Bin neugierig, was der Kreutzner zu ihnen sagen würde.«

Kurt Zimmermann grinst und gibt zu bedenken, daß der Kapitänleutnant wahrscheinlich dabei ist, Russisch zu lernen. Auf die Frage des Kapitäns eingehend, sagt er mißmutig:

»Berlin schweigt. Wahrscheinlich weiß Dönitz nicht, wo er uns hinschicken soll. Kein Wunder, denn Großdeutschland wird stündlich kleiner!«

»Pst!« warnt Förster und dreht sich um, aber sie sind unter sich. Zimmermann will nicht klein beigeben und fügt trotzig hinzu:

»Ist doch wahr!«

Als endlich die Nachricht vom Verlegungsbefehl der I. U-Boot-Lehrdivision vom Stab offiziell bestätigt wird und erste Anweisungen erteilt werden, löst die Meldung bei den Offizieren eine fieberhafte Tätigkeit aus. Es ist, als ob eine lähmende Gleichgültigkeit von den großen Wohnschiffen abfällt. Kapitän Förster sitzt noch beim Morgenkaffee in seiner Kajüte und studiert die Zeitung, als Kurt Zimmermann ihn zu sprechen wünscht. Förster erhebt sich, geht ihm freundlich entgegen und bietet ihm an, Platz zu nehmen und mit ihm zusammen Kaffee zu trinken.

»Bohnenkaffee natürlich und extra stark gebraut«, fügt er einladend hinzu.

Das Bedauern steht dem in Konstanz geborenen Flottilleningenieur im Gesicht geschrieben, als er ablehnt, ablehnen muß, weil die Zeit drängt: »Tut mir leid, Herr Kapitän, aber es geht los! Wir haben die Erlaubnis zur Probefahrt, ich muß Jagdschutz organisieren. Befehl von Poske, aber das ist keine Hürde. Ich kenne drüben in Neutief einen Offizier der Luftwaffe, das schaffe ich schon.«

Hermann Förster ist sofort in Bewegung. Die Zeitung interessiert ihn nicht mehr, auch der Kaffee nicht. Er zieht sich die Jacke an und mobilisiert seine Leute, während der Flottilleningenieur an Land geht, um vom *Knurrhahn* aus zu telefonieren. Als ihm Jagdschutz für die Probefahrt zugesichert wird, bestellt er bei der MAUREP gleich zwei kleine Schlepper und eilt zurück auf die *Ubena*, wo ihn Förster ungeduldig am Fallreep erwartet und fragend ansieht.

»Alles in Ordnung, Herr Kapitän, wir können langsam Dampf aufmachen, morgen früh geht es los.«

»Erst morgen?«

»Es ist gleich Mittag. Bevor wir hier wegkommen, ist es draußen dunkel, das bringt ja nichts«, erwidert Zimmermann, und Förster sieht das ein, wenn er auch unwillig mit den Händen herumfuchtelt und sich erst beruhigt, als der Tabak im Pfeifenkopf glüht. Er stößt ein paar kleine Wolken in Richtung der an der Ostpreußenpier liegenden anderen Schiffe aus und hofft, nicht der Letzte zu sein, der Pillau verläßt.

Mit Hilfe von Arbeitern des Marine-Ausrüstungs- und -Reparaturbetriebes lösen die Seeleute auf der *Ubena* überflüssige, inzwischen stark verrostete Festmacher. Zahlreiche Schläuche und Kabel müssen entfernt werden, und jede dieser Arbeiten erfordert viel mehr Zeit als sonst, weil die Leinen und Verbindungen so umfangreich befestigt sind, als ob das Schiff für den Rest seines Daseins in Pillau bleiben sollte. Doch daraus wird nun nichts. Die *Ubena* erwacht aus ihrem Dornröschenschlaf. Und weil allen an Bord klar ist, daß sie demnächst, vielleicht morgen schon, den Hafen verlassen werden, gibt es sowohl für die Besatzungsmitglieder als auch für die an Bord wohnenden Offiziere und Mitglieder des Stabes an Land unaufschiebbare Dinge zu erledigen. In den Jahren haben sich nicht nur lose Freundschaften, sondern feste Bindungen entwickelt. Sie können doch jetzt nicht einfach davonfahren und die Frauen einem ungewissen Schicksal überlassen. Schließlich finden sich fünf Männer beim Kapitän ein und bitten um Hilfe.

»Und wie stellt ihr euch das vor?« fragt Förster und sieht sie der Reihe nach an.

»Wir haben doch Platz an Bord...«

»Einfach so, – das geht nicht. Ich müßte in Hamburg anfragen, und was wird Collmann dazu sagen?« Der Kapitän schüttelt bedauernd den Kopf und streicht sich über das Kinn. Dann hat er die Lösung gefunden: »Wir machen das so: eure Frauen oder Freundinnen, so genau will ich das gar nicht wissen, werden einfach als Stewardessen angemustert. Also geht an Land und holt sie.«

Glückstrahlend verschwinden die Männer und tauchen in Pillau unter, das sich in den letzten Tagen unfaßbar verändert hat. Aus dem beschaulichen Städtchen ist ein Zufluchtsort für Heimatlose geworden, die nun das Bild beherrschen. In einzelnen Straßen stehen die Flüchtlingsfuhrwerke ineinander verkeilt. Struppige Panjepferde schlafen mit tief gesenkten Köpfen. Keiner kümmert sich mehr um sie. Die kleinen Häuser sind überbelegt, und die Menschen fragen besorgt, was nun werden soll. Sie stehen mit dem Rücken zur See, weiter können sie nicht fliehen. Die Seeleute der *Ubena* wissen auf ihre drängenden Fragen keine Antworten. Sie können sich auch nicht vorstellen, daß diese Menschen mit Schiffen abtransportiert werden. So viele Schiffe gibt es ja gar nicht. Und doch beginnen zu dieser Zeit in den Stäben der Kriegsmarine die Vorbereitungen dazu. Den Verantwortlichen ist in diesen Tagen im Januar nicht klar, was für eine Dimension die Aktion erreichen wird.

Als Schlepper die *Ubena* wie vorgesehen am nächsten Morgen aus dem engen Hafenbecken ziehen, vorbei an den Wohnschiffen am Ostpreußenkai, denken viele drüben, daß die *Ubena* Pillau verläßt. Förster steht auf der Steuerbordnock und winkt kurz zur *Pretoria* hinüber. Er bleibt nicht länger draußen als unbedingt nötig, denn die Luft ist eisig, wenn auch klar. Nach Passieren der Molen im Vorhafen werfen die beiden Schlepper ihre Leinen los. Die *Ubena* läuft mit eigener Kraft weiter. Kaum haben sie das Seegatt erreicht, als auch wie zugesagt ein Jäger auftaucht und dicht über den Masten der *Ubena* steil in den Himmel zieht.

Alle Positionen sind besetzt. Das Ruder läßt sich schwer drehen, alles geht langsamer als früher, kommt es Förster vor. Vielleicht liegt es daran, daß er nach drei Jahren Zwangsurlaub im Hafen endlich wieder auf See ist, uneingeschränkter Herr auf seinem Schiff, seiner *Ubena*, daß die Maschine läuft, die Kolben stampfen, das Zittern der Schraube sich bis auf das Brückendeck überträgt und er es mit seinen Fußsohlen spürt. Das Schiff lebt. Aus dem Schornstein zieht fetter Rauch, aber die Ingenieure beruhigen ihn, diese schwarze Schleppe würde bald verschwinden. Förster reißt am Hebel, und über ihnen brüllt die Dampfpfeife los. Es ist wie eine Befreiung. Die mit auf der Brücke stehenden Offiziere des Stabes der Flottille schreien »Hurra« und strahlen wie

Kinder. Sie sind alle zu sehr mit der Seefahrt verbunden, um diese Stunde nicht zu begreifen. Schiffe werden nicht gebaut, um irgendwo in Häfen herumzuliegen und zu vergammeln, sie müssen hinaus auf See, erst dort leben sie.

Entlang der Bernsteinküste geht die Fahrt nordwärts. Wie erwartet fahren sie nicht schnell, der Bewuchs hemmt die Geschwindigkeit, aber sie haben es alle nicht eilig. Sie passieren Palmicken, und Kapitänleutnant Atzinger erinnert daran, daß drüben im Lazarett ihr Chef im Bett liegt. Aus Nordost setzt sich ein leichter Luftzug durch und kräuselt die See. Die Steilküste des Samlandes hebt sich klar heraus, die roten Dächer der Häuser über dem weißen Sand leuchten.

Förster wirft immer wieder einen Blick hinüber, nicht um die Position des Schiffes zu bestimmen, sondern weil die Bilder Erinnerungen wecken.

Liebe von Kreutzner muß ihn längere Zeit beobachtet haben, denn er schiebt sich neben ihn und sagt nachdenklich, ohne ihn direkt anzusprechen:

»Sie ist unvergleichbar schön, diese Küste, und eigentlich kein Wunder, daß viele Menschen im Samland glauben, hier irgendwo müßte das Paradies gelegen haben. Wenn die Sagen und Märchen der Völker dem Wunschdenken der Menschen entsprechen, wie ich glaube, dann findet sich drüben der beste Beweis: Sancta Cruis. Es ist nur ein kleiner Ort, ein paar Häuser und eine Kirche. Wahrscheinlich haben einst christliche Bekehrer den dort wohnenden Heiden ein Kreuz errichtet. Die Sage aber knüpft eine andere Geschichte, und so erzählen die Bewohner, daß die See das Kreuz an Land gespült habe. Von da sei es, mit heiligen Kräften begabt, ohne menschliches Zutun weitergewandert, um den Ort zu bestimmen, wo eine Kirche gebaut werden soll.«

Es ist nicht klar, ob der Kapitän überhaupt zugehört hat, denn er geht mit keinem Wort auf den Monolog des Wohnschiffsoffiziers ein, sondern sagt:

»Ich habe so oft den Tafelberg am Kap der Guten Hoffnung gesehen und ihn für schön gehalten. Vielleicht läßt mich die Erinnerung im Stich, aber die Samlandküste ist schöner!« Liebe von Kreutzner nickt und denkt: das macht der Abschied, mein Lieber, aber er sagt es nicht, denn er empfindet nicht anders als der Mann neben ihm, der erneut zum Fernglas greift. Auf der Höhe von Brüsterort machen sie kehrt und dampfen zurück nach Pillau. Es dunkelt schon, als sie in den Vorhafen einlaufen und am Schwalbenberg festmachen. Die Probefahrt ist beendet, die *Ubena* klar zum Auslaufen nach Westen, aber der Befehl dazu läßt weiter auf sich warten.

Die letzten Stunden in Pillau

Es liegt etwas in der Luft. Die erfahrenen Seeleute spüren es und werden immer unruhiger. Vielleicht sind es die unheilvoll klingenden Nachrichten von der näherrückenden Ostfront, die sie nervös machen. Kein Wunder, denn sie bedroht nun schon ganz Ostpreußen. Die Männer auf den Schiffen können nicht begreifen, daß der Auslaufbefehl nicht erteilt wird. Sie wollen nicht sterben und nicht den Russen in die Hände fallen.

Trotz der nervlichen Belastung hat Flottilleningenieur Kurt Zimmermann an Bord der *Ubena* nachts gut geschlafen. Er ist an diesem 24. Januar noch gar nicht so richtig auf den Beinen, als einer der Kameraden draußen auf dem Gang schreit, daß die *Emden* einläuft. Das Ereignis will sich der Oberleutnant nicht entgehen lassen. Schnell streift er sich seine Beinkleider über, schlüpft in die Lederjacke und läuft hinaus an Deck. Tatsächlich: Im Schlepp dreht der alte Kreuzer in den Vorhafen ein und macht fest, nur um die Särge von Generalfeldmarschall von Hindenburg und seiner Frau an die *Pretoria* abzugeben, die sie nach Stettin mitnehmen soll. In der vergangenen Nacht waren sie in Königsberg im Beisein eines Sohnes des Siegers von Tannenberg feierlich an Bord des nicht einsatzbereiten Veteranen gebracht worden. Fahnen und Standarten der Regimenter, die 1914 in Ostpreußen gekämpft und schließlich gesiegt hatten, schmücken den achteren Decksteil des Kreuzers, auf dem die beiden Särge aufgebahrt sind.

Im Laufe des Tages räumen Offiziere und Portepeeunteroffiziere der Flottille die *Ubena* und steigen auf ihre Unterseeboote. Gleichzeitig kommen Angehörige der Marine, Frauen und Kinder mit Gepäck an Bord und belegen die freigewordenen Kammern. Es ist ein ständiges Kommen und Gehen. Proviant wird angefahren, und um nicht völlig wehrlos einem Luftangriff ausgesetzt zu sein, werden ein paar leichte Flakwaffen aufgebaut.

Der 25. Januar ist ein Donnerstag, ist Seemannssonntag. Die gut unterrichteten Smutjes richten sich danach und treffen die notwendigen Vorkehrungen, um die Lieblingsspeisen ihrer Kapitäne kochen zu können.

Gegen 8 Uhr erhält Fregattenkapitän Fritz Poske von Admiral von Friedeburg das vereinbarte Stichwort für die Verlegung der Lehrdivision. Da alle Vorbereitungen abgeschlossen sind, müssen nur noch die betreffenden Befehle erteilt werden. Ausgesprochen problemlos verlaufen die Einschiffungen. Aus Palmnicken kommt mit anderen kranken und verwundeten Soldaten der Chef der 21. U-Flottille Herwig Collmann zurück auf die *Ubena*. Förster kann ihn nur kurz begrüßen, er hat für einen längeren Plausch keine Zeit. Kaum ist er in seiner Kajüte, als sich die fünf Besatzungsmitglieder bei ihm melden, die ihre Bekannten mitnehmen wollen. Im Trubel der letzten Tage hat er sie vollkommen vergessen. Er läßt die Frauen holen und schickt sie mit dem I. Offizier an Land. Obwohl er nicht glaubt, daß auf dem Seemannsamt überhaupt noch ein Mensch arbeitet, täuscht er sich. Ordnungsgemäß werden Frieda Fritz, Elisabeth Gronert, Luise Eggert, Elma Holzegger und Anna Harueck als Stewardessen angemustert. Als Karl Dunkert die abgeschlossene Musterrolle zurückbringt und auf den Schreibtisch legt, kann er sich nicht verkneifen zu sagen: »Ich glaub', wir machen einen Ausflug, oder ist das wirklich 'ne Flucht?«

»Ich weiß es nicht, ich weiß es wirklich nicht«, antwortet Förster und schüttelt über soviel Pflichtbewußtsein den Kopf. Er will zurück an Deck, sich um die Menschen kümmern, doch er kommt nicht dazu, ein älterer schmächtig wirkender Mann betritt seine Kajüte, wirft die Aktentasche achtlos auf den nächsten Stuhl und fuchtelt nervös mit den Händen herum: »Fein, daß ich Sie treffe, ich bin der Mann vom Germanischen Lloyd, Euchfeld ist mein Name. Wie sieht es denn mit der Klasse aus, ist der Fahrterlaubnisschein in Ordnung? Das werden wir gleich haben, kann ich die Papiere sehen?«

Förster ist so verdutzt, daß er sie ihm wortlos aushändigt. Was zum Teufel soll das, denkt er, begreift der Mensch nicht, um was es hier geht? Er will protestieren, aber der Vertreter der Gesellschaft spricht schon weiter: »Habe ich mir doch gedacht, alles abgelaufen. Klasse ist perdü. Schiff ist seeunfähig, kann nicht auslaufen, ist Ihnen doch klar, oder?«

»Mir ist überhaupt nichts klar, bester Mann, und wenn Sie nicht verschwinden, schmeiße ich Sie von Bord, eigenhändig. Ob das Schiff seetüchtig ist oder nicht, bestimme ich!«

Euchfeld unterbricht ihn mit fahrigen Handbewegungen: »Stimmt nicht, Kapitän, das Gesetz sagt eindeutig, daß die *Ubena* erst Klasse machen muß, bevor sie auslaufen kann, sonst geht nichts, ich verweigere die Unterschrift.«

Das kann nicht wahr sein, gleich wirst du aufwachen und alles ist wieder in Ordnung, glaubt der Kapitän und atmet tief durch. Langsam steht er auf, bewegt sich auf den Mann zu, der immer noch mit bedenklichem Gesicht die Papiere durchblättert. Euchfeld sieht auf, weicht zurück: »Nicht doch, Kapitän, nicht doch! Machen wir das so, sagen wir: die Klassefikationsarbeiten haben heute begonnen, haben sie ja auch, schließlich bin ich hier, damit lebt auch der abgelaufene Fahrterlaubnisschein wieder auf. Um die Arbeiten zu überwachen, bleibe ich gleich an Bord, die Koffer stehen draußen vor der Tür. Wo kann ich schlafen?«

Hermann Förster weiß nicht, ob er lachen soll. Er schiebt den Vertreter vom Germanischen Lloyd aus der Tür und überläßt ihn einem Steward. Er soll sich um ihn kümmern, sein Bedarf an großdeutscher Bürokratie ist gedeckt.

In Gedanken geht er immer wieder die bevorstehende Reise durch und kommt zu der Auffassung, daß die paar kleinen Kanonen an Deck keinen Gegner abhalten werden, die *Ubena* anzugreifen. »Was ist, wenn uns ein russisches U-Boot entdeckt?« fragt er nachdenklich Kapitänleutnant Atzinger. Der Offizier hört sich die Meinung des Kapitäns an und verspricht, Abhilfe zu schaffen. Schließlich sollen vier Boote vom Typ VII mit Flakbewaffnung den Dampfer auf dem Marsch nach Westen begleiten, abgesehen von den Fahrzeugen der Marine, die den Geleitzug bewachen sollen. Gewiß, bei einem energischen Angriff russischer Unterseeboote können die eigenen Boote nicht viel ausrichten, aber mit ihren leistungsfähigen Horchgeräten vermögen sie frühzeitig angreifende Unterwasserfahrzeuge aufzuspüren und können die Schiffsführung auf der *Ubena* rechtzeitig warnen. Als Förster von den neuen Maßnahmen unterrichtet wird, ist er zufrieden. Er hat alles getan, was in seiner Macht steht, um sein Schiff heil in den Westen zu bringen.

Jetzt gilt es, sich verstärkt um die Flüchtlinge zu kümmern, die mit Sack und Pack die Gangway erklimmen. Viele von ihnen waren noch nie auf einem so großen Schiff und irren umher. Am Nachmittag sind bereits 2000 Menschen an Bord, und langsam versiegt der Strom.

*

Elsa Seeck hat rechtzeitig mit ihren Söhnen Königsberg verlassen, und einer der Matrosen der *Ubena* bringt sie in die leere Passagierkammer Nr. 14. Sie ist nicht groß. An den Seitenwänden stehen je zwei Kojen übereinander, dazwischen ein kleiner Waschtisch. Das Licht in der Kabine ist grell. Elsa sieht sich im Spiegel und erschrickt über ihr graues Gesicht. Mein Gott, denkt sie, sehe ich schlecht aus, wie ausgemacht. Sie braucht unbedingt Ruhe, denn die Geburt ihres vierten Kindes steht unmittelbar bevor. Mitunter zieht es schon heftig im Kreuz. Bevor sie sich niederlegt, weil ihre Beine schwer wie Blei sind, überlegt sie, ob auf dem Schiff wohl auch ein Arzt oder wenigstens eine Hebamme ist. Wird wohl so sein, hofft sie und schläft über dem Gedanken ein, wacht später auch nicht auf, als die *Ubena* den Hafen verläßt.

*

Vor zwei Tagen verlegte notgedrungen die Frauenklinik Rauschen nach Königsberg und mit ihr die Frau von Oberleutnant zur See Kühn. Resi findet gerade noch Zeit, ihren Mann auf der *Ubena* telefonisch zu benachrichtigen. Zum Glück befindet sich inzwischen der Flottillenchef wieder an Bord. Im Bett liegend hört sich der Korvettenkapitän die Sorgen seines Untergebenen an, und da er weiß, daß auch andere Offiziere noch Angehörige in Königsberg haben, läßt er Oberleutnant z. See Friedrich Horst von *U 121* rufen und erteilt ihm die Order, in der Nacht nach Königsberg zu laufen und Frau Kühn und die anderen Frauen abzuholen. Horst ist für diese Aufgabe der richtige Mann.

Als Leitender Ingenieur befindet sich Gerhard Feuge an Bord. Die Fahrt durch den vereisten Seekanal verläuft reibungslos. Unterwegs überholen sie einen kleinen unscheinbaren Dampfer, der eine mächtige Rauchwolke hinter sich herzieht. Keiner der Männer auf dem Turm des Unterseebootes interessiert sich stärker für die *Albatros* aus Flensburg. Sie soll Luftwaffenhelferinnen aus der bedrohten Stadt holen und nach Stolpmünde bringen.

Die Übernahme der wenigen Passagiere auf das Unterseeboot in Königsberg verläuft nicht ohne Probleme. Die hochschwangere Resi Kühn paßt nicht durch das Turmluk und muß oben auf der zugigen Brücke bleiben. Sie halten sich nicht eine Minute länger als notwendig im Hafen auf und laufen sofort zurück, um noch während der Dunkelheit Pillau zu erreichen. Plötzlich setzt heftiger Schneesturm ein, sie sind inzwischen im Seekanal, und die Ausglucksleute auf dem Turm des U-Bootes stieren sich die Augen aus den Köpfen. »Verdammt und zugenäht!« flucht halblaut der Kommandant vor sich hin und hofft, nicht aus der Fahrrinne zu kommen. Zu spät. Es knirscht verdächtig unter dem Kiel, ein Ruck und sie sitzen fest.

»Beide Maschinen voll zurück!«

Der LI am Fahrstand handelt sofort, aber so sehr auch die Schrauben rückwärts schlagen, das Wasser schmutziggelb wird vom aufgewühlten Sand, das Boot rührt sich nicht von der Stelle, es bekommt zunehmend Schlagseite.

»Wassereinbruch melden!«

Doch der Bootskörper ist dicht, auch die Tauchzellen machen kein Wasser. Wahrscheinlich sitzt das Boot nur ungünstig auf der Kante der Sandbank auf. Resi Kühn bekommt es mit der Angst, sie schreit um Hilfe, glaubt, das Boot gehe unter. Der Kommandant versucht sie zu beruhigen, aber er hat keine Zeit, sich um die junge Frau zu kümmern, und so fährt er sie grob an, sagt, sie solle sich zusammenreißen, aber Resi Kühn ist nicht ansprechbar. Sie verlangt einen Arzt, glaubt, ihre letzte Stunde sei gekommen.

»LI auf die Brücke!«

Der Befehl wandert von Mund zu Mund durch das Boot, bis zu Gerhard Feuge. Als er durch das enge Turmluk klettert und die frische, wenn auch kalte nach See riechende Luft einatmet, sieht er nicht die Hand vor den Augen. Der Schneefall hat vorübergehend aufgehört, dunkel die Nacht, kein Stern am bewölkten Himmel, nur ein paar Leuchtfeuer blinken matt. Der Kommandant steht, beide Hände in den Seitentaschen der Lederjacke vergraben, am Turmkranz und schaut auf das schwach quirlende Schraubenwasser.

»Es reicht nicht, LI«, beschwert sich Oberleutnant Horst, als sich Feuge bei ihm meldet.

»Das ist richtig, aber die E-Maschinen geben nicht mehr her.« Feuge läßt sich über die technischen Leistungen der VII-C-Boote aus und über die Unvernunft der Konstrukteure, diesen Bootstyp nicht mit Umsteuergetrieben auszurüsten, was seiner Meinung nach leicht möglich gewesen wäre. Die beiden Offiziere fachsimpeln noch ein bißchen, dann entläßt Horst den Ingenieur und fordert über Funk einen Schlepper aus Pillau an. Jetzt erst findet der Kommandant Zeit, sich um Resi Kühn zu kümmern. Er beruhigt sie, schildert ihr die eingetretene Situation und beteuert, daß überhaupt keine Gefahr bestehe, weder für das Boot noch für sie. Die junge Frau ist in sich zusammengesunken. Sie weint immer noch, wenn auch leiser. Horst verspricht, sie sofort auf die *Ubena* bringen zu lassen, sobald der zugesagte Schlepper eingetroffen ist. Hoffentlich kommt er rechtzeitig! Wehe, wenn es Tag wird und wir immer noch auf dieser Sandbank am Rande des Fahrwassers festsitzen! Eine bessere Zielscheibe für die russischen Schlachtflieger kann er sich nicht vorstellen. Das Schulboot ist unbewaffnet.

In der Zeit des Wartens bleibt er in ihrer Nähe. Es schneit wieder. Der Schnee dämpft die Geräusche. Eisschollen schieben an der Bordwand entlang, ein Dampfer läßt den Anker fallen. Horst erzählt von Tagen und einsamen Nächten auf See. Der Crewgeist lebt, und wenn ihm keine Episode einfällt, erfindet er welche in der Hoffnung, sie möge nicht jede behalten. Langsam versiegen ihre Tränen, gelegentlich unterbricht sie ihn auch, und als der Smutje heißen Kaffee nach oben auf den Turm bringt, nimmt sie die große Muck dankbar entgegen.

Eine gute Stunde später taucht endlich der angeforderte Schlepper aus Pillau auf. Der Schipper der *Wogram* will sofort das Boot von der Sandbank trecken, doch der Kommandant winkt ab, er besteht darauf, daß zuerst wie versprochen die schwangere Frau zur *Ubena* gebracht wird.

Vorsichtig steigt Resi Kühn vom Turm. Die eisernen Handläufer sind eisig, glatt das Deck des Bootes. Zwei Seeleute helfen ihr, halten sie an den Armen fest. Alle sind froh, als der Schlepper mit ihr im zunehmenden Schneegestöber verschwindet. Eine gute halbe Stunde später macht er längsseits des Dampfers fest, und gleich darauf sinkt sie ihrem Mann in die Arme. Die *Wogram* kehrt zurück in den Seekanal und holt vor Sonnenaufgang *U 121* von der Sandbank.

Resi Kühn ist gerade noch rechtzeitig an Bord gekommen. Viel länger hätte Kapitän Förster nicht warten können, denn die anderen Wohnschiffe haben bereits den Hafen verlassen, sammeln sich draußen im Seegatt zum Geleit. »Na, endlich«, brummt er, als ihn die Meldung erreicht, daß sich Frau Kühn an Bord befindet. Die beiden Gangways sind eingeholt. Bevor er die Brücke betritt, besucht er den Flottilleningenieur in seiner Kabine unter dem Brückendeck und bittet ihn, unten im Maschinenraum nach dem Rechten zu sehen, so lange sie manövrieren müssen. »Es ist zu meiner Sicherheit«, bemerkt er, und Kurt Zimmermann versteht ihn, fragt: »Bei mir hat sich ein Eugen Euchfeld gemeldet vom GL, turnt im Maschinenraum herum und macht alle Leute nervös. Soll ich ihn einsperren?«

Förster lacht: »Nee, ein harmloser Verrückter, aber einer, der es faustdick hinter den Ohren hat, lassen Sie ihn gewähren.«

Dreimal heult die mächtige Dampfpfeife der *Ubena* auf, als die beiden Schlepper *Ernst* und *Skirwieht* die Leinen loswerfen und die Maschine der *Ubena* zu stampfen beginnt. Hermann Förster lehnt auf der Brücke neben dem Telegrafen, als der Steven des Dampfers auf die Hafenausfahrt zuschwenkt.

Pillau bleibt zurück. Von den unteren Decks klingt Gesang zu ihm hoch. Obwohl es heftig schneit und der eiskalte Wind böig über die Küste wetzt, stehen Hunderte draußen und singen »Nun ade, du mein lieb' Heimatland...«

Die Stimmen der Männer klingen brüchig, und keiner ist da, der sich seiner Tränen schämt. Försters Herz krampft sich zusammen. Auch er hat in Ostpreußen viele schöne, unvergleichbare Tage verbracht unter Menschen, die er mochte und die seine Zuneigung erwiderten. Er hat es nicht schwer gehabt, denn die Ostpreußen sind leicht zu gewinnen, wenn das Herz mit im Spiel ist. Schnell versinkt die Stadt hinter einem dichten weißen Schneevorhang. Ein paar helle schnelle Abschiedsgrüße wirft ihnen der alte Leuchtturm nach, und sein Schein huscht über das dunkelgraue Schiff und das brodelnde Kielwasser, in dem Eisschollen treiben. Dann ist auch das letzte Licht an der Küste zugedeckt. Zurück bleibt das Samland, die Steilküste, die Nehrung, bleibt Ostpreußen, die Heimat. Nur die Erinnerungen an dieses Land fahren mit nach Westen, eingebunden in die Herzen der Menschen.

Als Förster sich von seinem Platz löst, stößt er gegen eine hinter ihm stehende Gestalt. Es ist pottenduster, bis auf den schwachen Schein der Kompaßlampe. Scheren Sie sich hier weg, will er sagen, erkennt aber rechtzeitig den Flottillenchef. Eigentlich soll Herwig Collmann auf der Krankenstation brav in seiner Koje liegen, aber er hat es unter Deck nicht länger ausgehalten. Aus Erfahrung weiß er, was es bedeutet, die Heimat verlassen zu müssen, denn er wohnte mit seiner Frau bei den Schwiegereltern auf Gut Althof bei Memel. Als er nach Pillau versetzt wurde, um die 21. U-Flottille zu übernehmen, hausten auf dem Gut oder auf dem, was übriggeblieben war, bereits die Russen. Collmann weicht zur Seite, so daß Förster vorbeigehen kann. Für den Bruchteil einer Sekunde zögert der Kapitän und sagt mit gepreßter Stimme: »Es tut verdammt weh, so bei Nacht und Nebel verschwinden zu müssen wie ein Hühnerdieb.«

»Abschied nehmen ist immer bitter, es läßt sich nicht üben«, entgegen Collmann, der nur seinen blauen Mantel über den Schlafanzug gezogen hat und nun zu frieren beginnt. Er macht kehrt und verschwindet grußlos. Den Weg nach unten in das Lazarett kennt er genau.

Während die Flüchtlinge nach und nach das Oberdeck verlassen und sich in die warmen Räume des Schiffes begeben, herrscht auf der Brücke qualvolle Unruhe. Beide Türen zu den Nocken stehen sperrangelweit offen, denn die Sicht ist gleich Null, der Horizont versunken in Schnee und Nebel. Immer wieder röhrt die mächtige Dampfpfeife der *Ubena*, ruft die vor ihr ausgelaufenen Schiffe auf, sich zu melden, doch nichts ist von ihnen zu sehen, nichts zu hören. Die See erscheint wie leergefegt. Der Geleitzug mit *Robert Ley*, *Pretoria*, *Duala* und den anderen kleineren Frachtern muß nach Westen abgelaufen sein, ohne auf sie zu warten.

Hermann Förster ist wütend auf die Kollegen und noch mehr auf die ganze Marine, die ihn hier draußen fast schutzlos herumkurven läßt. »Was zum Teufel denken sich die Herren eigentlich?« schimpft er laut und stapft durch das Ruderhaus. Auf den Magnetkompaß kann er sich nicht verlassen, und die Kreiselkompaßanlage ist wieder einmal ausgefallen, was ihn schon gar nicht mehr wundert. Vielleicht haben sie den Geleitzug verpaßt, sind an ihm einfach vorbeigelaufen. Aber nein, er verwirft diesen Gedanken wieder. Was wird die Maschine machen, wird sie halten? Er läßt Oberleutnant Zimmermann zu sich auf die Brücke bitten. Es dauert nicht lange, bis sich der Flottilleningenieur oben einfindet. Ölverschmiert sind seine Hände, und so riecht er auch.

»Wie sieht es unten aus?« will Förster wissen.

»Gut, von Kleinigkeiten abgesehen, aber nach so langer Liegezeit sind sie unvermeidlich. Ansonsten haben wir alles unter Kontrolle.«

Eine Zentnerlast fällt von den Schultern des Schiffsführers. Ohne viele Worte zu verlieren, bedankt er sich bei dem Mann, der in den letzten Wochen zu einem echten Freund wurde. Sorgen hat er noch genug. Die *Ubena* ist nicht entmagnetisiert. Warum auch, als Wohnschiff war das nicht notwendig, jetzt aber fehlt dieser Schutz gegen Magnetminen. Die Gefahr muß hingenommen werden.

Auf der anderen Nock, dem Wind ausgesetzt, pliert dick vermummt der I. Offizier in den Nebel, die fließende weiße Mauer, doch so sehr er sich auch bemüht, er sieht kein anderes Fahrzeug, hört keine Signale. Um ihn herum haben sich einige Marineoffiziere geschart und diskutieren die Lage. Der Kapitän unterbricht das Palaver und bittet um Ruhe, fragt, ob sie weiterfahren oder umkehren sollen, um neuen Geleitschutz abzuwarten. Die Frage stellt sich so nicht, der Schiffsführer weiß das natürlich, aber es ist ihm nicht unwichtig, die Meinungen anderer erfahrener Leute zu kennen. Keiner der Offiziere plädiert für die Rückkehr nach Pillau.

»Der vor uns abgegangene Geleitzug kann nicht so schnell laufen wie die *Ubena*. Wenn wir Glück haben, holen wir ihn auf dem Tiefwasserweg ein«, beeilt sich Kapitänleutnant Peters zu sagen, der als Geleitzugoffizier abkommandiert worden ist, um die Verbindungen zu den anderen Einheiten aufrechtzuerhalten.

Er hat recht, in der Tat kann der Konvoi bestenfalls eine Stunde Vorsprung haben, also zwölf Meilen, mehr nicht. Sie werden sechs Stunden brauchen, um ihn einzuholen, vielleicht fünf, wenn alles gut läuft. Der Kapitän muß eine Entscheidung treffen, er muß sie jetzt treffen, Zeit hat er nicht zu verlieren. Unmöglich kann die *Ubena* vor Pillau treiben, er muß handeln. Und der in Libau aufgewachsene Hermann Förster kehrt nicht um, wirft keinen Anker, sondern entscheidet sich für die Weiterreise ohne Geleitschutz. Er weiß, daß er zur Verantwortung gezogen wird, wenn unterwegs etwas passiert. Bei dem augenblicklichen Wetter hat ein angreifendes U-Boot kaum eine reelle Chance, das Schiff zu finden, geschweige es zu torpedieren. Gegen Zufälle und Minen ist kein Schiff gefeit, da hilft nur das Glück des Kapitäns.

Mit doppelt besetzten Posten auf der Back und in beiden Brückennocken, selbst im Mastkorb friert ein Seemann, stürmt die *Ubena* nach Westen. Schaurig heult der Wind um die Aufbauten, bricht sich in den Stagen der Masten und fegt den Rauch aus dem Schornstein über das Schiff. Schneeböen gehen nieder. Hin und wieder heult die Dampfpfeife auf, nur nicht zu oft, um keine vielleicht lauernden Gegner aufmerksam zu machen. Doch alles bleibt still, sie sind allein unterwegs in einer weißen Hölle. Vom Geleitzug keine Spur.

Stunde um Stunde verrinnt, angespannt steht Förster zwischen dem Ruder-stand und dem Maschinentelegrafen, jederzeit bereit, sofort einzugreifen. Die Pfeife geht nicht aus, aber sie schmeckt nicht mehr. Von Zeit zu Zeit erscheint der Steward und bringt frischen Kaffee nach oben.

In der ohne großen Aufwand eingerichteten Passagierkammer Nr. 14, in der einst gern Engländer nach Südafrika und zurück reisten und in den letzten Jahren angehende U-Boot-Helden ihre letzten Nächte vor dem Einsatz im Atlantik verbrachten, ist Ruhe eingekehrt. Die drei Jungen von Elsa Seeck schlafen endlich. Geschlossen sind die Blenden von den beiden Bullaugen, damit kein noch so schwacher Lichtschein nach draußen fällt und die *Ubena* verraten kann. In einer der Schubladen rutscht etwas hin und her, wenn sich der Dampfer im zunehmenden Seegang schwerfällig auf die Seite legt, rollt und sich zögernd wieder aufrichtet.

Elsa Seeck liegt wach, sie hat ausgeschlafen. Von dem, was sich auf der Brücke, ein paar Stockwerke über ihr, abspielt, ahnt sie nichts. Sie fühlt sich geborgen in der Wärme der Kabine. Leise röhrt die Dampfheizung. Gelegentlich zieht es verdächtig im Kreuz, dann beißt sie die Zähne zusammen. Aus Erfahrung weiß sie, daß sie noch ein, höchstens zwei Tage Zeit hat, bis sie ihr viertes Kind zur Welt bringen wird. Hoffentlich wird es zur Abwechslung einmal ein Mädchen und nicht noch ein Junge, denkt sie und lächelt bei dem Gedanken, daß es auf einem großen Schiff zur Welt kommen wird.

Sie denkt sich zurück nach Königsberg in die Diefenbachstraße, an den raschen Aufbruch, ihren Weg zum Hafen. Mit einem Schiff wollten sie die Stadt verlassen, aber es war nicht leicht, ein auslaufendes zu finden, und warten wollte sie nicht länger. Schließlich nahm ein Minensucher sie bis Pillau mit und setzte sie mit anderen Flüchtlingen auf einer Pier ab. Vollbepackte Wagen standen herum, Planen hingen herunter und wehten im Wind. Weggeworfenes Gepäck blockierte die Zugangswege zu den großen Dampfern. Überall herrschte nervöse, gereizte Aufbruchstimmung, rannten Soldaten in blauen Uniformen wie sinnlos umher, schrien Offiziere Befehle. Unschlüssig, in welches der großen Schiffe sie einsteigen sollte, zuständig schien keiner zu sein, überließ sie den Kindern die Wahl. Geschlossen entschieden sie sich für den Zweischornsteiner, für die *Ubena* aus Hamburg.

Elsa Seeck fühlt sich geborgen. Die Bewegungen des Dampfers nehmen zu. Elsa fürchtet, seekrank zu werden. Bloß das nicht, hofft sie, denn Seekrankheit soll schlimmer sein als Kinder kriegen. Sie rollt sich auf die Seite, was nicht einfach ist, und fällt in einen Halbschlaf. Durch die wild aufgewühlte Ostsee zieht die *Ubena* westwärts, und mit jeder zurückgelegten Seemeile entfernt sie sich weiter von Ostpreußen. Wie festgenagelt steht der Kapitän auf der Brücke seines Schiffes. Immer wieder muß er an den Kompaß denken, den veränderten magnetischen Zustand des Schiffes, die fehlende Gelegenheit, ihn nachzukompensieren. Die nautischen Offiziere koppeln lediglich Kurs und angenommene Geschwindigkeit mit, ohne zu wissen, ob ihre Schätzungen auch nur einigermaßen zutreffen. Gelegentlich röhrt die Dampfpfeife am vorderen Schornstein, um eventuell in der Nähe befindliche Fahrzeuge zu warnen. Nach seiner Einschätzung müßten sie den vor ihnen abgegangenen Geleitzug aus Pillau inzwischen erreicht haben, aber sie entdecken ihn nicht, selbst über Funk ist nichts zu machen, so sehr sich auch die begleitenden U-Boote um einen Kontakt bemühen.

Hermann Förster stiert, Unmengen von Kaffee in sich hineinschüttend, nach vorn, registriert jedes Fremdgeräusch, bereit, Meldungen von überall postierten Ausguckleuten in Befehle umzusetzen.

So vergeht langsam Stunde um Stunde.

Die Wachen wechseln, andere Offiziere ziehen auf, nur der Kapitän bleibt. Auf seinen Schultern allein ruht die Verantwortung für das Schiff, und er ist nicht gewillt, sie in diesen entscheidenden Stunden abzugeben oder mit anderen zu teilen.

Er schüttelt den Kopf über das vorhin mit einem der höheren Marineoffiziere aus dem Stab der Flottille geführte Gespräch und das Angebot, ihn zu vertreten, damit er sich für ein paar Stunden auf's Ohr legen könne.

»Sie sind ja auch nicht mehr der Jüngste«, sagte der Offizier leise zu ihm. Hermann Förster begriff, daß er ihm nur helfen wollte, trotzdem schnappte er ein, entrüstet über die Zumutung, er würde die Führung des ihm anvertrauten Schiffes in dieser brenzligen Situation einem anderen überlassen, einem von der Marine.

»Ich will Sie nicht beleidigen, aber mein Posten ist auf der Brücke meines Dampfers«, antwortete er brüsk und wandte sich demonstrativ ab.

Der Marineoffizier stutzte, wollte etwas erwidern, aber Förster gab ihm keine Chance. Er riß am Hebel, und dann röhrte über ihren Köpfen die Dampfpfeife los und erstickte dessen erste Worte.

Der Kapitän der *Ubena* spürt ein sattes Gefühl der Befriedigung in sich. Über seine Beweggründe braucht er nicht nachzudenken. Fast schon zu lange haben die Herren Offiziere von der »grauen Dampferkompanie« den Seeleuten der Handelsschiffahrt zu verstehen gegeben, daß sie nur zweite Wahl sind. Aus vielen Messegesprächen kennt er deren verschrobene Ansichten und kann das Wort Crewgeist nicht mehr hören, ohne in Wut zu geraten. In einer stillen

Stunde schwärmte Oberleutnant Heinz Schäfer, Kommandant von *U 977*, vom Truppengeist und sagte mit leicht gerötetem Gesicht: »Der Zusammenhalt in der Kriegsmarine ist einzigartig auf der Welt, besonders unter uns Crewkameraden. Die Crew hat ihre eigenen Gesetze: wer gegen sie verstößt, wird unweigerlich aus der Gemeinschaft ausgeschlossen. Sie entscheidet über die Beförderung zum Offizier, denn sie kann ein Veto einlegen. Und nur die Kameraden, Herr Kapitän, die sich selbst auf Grund des engen Zusammenlebens und der vielen Gespräche genau kennen, besser als es Vorgesetzte vermögen, besitzen das richtige Urteil. Die Crew fühlt sich für alle ihre Mitglieder verantwortlich und ist eisern bestrebt, sich ihren guten Ruf zu wahren. Genau so ist das und nicht anders.« Kapitän Hermann Förster hielt seine Meinung über den Crewgeist nicht zurück und behauptete, daß so mancher brave U-Boot-Kommandant und seine ihm anvertrauten Männer noch leben würden, wenn er auf Feindfahrt nicht mit einem Auge am Sehrohr, mit dem anderen aber nach der Crewrangliste geschielt hätte.

Es war, als ob er in ein Wespennest gestoßen hätte, einige Offiziere sprangen beleidigt auf, andere ließen sich nicht stören und begannen zu singen: »Angriff, ran, versenken!«

Nicht jeder Flottillenchef billigt dem Kapitän der *Ubena* eine eigene Meinung in Marinedingen zu, aber darum kümmert sich Förster wenig. Er schüttelt die Gedanken ab: Es gilt aufzupassen, aber er spürt die aufkommende Müdigkeit, das allmähliche Nachlassen der Konzentration. Es schneit immer noch. Der Wind heult, Nebelschwaden ziehen über die graue Wintersee. Bald ist die Nacht vorbei. Förster hofft, daß sich das Wetter bei Sonnenaufgang ändert.

U 977 fällt ihm wieder ein: die Schnapsbrennerei der Flottille. Die Unteroffiziere des Bootes hatten mit Erlaubnis des Kommandanten eine kleine, aber leistungsfähige Schnapsbrennerei an Bord eingerichtet. Er war überzeugt davon, daß kein Mann außerhalb seiner Besatzung davon ahnte, in Wirklichkeit wußten es viele, nur sie hängten es nicht an die große Glocke. Hatte das eine Boot eine Brennerei an Bord, so brachte Oberleutnant Friedrich Horst *U 121* beim Auftauchen geschickt unter die ausgelegten Lachsangeln der Fischer. Sobald der Befehl »Schüler zum Unterricht in den Bugraum, LI auf die Brücke!« erklang, stieg Gerhard Feuge mit dem Fleischklopfer vom Smut hoch an Deck und holte mit einem Enterhaken die vom Kommandanten angefahrenen Angeln ein. Die Raubfischerei lohnte sich. Eine Fleischerei in Neuhäuser räucherte die Lachse, die bis zu 25 Pfund schwer waren.

So hat jedes Boot der Flottille sein kleines Geheimnis, und Hermann Förster kennt sie fast alle.

U 977, mit zusätzlicher Flak bestückt, befindet sich beim Geleitzug, der irgendwo vor oder hinter der *Ubena* nach Westen dampft.

Der Rudergänger hustet laut und verschluckt sich, er reißt den Kapitän aus seinen Erinnerungen. Draußen hat sich nichts verändert.

Ein Blick zur Uhr: Es ist kurz nach sechs. Die neue Wache zieht auf. Träge fließt die Zeit. Weiß der Teufel, wo der Geleitzug steckt, denkt Förster und kommt zu der Einsicht, daß unter diesen Umständen das schlechte Wetter ihr bester Bundesgenosse ist. Die aufgefangenen Warnungen über operierende russische Unterseeboote in der östlichen Ostsee sollten nicht in den Wind geschlagen werden, bestätigt ihm Kapitänleutnant Peters, der über Funk den Kontakt zu den mitfahrenden vier Unterseebooten hält.

Geschirr klappert. Der Steward bringt heißen Kaffee und saubere Tassen, räumt gleichzeitig die gebrauchten Trinkgefäße ab. Er ist mundfaul und sieht übernächtigt aus. Die Welt außerhalb des Schiffes würdigt er keines Blickes, so, als ob es sich nicht lohne, Dantes Inferno zu überprüfen.

Försters Beine sind inzwischen schwer wie Blei, aber hinsetzen ist gefährlich, und so geht er auf und ab, um nicht einzuschlafen, zehn Schritte nach Backbord, kehrt und zehn Schritte nach Steuerbord.

Unter den in Pillau eingestiegenen Flüchtlingen befindet sich auch die aus Angerapp stammende Hebamme Ella Meck. Kaum hat sie das Deck der *Ubena* betreten, ihr berufskundiger Blick mustert ungeniert die Bäuche aller in Frage kommenden Frauen an Bord, als sie sich auch schon der Schiffsführung zur Verfügung stellt. Zuerst weiß Kapitän Förster nicht so recht, ob er lachen soll, als sie sich als Hebamme vorstellt, aber ihre Argumente, daß sie in den nächsten Tagen wahrscheinlich mehr als nur einmal gebraucht wird, macht ihn nachdenklich. In seiner langen Laufbahn als Kapitän der *Ubena* ist an Bord des Schiffes noch kein Baby geboren worden, aber die Hebamme hat recht, das kann sich schnell ändern. Kurz entschlossen schickt er sie zum Stabsarzt Dr. Sakir, der eigentlich zur Lehr-Abteilung Swinemünde gehört. Der junge Arzt ist heilfroh, Ella Meck an Bord und damit zur Hand zu haben. Ohne Instruktionen abzuwarten, sieht sie sich aufmerksam im Schiffslazarett um, das für normale Alltagswehwehchen, aber auch für schwere Verletzungen eingerichtet ist. Einen Kreißsaal allerdings gibt es nicht. Ella Meck überrascht dies nicht. In unmittelbarer Nähe der beiden Behandlungsräume wird ihr eine Koje zugeteilt. Die Kammer muß sie sich mit einer jungen Schwester teilen. Viel Gepäck hat Ella nicht mit auf die Flucht nehmen können, davon blieb auch noch ein Teil in Königsberg auf dem Bahnhof zurück. Sie ist froh, nach vielen Tagen der Unrast endlich die halbhohen altmodischen Schnürstiefel ausziehen zu können. Die Füße sind angeschwollen, die Strümpfe durchgescheuert. Sie beschließt, sie ordentlich einzuweichen. Zuvor aber fällt ihr die Erde ein, die sie vom Grab ihrer Mutter mitgenommen hat. Die junge Schwester stutzt, als Ella Meck die Tüte aus dem Rucksack kramt und sie vorsichtig auspackt. Das Papier ist durchweicht und kann bei der nächsten Berührung reißen. Ein anderes Gefäß muß her, eine Dose mit Deckel, eine kleine Schachtel, ein Glas vielleicht. Sie sieht sich suchend im Raum um. Der Zahnputzbecher am Waschtisch geht nicht, die unter dem Tisch im Schrank stehende Bierflasche würde sich zwar eignen, ist aber viel zu groß.

»Kann ich Ihnen helfen?« erkundigt sich die in der Koje auf dem Rücken liegende Schwester und legt die Illustrierte zur Seite.

»Ich such' man nur eenen Behälter, fer de Erde.«

»Erde, einfache Erde?«

Ella stutzt, wischt sich die Hände am Rock ab, beugt sich ein wenig zu der jungen Frau hinunter und berichtigt: »Muttererde, Kindchen!«

Für einen Augenblick ist die junge Frau auf der Koje verlegen, dann springt sie auf und sagt fröhlich und bestimmt: »Ich habe etwas Passendes für Sie. Die Dose brauche ich nicht.« Mit beiden Händen wühlt sie in einem kleinen Koffer und zieht eine silberne kleine Dose heraus, eine Puderdose. Mit einer Hand öffnet sie den Deckel, schüttet achtlos den Inhalt in einen unter dem Tisch stehenden Korb und läßt probeweise den Deckel wieder einschnappen. »Geht und hält dicht«, behauptet sie und lächelt zufrieden.

Ella streckt sich, protestiert: »Das geht man nich, Kindchen, das is doch Silber, nee, nee!«

Für Ella ist der Fall erledigt, nicht aber für die Krankenschwester: »Wenn das Muttererde ist, dann braucht sie auch einen entsprechenden Behälter, und Silber ist gerade gut genug, meine ich.« Sie duldet keine Gegenrede, drückt der Hebamme die Dose in die Hand und legt sich wieder hin, als ob nichts gewesen sei.

Nicht alle Erde geht in den kleinen Behälter, so sehr auch Ella drückt und stopft, aber das macht ihr nichts aus. Es ist spät, als sie schlafen geht. Bevor sie die Röcke fallen läßt, kommt sie noch einmal darauf zu sprechen: »Wenn du soweit bist, Kindchen, dann brauchste mir man bloßig Bescheid ze geben. Ich komm', wo immer du bist.«

»Danke!«

»Hm«, brummt Ella zufrieden, streckt sich, atmet noch einmal ganz tief durch und ist eingeschlafen.

Kapitän Förster steht immer noch auf der Brücke. Die Müdigkeit zieht an seinen Augenlidern, als wären es schwere Ankerketten. Rhythmisch stampfen die Kolben, dreht sich die Schraube des Dampfers: weiter, weiter, weiter, mahlt sie, und überall sind einfache Seeleute am Werk, um die *Ubena* nach Westen zu bringen. Der Wind hat um keine Spur nachgelassen, er jault und faucht um die Aufbauten, zerrt an den vereisten Bootspersennigen und verwirbelt den schwarzen aus dem Schornstein austretenden Qualm.

Im Schiffstagebuch wiederholen sich stündlich die Eintragungen der Wachoffiziere: Grobe See; Wind 7 bis 8; schlechte Sicht; Schneeschauer. Schiff arbeitet heftig in langgezogener See; keine besonderen Vorkommnisse. Diese einprägsamen Metaphern sagen nichts über das aus, was sich in den Wohndecks abspielt, in den Herzen der Menschen, die ihre Heimat verloren haben, über die Tränen.

Der Kapitän entschließt sich, hinter der Insel Rügen zu ankern. Vormittags ist es soweit. Vorsichtig wird die 20-m-Tiefenlinie angesteuert. Von Land ist nichts zu sehen, aber Förster weiß, daß vor ihrem Bug die Insel Rügen liegt. Flottilleningenieur Kurt Zimmermann erscheint auf der Brücke. Förster sieht ihn und fährt zusammen, denkt sofort an die Maschine und daß unten etwas nicht in Ordnung ist. Doch Zimmermann beruhigt ihn, alle auftretenden Schäden waren geringer Art und konnten schnell behoben werden. Deutlich läßt sich die durchwachte Nacht vom Gesicht des Kapitäns ablesen. Es sieht grau aus.

»Sie sehen müde aus, Herr Kapitän.«

»Ich bin müde, aber wir haben es gleich geschafft.«

»Ankern wir?«

»Ich habe keine andere Wahl, aber genug Probleme. Das Schiff wird immer weicher. Uns fehlt Brennstoff und Trinkwasser in den Tieftanks.«

Oberleutnant Zimmermann will zu erklären versuchen, warum es ihm nicht gelungen ist, mehr Treibstoff für die *Ubena* in Pillau zu bekommen, aber Förster wird von Kapitänleutnant Peters in Anspruch genommen. Er hört noch, wie Förster sagt: »Gut, Anker klar machen zum Fallen!«

Förster greift selbst zum Maschinentelegrafen, und tief unten im Schiff am Maschinenleitstand legt der wachhabende Ingenieur wie befohlen die Maschine auf »stop«. Langsam bricht die Bugwelle in sich zusammen, das Rauschen läßt nach. Vor ihnen schälen sich aus dem Schneetreiben die dunklen Konturen der hoch aus dem Wasser ragenden Insel.

Der Anker fällt, klirrend rasselt die Kette über das Spill, bis »Meister Blau«, der Schiffszimmermann, die Bremse anzieht. Gefangen liegt der Dampfer am Grund verankert und schwojt in den Wind. Der Kapitän reibt sich mit beiden

Händen den steifgewordenen Nacken. Es ist geschafft: Der erste, schwierige Teil der Reise liegt hinter ihnen. Nichts Ungewöhnliches ist geschehen, sie haben Glück gehabt. Förster weiß, daß es auch anders hätte ausgehen können. Ein letzter Blick noch auf den Rudergänger, der auf seinem Platz hinter dem Rad verharrt und auf den Befehl wartet, abtreten zu können. Der Kapitän hat keine Lust nachzurechnen, wie viele Stunden er nicht mehr geschlafen hat.

In seiner Kajüte wirft er sich auf das Sofa und schläft ein. Lediglich die Schuhe hat er von den Füßen gestreift. Der wenige Minuten später kommende Steward legt fürsorglich eine Decke über den schlafenden Kapitän und entfernt sich auf Zehenspitzen aus dem Raum.

Um die gleiche Zeit wird Ella Meck aufgescheucht. Vor ihrer Koje steht die junge Schwester. Sie lächelt zwar, aber drängt zum Aufbruch. Ihrer Meinung nach wird die Hebamme sofort gebraucht. Ella versucht sie zu beruhigen mit der Behauptung, daß werdende Mütter in aller Regel mehr Zeit haben, als sie denken. Trotzdem beeilt sie sich, in ihre Kleider zu kommen. Als sie das Schiffslazarett betritt, liegt Resi Kühn schon auf der Pritsche. Ihre blonden Haare kleben verschwitzt am Kopf. Ohne nachzufragen weiß Ella, daß diese junge Frau ihr erstes Kind zur Welt bringt. »Brauchst keene Angst nich haben«, lächelt sie und tätschelt die schmale Hand, »wir beide machen das schon!« Und tatsächlich, Resi lächelt zurück, wenn auch zaghaft. Zufrieden schlurft Ella durch den Raum, werkelt ein bißchen herum und spricht immer wieder beruhigend auf Resi ein. Und die junge Frau schafft es, so daß Ella nicht umhin kann, ihr zu gratulieren: »Is aber man keen Jungchen«, bemerkt sie vorsichtig, weil ungewiß ist, wie junge Mütter das aufnehmen. Ella hat ihre Erfahrungen.

»Wir wollten ein Mädchen.«

Geradezu mißtrauisch beäugt die erfahrene Hebamme die strahlende Mutter, die ihr Kind vorsichtig entgegennimmt, und brummt: »Wenn das man so is, dann können wir zufrieden seen. Wie soll das Marjellchen heeßen, schließlich muß alles seene Ordnung haben auf de Welt?«

»Karin.«

»Karin«, wiederholt Ella und verschränkt beide Hände zum stillen Gebet vor dem etwas vorgewölbten Bauch, »Karin, warum auch nich'?«

Sie bleibt noch einen Augenblick am Fußende des Lagers stehen und blickt beruhigt auf die beiden, denkt, daß nun bald Frieden sein muß, wenn die Frauen sich schon freuen, Mädchen und keine Jungen zur Welt zu bringen.

Hermann Förster hat kurz, aber tief geschlafen. Er fühlt sich wieder wohl, macht sich frisch. Seine Hoffnung, daß ein Minensucher sie nach Kiel begleitet, geht nicht in Erfüllung, es kommt einfach keiner. Alle stehen irgendwo in See im Einsatz. Hier vor Anker liegen bleiben aber kann er auch nicht mehr lange, denn der Treibstoff wird mit jeder Stunde knapper, vom Trinkwasser ganz zu schweigen.

Es gilt, einige Formalitäten zu erledigen, so muß die Geburt eines Kindes im Schiffstagebuch beurkundet werden. Obwohl ihm nicht danach zumute ist,

Urkundliche Bestätigung der Geburt von Karin Kühn durch Kapitän Förster am 28. Januar 1945.

stößt er mit der Hebamme und dem Stabsarzt, die beide ihre Unterschrift leisten müssen, auf das Neugeborene an. Ella Meck schüttelt sich anstandshalber und bekennt: »Wenn das man so is, daß es jedesmal eenen Schnaps jibt, werden wir noch so manches Fläschje zesammen schlabbern!«

Von dem ebenfalls vor Anker gegangenen *U 708* blinkt kurz die Klappbuchs auf: »Kommandant an Kapitän: Wie geht es meiner Frau?«

Auf der Brücke der *Ubena* wissen alle Seeleute Bescheid, und so blinkt der Signalgast zurück: »Kapitän an Kommandant: Gratuliere, Mutter und Tochter wohlauf!«

Da hält es Oberleutnant Herbert Kühn nicht mehr aus, und er bittet, mit seinem Boot längsseits kommen zu dürfen. Förster willigt ein, und bald darauf kann sich der junge Vater persönlich vom Wohlergehen seiner Familie überzeugen.

Kurz vor Mitternacht läßt Hermann Förster den Anker hieven. Er darf nicht länger warten, wenn er nicht Gefahr laufen will, unterwegs wegen Brennstoffmangel liegenzubleiben. Kaum ist der Anker oben, setzt erneut heftiger Schneefall ein. Es ist zum Kotzen, flucht nicht nur der Kapitän und fragt, ob sich denn alle Götter gegen ihn verschworen haben. Doch die Parole heißt: weiter!

Förster ist merklich ruhiger geworden, die alte Sicherheit ist wiedergekehrt, das Schiff fest in seiner Hand. Die Geburt des Kindes hat sich in Windeseile herumgesprochen und wird allgemein als gutes Omen angesehen. Viele gratulieren ihm, als ob er der Vater ist. Zuerst wiegelte er die Glückwünsche ab, doch inzwischen wehrt er sich nicht mehr, denn Glück kann er gebrauchen, sogar sehr viel.

Vor ihnen liegt eine holprige nasse Straße. Der Wind hat gedreht, weht nun aus Nordwesten und türmt eine kurze steile See auf, besetzt mit verwehenden Schaumkronen. Schwer legt sich die *Ubena* auf die Seite, bleibt lange, viel zu lange liegen und richtet sich nur zögernd auf, um sich auf die andere Seite zu packen.

Das kann gefährlich werden!

Der Kapitän zählt die Sekunden mit, die sein Schiff für eine Rollperiode braucht, und schüttelt bedenklich den Kopf. Die *Ubena* ist entschieden zu weich, hoffentlich kentert sie nicht. Hinzu kommt, daß die Engländer fast jede Nacht mit ihren Flugzeugen unterwegs sind, um die Seewege in der Ostsee zu verminen. Die Minenräumkommandos der Marine haben Konjunktur, aber den Flottillen stehen zu wenige Fahrzeuge zur Verfügung, und überall in der Ostsee, im Kattegatt und Skagerrak das gleiche Bild. Verluste an Booten, die nicht ausbleiben, können nicht mehr ersetzt werden. Es kommt zu gefährlichen Engpässen. Wehrmachtstransporte haben eindeutig Vorrang, denn noch immer kämpfen deutsche Truppen im Kurland mit dem Rücken zur See und sind auf Nachschub angewiesen.

Hermann Förster will keine Extrawurst, wie er sagt. Der zuständige Admiral weiß, daß die *Ubena* nicht länger unter Dampf vor Anker liegen kann, doch was weiß ein Admiral wirklich von den Sorgen eines Kapitäns der Handelsschiffahrt? So bleibt Förster, gewohnt das Schicksal des ihm anvertrauten Schiffes nicht übergeordneten Stellen an Land zu überlassen, nichts anderes übrig, als auf sein und seiner Männer Können zu vertrauen und ein bißchen natürlich auch auf Fortunas Hilfe.

Er steht wieder an seinem Platz zwischen Rudergänger und Maschinentelegrafen. Es ist kalt, der Wind preßt den Schnee gegen die Scheiben, langt um die Schanzung und pustet durch die auf Leeseite offenstehende Tür zur Brückennock. In unregelmäßigen Abständen röhrt die Dampfpfeife, warnt Entgegenkommer vor ihnen. »Schiff voraus!« brüllt der Ausguck auf der Back. Sofort läßt Förster die Maschine stoppen, gibt Signal, tritt hinaus auf die Nock, lauscht in die Nacht.

Jetzt ist das Schiff zu hören, eine Sirene, zaghaft, verhalten nur. Ein Kriegsschiff wahrscheinlich, noch weit entfernt, aber wie weit, das ist die Frage. Kommt das Fahrzeug ihnen entgegen, kreuzt es ihren Kurs, oder ist es ein Mitläufer?

Das Frage- und Antwortspiel mit Dampfpfeife und Sirene geht weiter, bis der Kapitän absolut sicher ist, daß es sich bei dem unbekannten Fahrzeug um ein mit ihnen laufendes Schiff handelt.

»Maschine halbe voraus!«

Der II. Offizier wiederholt den Befehl und gibt ihn an den zuständigen Ingenieur im Maschinenraum weiter. Unmittelbar darauf beginnt die Schraube wieder zu mahlen, schäumt das Kielwasser auf. Am Bug bricht sich die See. Vorsichtig tasten sie sich weiter, bis sie endlich das Fahrzeug an Steuerbord ausmachen und in geringem Abstand passieren.

Geschafft!

Weiter geht die Fahrt, wölbt sich stärker die Bugwelle.

»Gut aufpassen!« mahnt der Kapitän seine Leute, aber er braucht sie nicht anzufeuern, keine Reden zu halten, sie wissen wie er, was von ihrer Aufmerksamkeit abhängt. Drei und mehr Jahre lang sind sie nicht gefordert worden, diese Männer, einige wurden alt dabei, andere haben die Zeit verflucht, in der sie zum Nichtstun verurteilt wie nutzlos im Hafen lagen und herumgammelten.

Jetzt aber sind sie dabei, haben ihr Schiff zu neuem Leben erweckt, und auf der Brücke steht ihr Alter und gibt seine Kommandos wie damals, als sie regelmäßig nach Südafrika fuhren, damals vor sechs Jahren – vor einer kleinen Ewigkeit.

Acht Glasen: Mitternacht, Wachwechsel!

Die Mannschaft löst sich ab, eine neue Wache zieht oben auf. Der II. Offizier geht nach unten in die Messe, der III. Offizier übernimmt seinen Platz auf der Brücke. Nur der Kapitän bleibt, steht stumm auf seinem Platz, trinkt seinen Kaffee und raucht hin und wieder eine Pfeife Tabak. So verrinnt die Zeit. Mitunter klart es auf, läßt der Schneefall nach, gibt den Blick frei auf die dunkle See. Der Wind aber bleibt, heult über den Dampfer. Kaskaden steigen am Bug auf, sprühen über das Vorschiff.

Kurs muß geändert werden. Förster überzeugt sich im Kartenhaus von der angenommenen Position auf der Seekarte, und da es im Augenblick draußen verhältnismäßig klar ist, läßt er sich auf dem Ledersofa nieder mit der Weisung an den Offizier, ihn sofort hochzuscheuchen, wenn sich die Sicht wieder verschlechtert. Nach unten in seine gemütliche Kajüte will er nicht gehen, der Weg nach oben ist zu weit, und wenn eine Entscheidung getroffen werden muß, kann es um Sekunden gehen. Für einen Augenblick hat er die Augen geschlossen, horcht auf das beruhigende Stampfen der Kolben, die vielfältigen Geräusche im Schiff, den Wind, der sich auf dem Deck fängt. Als er die Augen wieder öffnet, steht im Türrahmen der Flottilleningenieur. Vertraulich lächelt ihm Förster zu. Er freut sich, ihn zu sehen, hebt kurz die Augenbrauen. Kurt Zimmermann versteht, was der Kapitän von ihm wissen will, und er nickt mit dem Kopf, was so viel heißen soll wie: wenn nichts mehr dazwischen kommt, reichen die Treibstoffvorräte bis Kiel. Erleichtert lächelt der Schiffsführer, eine Sorge weniger, eine, es bleiben genügend andere.

Von den Vorbereitungen oben an Deck und der Weiterreise spürt Elsa Seeck in ihrer Kammer nichts. Sie hat in diesen Stunden genug mit sich zu tun, denn die Wehen treten in immer kürzer werdenden Abständen auf. Betreten sitzen ihre Jungen um sie herum, möchten ihr helfen, wissen aber nicht, wie. Als Elsa meint, daß es jetzt wohl soweit ist, erhebt sie sich, und begleitet von ihren Kindern begibt sie sich auf die Suche nach dem Schiffskrankenhaus. Sie muß nicht lange fragen, ein Steward bringt sie zur Station.

Erneut wird die Hebamme aus ihrer warmen Koje geworfen. Ella Meck hat Mühe, sich zurechtzufinden, fragt, wo sie denn hier ist, erkennt im gleichen Augenblick die junge Schwester, die neben dem Bett steht und sie offensichtlich geweckt hat. Bevor die junge Frau antworten kann, weiß Ella wieder Bescheid, erhebt sich seufzend und knurrt: »Warum kommen de Kinderchens bloßig immer nachts auf de Welt, wenn ich schlafen will?«

»Weil sie vielleicht nachts gezeugt worden sind«, entgegnet die Schwester und lächelt. Inzwischen hat sich Ella erhoben und ist wieder voll da: »Kindchen, davon verstehst man noch nuscht nich!«

Sie gehen hinüber ins Lazarett. Der Stabsarzt begrüßt Ella und zeigt sich erfreut, daß sie aufgestanden ist. Auf ihre Frage, wie es der werdenden Mutter geht, antwortet der Arzt: »Keine Probleme!«

Die beiden Ostpreußinnen verstehen sich auf Anhieb. Die Jungen allerdings will Ella nicht in ihrer Nähe haben, sie müssen verschwinden, je weiter desto besser.

»Haut ab, Jungchens, das Geschrei is man nuscht für eure Ohren!«

Als die *Ubena* hinter Rügen auf das Fahrzeug der Kriegsmarine stößt und die Dampfpfeife immer wieder aufbrüllt, faßt das Elsa Seeck als Aufforderung auf. Die Geburt geht so schnell und problemlos vor sich, daß selbst die erfahrene Hebamme erstaunt ist.

»Was ist es denn?« fragt Elsa ermattet, aber neugierig.

»Hast noch een Lorbaß!«

Ist auch egal, denkt Elsa Seeck und schläft zufrieden ein. Nicht viel später ist Kapitän Förster von dem glücklichen Vorfall unterrichtet und trägt die Geburt persönlich in das Schiffsjournal der *Ubena* ein: »Am achtundzwanzigsten Januar neunzehnhundertfünfundvierzig um zwei Uhr und neun Minuten nach bürgerlicher Zeit auf 54 Grad und 24 Minuten nördlicher Breite und 12 Grad

Auszug aus dem Schiffsjournal über die Geburt von Gerhard Seeck.

Schiff *Ubena*   Heimatshafen *Hamburg*   Aus

Geburts

Laufende Nr.	Ort der Geburt nach bürgerlicher Zeit	Tag	Stunde	Geschlecht	Vornamen des Kindes	Vor- und Familiennamen	Religion	Stand oder Gewerbe	Wohnort
						der Eltern des Kindes			
2.	54° 24′ N 12° 07 O.	28. Januar 1945	2 Uhr morgens	männlich	Gerhard Herbert	Alfred Seeck geb. 18. 4. 05 Elsa Seeck geb. Patschke geb. 22. 7. 08	evangel	Bäckermeister	Königsberg Dieffenbach Str. 1.

7 Minuten östlicher Länge wurde ein Knabe geboren, der den Namen Gerhard Herbert Seeck erhielt. Die Mutter des Neugeborenen ist Frau Elsa Seeck.« Und wieder sind der Stabsarzt und Ella Meck erschienen, um die Urkunde mit zu unterzeichnen. Während sich der Arzt mit dem Schiffsführer über den allgemeinen Zustand der Verwundeten an Bord unterhält, sieht sich Ella aufmerksam um, scheut sich auch nicht, eine auf dem Ledersofa liegende Wolldecke anzulüften. Förster beobachtet sie aus den Augenwinkeln und fragt harmlos: »Suchen Sie etwas?«

Ella schaut ihn direkt an: »Aber ja doch, dem Schnaps, wir wollten man auf jedes Kindche eenen heben!«

Der Kapitän lacht aus vollem Herzen, zum ersten Mal seit der Abreise aus Pillau, und auch der Stabsarzt grinst über das ganze Gesicht. Nur Ella ist empört. Wie können sich erwachsene Männer über sie lustig machen! Das geht entschieden zu weit.

Sie dreht sich um und will beleidigt das Kartenhaus verlassen.

Doch der Schiffsführer hält sie am Arm zurück.

Im gleichen Augenblick öffnet sich die Tür, und der Steward bringt auf einem Tablett für jeden einen Klaren.

»Zu was denn so een Theater«, knurrt Ella böse und langt zu, »wir haben den redlich verdient.«

Elf Stunden später trifft die *Ubena* vor Holtenau in der Kieler Förde ein und wirft den Anker. Erst gegen 17.00 Uhr erscheint der Lotse, und sie können in die Schleuse einlaufen. In den Abendstunden werden die Schwerverwundeten und Kranken an Land gebracht. Die Flüchtlinge bleiben. Förster ist ständig unterwegs, um Treibstoff und Trinkwasser zu organisieren.

Was mit dem Dampfer werden soll, weiß keiner in Hamburg genau. Die Reederei hat keinen Einfluß mehr, es ist überhaupt schwer, einen der Verantwortlichen zu sprechen.

Gefährliche Weiterfahrt nach Bremerhaven

Es ist spät, als Kapitän Förster an Bord zurückkehrt. Bis auf die Flüchtlinge und Angehörigen der 21. U-Flottille haben die anderen die *Ubena* inzwischen verlassen. Auf dem Dampfer ist Platz geworden. Von der Schleuse aus, zugedeckt durch die Dunkelheit, lassen sich die wahren Ausmaße der Zerstörungen nicht erkennen, die Kiel und der Hafen inzwischen erlitten haben. Kurt Zimmermann lehnt nicht weit von der Gangway entfernt an der Reling und geht dem Kapitän entgegen, als er das Deck betritt. Er sieht ihn fragend an.
»Nichts zu machen. Die Flüchtlinge sollen in Rendsburg von Bord. Wir fahren nach Bremerhaven weiter. Vielleicht bekommen wir in Brunsbüttel Bunkeröl, sicher ist das aber nicht. Ich weiß nicht, was sich die Leute dabei denken, wenn überhaupt.« Der Flottilleningenieur unterdrückt einen groben Fluch und erklärt, daß sie bei sparsamstem Verbrauch Cuxhaven erreichen könnten. »Nach Bremerhaven aber kommen wir mit unserem Ölbestand nicht mehr, das ist sicher!«
Aus dem Hintergrund löst sich der Wohnschiffsoffizier und gibt zu bedenken, daß unter diesen Verhältnissen das Chaos eigentlich noch größer sein müßte. »Es sieht so aus, meine Herren, als gingen wir nach einem festgelegten Plan in den Untergang. Ihr Deutsche überlaßt nur ungerne etwas dem Zufall, obwohl ihr mit dem Wort Schicksal eher freigebig umgeht. Ist es nicht so, daß, käme der Befehl ›Antreten zum Sterben‹, die meisten ihm ohne Protest folgen würden in dem Bewußtsein, nur ihre Pflicht zu tun?«
Hermann Förster unterbricht Kapitänleutnant Liebe von Kreutzner mit der Bemerkung, daß sie trotzdem Öl und Wasser brauchen, um die Reise fortsetzen zu können. Der neben ihm stehende Ingenieur brummt unwillig, was sich anhört wie Beutegermane und Ostmärker.
»Was, mein lieber Kapitän, ändert sich in der Geschichte, wenn die *Ubena* nicht nach Bremerhaven fährt, sondern hier in der Schleuse liegenbleibt?«
Förster stutzt, schüttelt dann energisch den Kopf: »Tut mir leid, ich kann jetzt nicht mit Ihnen philosophieren, die Arbeit ruft!« Als er die Brücke betritt, ist das Schleusentor bereits geöffnet. Unter Anleitung des Kanallotsen verläßt die *Ubena* Holtenau. Am 29. Januar machen sie morgens um 2 Uhr in Rendsburg die Leinen fest und beginnen sofort mit der Ausschiffung der 2 000 Flüchtlinge.

Sie sind den Russen entkommen, ihr Schicksal aber ist ungewiß, und in ihren Augen steht die bange Frage: Was wird nun aus uns?

Hermann Förster oben auf der Brücke sieht sie langsam von Bord gehen. Einige drehen sich noch einmal um, andere winken. Für einen Augenblick glaubt er, die Hebamme zu erkennen, aber sie schaut sich nicht um, und so kann er sich auch geirrt haben. Kaum hat der letzte Flüchtling die *Ubena* verlassen, als die Besatzung mit dem Reinigen der Räume beginnt, eine Arbeit, die einige Besatzungsmitglieder für unzumutbar halten und sich deshalb beim I. Offizier beschweren. Doch Karl Dunker hat für sie kein Verständnis, er scheucht sie zurück, droht mit Strafe, und sie gehorchen schließlich.

Plötzlich heulen die Sirenen: Fliegeralarm!

Zum Glück gilt der Angriff nicht Rendsburg. Am nächsten Morgen geht die Reise weiter. Es ist kalt, das Eis auf dem Kanal ist noch nicht aufgebrochen, sie kommen nur langsam vorwärts und müssen schließlich in der Weiche Dukkerwisch festmachen.

Nebel zieht auf, das ist günstig, denken die Männer an Bord, dann bleiben sie wenigstens von Flugzeugen verschont. Gegen Mittag klart es auf, aus Südwest setzt sich ein kräftiger Wind durch, und schon tauchen Tiefflieger auf, stürzen sich feuernd auf Züge und Schiffe, Fahrzeuge und flüchtende Menschen.

Endlich Entwarnung!

Weiter geht die Fahrt durch den Kanal. Die Hoffnung des Kapitäns, in Brunsbüttel Öl zu bekommen, erfüllt sich nicht, auch Trinkwasser gibt es nicht, die Leitungen sind eingefroren. Die Lotsen wechseln. Um 17.00 Uhr machen sie am Steubenhöft in Cuxhaven fest, und endlich bekommen sie Treibstoff und Wasser. In der letzten Nacht hatten die Engländer, wie so oft in den vergangenen Wochen, die Fahrrinne aus der Luft neu vermint. Bei dem starken Wind konnten die Minenräumfahrzeuge aber nicht auslaufen, und so muß die *Ubena* auf besseres Wetter und Geleitschutz warten.

Am 3. Februar um 17.30 Uhr legen sie endlich ab. Eisschollen treiben die Elbe hoch und poltern gegen die Bordwände. Auf der *Ubena* befinden sich außer der Besatzung immer noch 418 Personen. Begleitet werden sie von einem Zerstörer, vier Minenräumbooten und vier Unterseebooten. Als in ihrem Kielwasser eine Mine detoniert, aber keinen Schaden anrichtet, erinnert sich der Kapitän an die Besprechung mit dem Seekommandanten in Cuxhaven und an seine Abschiedsworte: »Falls Sie bis Boje I, die Kriegsbezeichnung für die Westertillboje, noch nicht in die Luft geflogen sind, wundern Sie sich nicht, bei der Weiterfahrt einen abgeblendeten Geleitzug zu treffen.«

Die *Ubena* passiert Boje I, vom Geleitzug aber keine Spur, so sehr sich Förster auch anstrengt, ihn auszumachen. Ohne einen Kratzer zu bekommen, ankert die *Ubena* am nächsten Tag auf der Weser und macht am Nachmittag im Kaiserhafen fest, unmittelbar vor der dort liegenden *Europa*. Am Abend schreibt Kapitän Hermann Förster sein Abschiedsgesuch. Er beginnt den Brief mit der Feststellung: »In Anbetracht meines Alters und meiner zweimaligen glücklichen Heimkehr mit der *Ubena* bitte ich um meinen Abschied.«

Diese Bitte fällt dem 66jährigen Schiffsführer nicht leicht. 51 Jahre Seefahrtszeit liegen hinter ihm, davon 31 Jahre als Kapitän. Einen Augenblick lang zögert Förster, das Schriftstück zu unterzeichnen, fast kommt es ihm wie Verrat vor, sein Schiff, seine *Ubena* gerade jetzt in die Hände eines Jüngeren zu übergeben. Hat nicht diese Reise erneut gezeigt, was Erfahrung wert ist? Andererseits war sie anstrengend, daß er sie überhaupt geschafft hat, erfüllt ihn mit Stolz, macht ihn aber auch nachdenklich. Was ist, wenn ich auf der nächsten Fahrt dem Alter Tribut zollen muß, fragt er sich, und vielleicht einen kleinen, aber entscheidenden Fehler mache, zusammenklappe? Allein die Verantwortung für sein Schiff läßt ihn schließlich den Schlußpunkt setzen und das Abschiedsgesuch an die Reederei in Hamburg abschicken.

Fluchtpunkt Danziger Bucht

Viel Zeit zum Ausruhen haben die Pferde des Bauern August Adloff aus Neumark nicht, als sie mit ihrem Treckwagen die große Dirschauer Brücke passieren, die über die Weichsel führt. Die Flüchtenden wiegen sich in Sicherheit, denn der mächtige Strom erscheint ihnen als ein schier unüberwindbares Hindernis, viel besser als die Panzergräben. Aber bietet die Weichsel den anstürmenden Russen wirklich Halt, wie viele gutgläubig meinen?

Die verängstigten Frauen aus dem Dorf Neumark glauben es nicht, nicht mehr, sie wollen unverzüglich weiter nach Westen, fort von der Front, die sie verfolgt. Solange Kanonendonner zu hören ist, fühlen sie sich bedroht. Und noch etwas gibt ihnen zu denken: Sie sehen keine geordneten deutschen Truppenverbände, die zum Gegenangriff bereitstehen. Im Gegenteil, viele Soldaten haben keine Waffen mehr, sind zerlumpt und wie sie selbst auf der Flucht.

Die endlose nach Westen rollende Kolonne fährt an aufgehängten deutschen Soldaten vorbei. Elisabeth Wittke kann nicht lesen, was auf den angesteckten Pappschildern steht. Ihre Augen füllen sich mit Tränen. Sie fühlt Mitleid und Zorn zugleich, denkt dabei an ihren gefallenen Mann, der nicht türmen gegangen ist.

Neben der Chaussee dehnen sich dunkle endlos scheinende Wälder, und langgezogene Höhen erschweren das Fortkommen. Oft stehen die Leiterwagen quer auf der Straße, liegen die müde gewordenen Pferde auf den Knien, rutschen aus, schlagen wild mit den Hufen. Bei einem der zahlreichen Ausweichversuche bricht die Vorderachse am Fahrzeug des Bauern Adloff. Aus und vorbei die Flucht mit dem Wagen!

Doch Josef wirft alles hinunter: Koffer, Kisten, Bettzeug, und die Mitfahrenden müssen mit Hand anlegen. Nichts geht dem polnischen Fremdarbeiter schnell genug, er schimpft ununterbrochen auf sie ein, treibt sie zur Arbeit an. Zeit wird verloren, aber er bringt das Fuhrwerk wieder in Ordnung. Weiter geht die Fahrt ins Ungewisse. In Preußisch Stargard steigt Elisabeth Wittke aus. Sie kann nicht länger beim Treck bleiben. Sechs Wochen vor der Niederkunft geht es ihr gesundheitlich sehr schlecht. Von den in Neumark aufgeladenen Sachen besitzt sie nur noch einen Bettsack und die Papiere. Das Sparbuch aber liegt zu Hause im Wäscheschrank. Sie kommt in der Stadt in einem NSV-

Heim unter. Sobald sie Gelegenheit findet, mit den Schwestern zu sprechen, bittet sie, nach ihrer Tochter suchen zu lassen, die mit der Tante inzwischen hoffentlich die Weichselbrücke passiert hat. Die Schwestern hören zwar zu, nicken auch verständnisvoll mit den Köpfen und schreiben eine Suchmeldung aus. »Wenn Sie nicht wissen, wo Ihre Tochter ist, wie sollen wir sie dann finden?« meckert eine und pustet sich eine Locke aus der Stirn. Entrüstet antwortet Elisabeth: »Wenn ich wüßte, wo sie ist, würde ich zu Fuß hingehen!« Die Zurechtgestutzte senkt den Kopf und schreibt schneller.

In der Nacht fallen Bomben auf die Stadt. Der angerichtete Schaden ist beträchtlich. Es ist der erste Luftangriff, den Elisabeth miterlebt. Sie zuckt jedesmal heftig zusammen, wenn eine Bombe in der Nähe einschlägt und detoniert. Am nächsten Tag werden die Frauen aus dem Heim zum Bahnhof gebracht und fahren mit einem Lazarettzug weiter in Richtung Konitz. Mitten auf freier Strecke hält die Lokomotive, und sie kehren um, weil auf der nächsten Bahnstation schon die Russen auf sie warten. Keiner weiß, ob das ein Gerücht ist oder die Wahrheit. Die so Dahingekarrten halten alles für möglich, sie haben in den letzten Wochen zu viel erlebt.

Vier Tage lang sind sie unterwegs, bis sie in Stolp eintreffen, eine Strecke, die normalerweise in wenigen Stunden zurückgelegt werden kann.

Elisabeth Wittke steigt hier aus. Sie will nicht weiterfahren, sondern die Suche nach ihrer kleinen Tochter aufnehmen. Was soll sie allein in Berlin?

Seit dem 28. Januar ist Ruth Scheerans mit ihren beiden Kindern auf der Flucht. Genaugenommen bereits seit Herbst 1944, als sie Insterburg verließen und bei ihrem Vater in Bartenstein unterkamen. Ihr Mann steht als Soldat an der Peyse. Sie wartet auf ihn, aber er kommt nicht. Am Abend zuvor begann es in der Ferne zu rollen und zu grollen. Die Schlacht um Ostpreußen tobte die ganze Nacht hindurch. Keiner im Hause machte ein Auge zu, jeder wartete auf den Morgen.

Es ist Sonntag. Das Thermometer zeigt 20 Grad unter Null, ein Wetter, bei dem kein Ostpreuße freiwillig auf Reisen geht. Plötzlich hält vor dem Laden ein Wehrmachtsfahrzeug. Türen schlagen, ein Oberst tritt ein, den Kragen seines dicken Mantels hat er hochgeschlagen. Er will sich nur aufwärmen und eine Stunde schlafen, sagt er, eine Stunde nur, denn seit zwei Tagen habe er kein Auge dicht gehabt. Er nimmt die Kopfbedeckung ab, setzt sich auf den nächsten Stuhl und streckt die Beine weit von sich.

Wie es an der Front aussieht, will Ruth wissen, und ob der Iwan schon an der Peyse steht. Der Oberst mit den tiefliegenden Augen schaut nur kurz auf. Er weiß es nicht, wirklich nicht, beteuert er und fügt eindringlich hinzu:

Die Taufgäste vor dem feierlichen Akt. Im Pelz: Taufpatin Hedwig Driehaus aus Hamburg.

Bei Schmuddelwetter läuft am 31. März 1928 die »Ubena« bei Blohm & Voß vom Stapel.

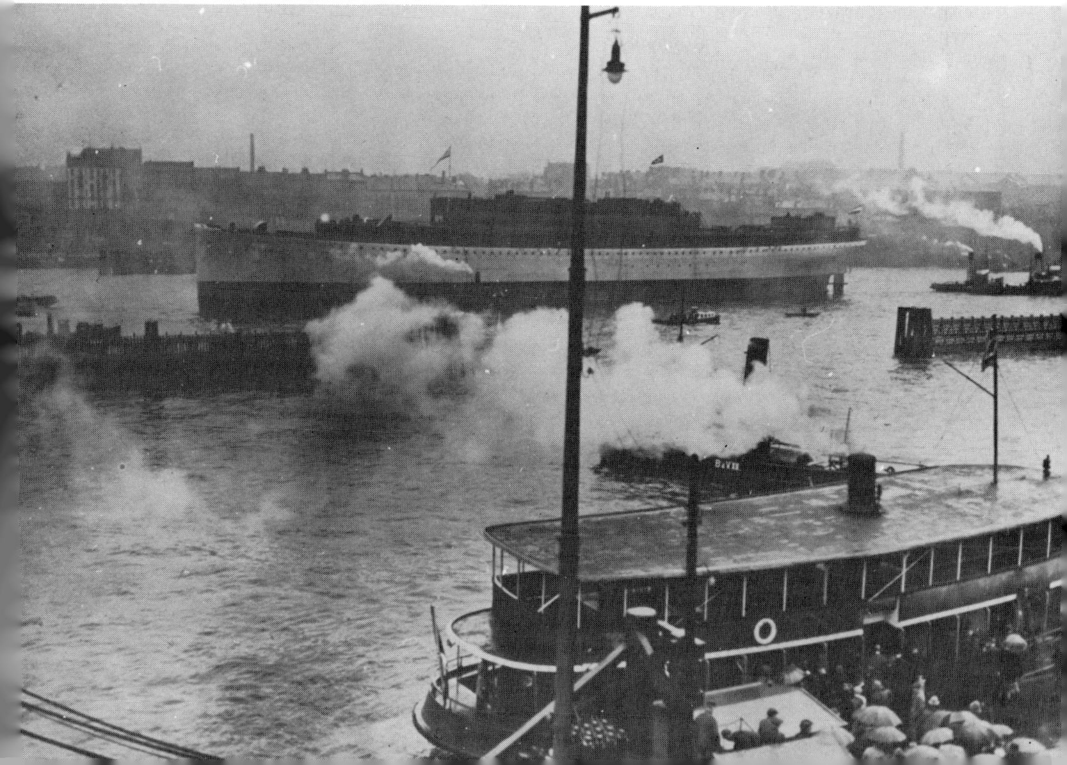

Das Ruderhaus der »Ubena«. Kreiselkompaß mit Selbststeuerungsanlage rechts neben der Steuer-säule. Das Vertrauen zu dem neuen Instrumentarium war noch schwach ausgeprägt.

Die »Ubena« auf der Werftprobefahrt.

William von Stockfleht, Kapitän auf der »Ubena«
während der Liegezeit in Kiel.
Mitte: Das sogenannte Kleeblatt auf der
»Ubena«. Mit Kreuz: Oberleutnant Endraß. Die
Besatzung hatte das Ritterkreuz gebastelt.
Rechts: Korvettenkapitän Hans-Rudolf Rösing,
Chef der 7. U-Flottille in Kiel. Seine alte Jacke
trägt er aus Aberglauben.
◁ Korvettenkapitän Werner Cygan stellt in Kiel
»U 118« in Dienst. Die übliche Feier fand auf der
im Hintergrund liegenden »Ubena« statt. »U 118«
ging im Juni 1943 im Atlantik verloren. Hinter der
»Ubena« die »Milwaukee«.
Unten: Die »Ubena«, einlaufend in den Ham-
burger Hafen. Sie passierte gerade die
»Monte Olivia«. Im Hintergrund der Michel.

Links: Der Speisesaal I. Klasse. Festlich sind die Tische geschmückt und gedeckt.

Unten: Der gleiche Raum nach dem Umbau zum Operationssaal A.

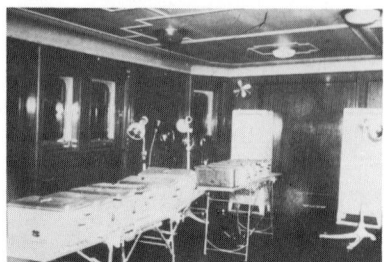

Die Halle, Schmuckstück des Schiffes im Frieden.

△ Verschwunden sind die Sessel, der Flügel, der Teppich. 44 Schwerverwundete konnten nach erfolgtem Umbau hier liegen.

Die »Ubena« als Wohnschiff der 21. U-Flottille in Pillau.

»Verschwinden Sie, so schnell wie möglich! Lassen Sie alles stehen und liegen, denn es wird furchtbar!«

Keine Minute später fällt sein unrasiertes Kinn auf seine Brust. Den gefütterten Mantel hat er gar nicht erst ausgezogen. Die Bewohner sehen sich vielsagend an, und Ruth beginnt sofort zu packen. Auf der Straße nimmt der Verkehr weiter zu. Ununterbrochen hupen Fahrzeuge, die nicht weiter können. Ein Lautsprecher bölkt plötzlich los und fordert die Einwohner von Bartenstein auf, sofort die Stadt in Richtung Landsberg zu verlassen.

Ruth Scheerans verabschiedet sich von ihrem schwerkranken Vater, der nicht mit auf die Flucht gehen kann, und der Schwester, die bei ihm bleiben will, um ihn nicht ohne Pflege zu lassen. Sie wissen alle, was dieser Entschluß bedeutet. Sie reden nicht, ihre Tränen sagen mehr als Worte. Ruth hat Glück, sie kommt mit ihren beiden Kindern auf einem Lastwagen unter. Doch dann steht er stundenlang herum und fährt nicht los. Eingezwängt zwischen liegengebliebenen Treckwagen kann er nicht weiter. Sie frieren alle bitterlich. Endlich ist die Straße frei. Langsam rollt das Auto durch das Heilsberger Tor auf den Marktplatz, einen der größten in Ostpreußen. Fahrzeuge jeder Art blockieren ihn. Eine Militärkolonne versucht, sich Platz zu schaffen, alles ist im Aufbruch. Ruth kennt die Geschäfte, an denen sie vorbeizockeln: Grillmeister mit Eisenwaren, Kaisers Kaffeegeschäft, Drogerie Ollhoff, Feinkosthändler Sczesny, der schon seit Jahren keine Feinkostwaren zu verkaufen hat, Feuerabend mit seinen eleganten Mercedes-Schuh-Reklametafeln im Schaufenster, Träger, in dessen Auslagen keine Uhren mehr liegen, nur noch Brillen, dann Fleischermeister Wittstock... Laden neben Laden.

Gestern hatten einige noch geöffnet, aber heute ist Sonntag, und so fällt es nicht weiter auf, daß die Türen geschlossen bleiben. Wer immer kann, verläßt die Stadt. Sie werden ja zurückkommen, nach dem Krieg, und ihre kleinen Geschäfte auf dem Marktplatz wieder eröffnen. Was auch sollten sie sonst tun? Außerhalb der Stadt, der Schloßberg liegt weit hinter ihnen, biegt der Fahrer des Lastwagens von der Hauptstraße ab und versucht, auf Nebenwegen schneller vorwärtszukommen. Die Nacht bricht herein, Angst kommt auf, macht sich breit. Niemand wagt mehr, laut zu sprechen. Mitunter blitzt es drohend am Himmel auf und beleuchtet die Szene. Als der Morgen die Dunkelheit der Nacht verdrängt, bietet sich ein Bild des Grauens. Ruth sieht erfrorene Menschen, Kinder, noch auf den Schlitten angeschnallt oder im Wagen sitzend, achtlos am Rande des Weges abgestellt, steif, verschneit, verlassen. Ihr Leben endete irgendwo auf einem einsamen Feldweg in Ostpreußen, und niemand ist da, der um sie weint.

Ihr selbst geht es nicht gut, sie hat eine Nierenbeckenentzündung und die kleine Tochter Blasenkatarrh.

Sie passieren Heiligenbeil, auch hier das Bild, das sie nun schon kennen: verstopfte Straßen, umherirrende Menschen, endlose Trecks und keine Quartiere. Der Fahrer will hier verschnaufen, aber sie drängen ihn, weiterzufahren. Was sollen sie in diesem Ort? Heiligenbeil ist genau so bedroht wie Bartenstein. Weiter, nur weiter...

Am Nachmittag erreichen sie Braunsberg, passieren Frauenburg und halten schließlich in Rosenberg. Bis auf Ruth Scheerans und ihre Kinder steigen alle aus, sie wagen den Weg zu Fuß über das zugefrorene Haff. Ruth hat Angst, mit ihren Kindern auf dem Eis liegenzubleiben, und fährt zurück nach Heiligenbeil, meldet sich dort beim Amt für Flüchtlingsbetreuung in der Hoffnung, ausgeflogen zu werden.

Doch für sie und ihre Kinder gibt es keine Plätze. Dafür fährt ein Laster vor, bringt sie aus der Stadt und setzt sie an einer Kreuzung ab. Sie sollen versuchen, mit einem Treckwagen über das Haff zu kommen, empfiehlt der Fahrer und gibt Gas, braust davon und läßt sie stehen.

Keines der vorbeiziehenden Fuhrwerke hält, um sie mitzunehmen. Soldaten zwingen schließlich einen Leiterwagen zum Anhalten. Der alte Mann auf dem Kutschbock will protestieren, aber einer der Soldaten hebt nur leicht das Gewehr an, und er schweigt. Eingeklemmt zwischen Koffern, Kisten und Truhen geht es weiter, dem Haff zu. Der Fahrweg über das Eis ist markiert. An einigen Stellen steht das Wasser fußbreit über der Eisfläche. Links und rechts aufgerissene Pferdeleiber, halbversunkene Wagen, Gepäckstücke, Tote in ihrem Blut, erfrorene Menschen.

Als die Nacht anbricht, fährt der Bauer aus der Reihe heraus. Die Pferde brauchen eine Pause, er will den Morgen abwarten. Die Kinder sind eingeschlafen. Ruth erschrickt, als sie sieht, daß ihre bloßen Hände durch die Sprossen des Wagens hängen. Sie weckt sie auf, knetet und reibt ihre Hände, bis endlich wieder Blut bis zu den Fingerspitzen läuft. Vor Schmerzen schreien und weinen die Kinder, aber sie gibt nicht auf und reibt und reibt. Bevor der Morgen anbricht, setzt leichter Schneefall ein. Das ist günstig, dann kommen wahrscheinlich keine Tiefflieger, hofft Ruth.

Es geht weiter. Als der Leiterwagen das Eis verläßt und auf den Strand der Nehrung rollt, keuchen die Pferde vor Anstrengung. Ruth steigt ab, hilft noch ihren Kindern, dann wird ihr schlecht, sie spuckt teerigen Schleim und Blut, glaubt, es gehe mit ihr zu Ende.

»Wo sind wir?« fragt sie einen Feldwebel, der an der Anlegestelle steht.

»In der Nähe von Narmeln, junge Frau«, antwortet er. Narmeln hat eine Bahnstation, fällt Ruth ein, und wo Gleise liegen, fahren vielleicht auch noch Züge. Hoffnung keimt auf, sie reißt sich zusammen. Mit Hilfe des Feldwebels gelingt es, einen Milchwagen anzuhalten, der sie zum Bahnhof bringt. Als sie den Wartesaal betritt, schlägt ihr eine muffige Wärme entgegen. Der Raum ist überheizt. Auf dem Kanonenofen wird gekocht. Nasse Plünnen hängen an einer Leine, die quer durch den ganzen Raum gespannt ist. Plötzlich dreht sich alles um sie. Ein neben ihr stehender Soldat fängt sie in seinen Armen auf und bringt sie mit ihren Kindern in einem Nebenraum unter. Damit sie ihre Ruhe haben, wie er sagt, schließt er von draußen ab. Doch er kommt nicht wieder, und Ruth muß sich durch starkes Klopfen bemerkbar machen. Mit einem Militärlastwagen werden sie am nächsten Tag nach Neutief und von dort mit einer Fähre nach Pillau gebracht.

Ruth Scheerans ist am Ende ihrer Kräfte, als sie hört, wo sie angekommen sind: Pillau statt Danzig! Sie hält die Kinder fest an den Händen und nähert sich der Uferkante. Ein Meter noch, da ist das Wasser, ist das Ende. Ein Landser schreit sie an: »Was tun Sie da, denken Sie gar nicht an Ihre Kinder?«

Ruth fährt zusammen, will protestieren, aber selbst dazu fühlt sie sich zu schwach. Willenlos läßt sie sich führen. In einem Haus kommen sie unter, die Betten sind besetzt, sie schlafen auf dem kalten Fußboden. Die Kinder wimmern vor Schmerzen. Flugzeuge tauchen auf und werfen Bomben, schießen mit ihren Kanonen in die Straßen. Ruth Scheerans nimmt das alles nicht mehr auf, sie läßt sich treiben, achtet nur darauf, ihre Kinder nicht zu verlieren.

Ein kleiner Frachter bringt sie nach Danzig. In einem Bahnhofsgebäude werden sie betreut, und Ruth gewinnt wieder neue Lebenskraft. Sie haben es sich gerade bequem gemacht, als es heißt: Kranke und werdende Mütter sollen sich bereithalten, ein Lazarettzug ist gemeldet. Eile ist geboten!

Ruth rafft ihre paar Sachen zusammen. Schon ist auch der Zug da, vollgepackt mit Menschen. Sie werden in einen Waggon hineingeschoben, und schon setzt er sich in Bewegung. In Lauenburg hält der Zug. Eine im Abteil verstorbene Frau wird hinausgetragen, und Ruth verläßt den Waggon, um auf dem Bahnsteig Milch zu besorgen. Dann geht es weiter Richtung Stettin.

Plötzlich ein Rucken, Krachen, Quietschen. Das Abteil wird angehoben und zusammengepreßt. Ein anderer Zug ist auf sie aufgefahren. Ruth verliert die Besinnung. Als sie wieder zu sich kommt, sitzt sie fest wie in einem Schraubstock. Neben ihr weint ihre Tochter: »Mutti, Mutti, alles Blut!«

Stimmen dringen an ihr Ohr, sie will antworten, verliert dann aber erneut die Besinnung.

Schneidbrenner werden eingesetzt, und Männer ziehen Ruth Scheerans vorsichtig aus den Trümmern. Einer hebt ihre Augenlider und stellt fest: »Sie ist hinüber, legen wir sie zu den anderen!«
Ruth hört ihr Urteil, sprechen kann sie nicht, so bewegt sie vorsichtig ein Bein. Das ist die Rettung!
Sie kommt auf einer Bahre in den Wartesaal von Jeseritz. Ihr Sohn, der aus dem Zug geschleudert worden ist, aber unverletzt blieb, erkennt sie, als sie auf der Bahre durch den Raum getragen wird.
Der nächste Zug bringt sie alle nach Stolp. Dort werden sie im »Haus des Handwerks« untergebracht.

*

Das Häuschen der Markwalds im pommerschen Lauenburg ist bis auf das letzte Eckchen mit ostpreußischen Verwandten belegt. Kein Wunder, denn die Besitzer lebten in Ostpreußen, bevor sie sich in Pommern niederließen. Seit Januar ist das Lyzeum geschlossen, und Eva-Maria Markwald betreut mit ihrer BDM-Schar auf dem Bahnhof die Flüchtlinge der durchlaufenden Züge, die hier meistens eine kleine Pause einlegen. Mit ihren achtzehn Lenzen ist sie kein Kind mehr, doch was sie in diesen Wochen an Leid miterlebt, nimmt sie schwer mit. In den Waggons, den offenen Wagen, liegen immer wieder teilweise unter Schnee vergrabene Leichen: alte Menschen, aber auch viele kleine Kinder und mancher Säugling. Sie müssen begraben werden und das bei tiefvereister Erde. Die Totengräber haben Hochkonjunktur. Einzelgräber gibt es nicht. So viel Zeit ist nicht vorhanden.
In den ersten Tagen haben die Mädchen oft gesungen, wenn ein Zug in den Bahnhof einlief und hielt. Es waren die Lieder, mit denen sie groß geworden sind, und Eva-Maria war entrüstet, als ein Landser sie barsch anfuhr und ihr befahl, mit dem Quatsch aufzuhören: Wildgänse rauschen im Winter nicht nach Norden, knurrte er, und wenn sie wissen will, wer für das Morden verantwortlich ist, dann soll sie einmal gründlich nachdenken oder ihren Vater fragen, wenn sie noch einen hat, was selten geworden ist.
Eva-Maria ließ ihn stehen, und aus purem Trotz sangen sie auch noch die zweite Strophe. Als sie mittags nach Hause kommt, vermag sie keinen Bissen hinunterzuschlucken. Mit hängenden Schultern sitzt sie am Tisch, während die Verwandtschaft unaufhörlich durcheinanderquasselt. Sie glaubt, diesen Wortschwall nicht mehr ertragen zu können, steht ruckartig auf, läuft aus dem Raum, hinauf in ihre Kammer, wirft sich auf ihre Bett und heult. Ihre zwei Jahre jüngere Schwester legt tröstend den Arm um sie und will wissen, was passiert ist.

»Es ist schon in Ordnung. Ich verstehe nur unsere Verwandten nicht. Sie haben doch alles verloren, alles, und jetzt sitzen sie unten und lachen, erzählen sich Witzchen, albern herum, während wir tote Kinder aus den Zügen bergen. Warum läßt die Partei das zu? Was tut unser Vater?«

»Immerhin hat er sich freiwillig zum Volkssturm gemeldet, oder nicht?«

»Das mußte er wohl, aber das meine ich nicht. Wie kann die Partei Menschen bei dieser Witterung auf offenen Wagen transportieren? Es sind doch Volksgenossen, sind unsere Schwestern und kein Schlachtvieh, ach was, selbst das würde nicht so verladen werden. Ich habe plötzlich furchtbare Angst. Was ist, wenn wir selbst eines Tages, morgen vielleicht schon, auf einem Güterwagen im Schnee liegen?«

Entrüstet über diese Zumutung schüttelt die Schwester den Kopf und gibt ihr den Rat, sich ein paar Tage auszuruhen, im Bett zu bleiben, das wäre das gescheiteste, die Arbeit auf dem Bahnhof können auch andere tun.

Doch Eva-Maria wehrt ab: »Das kann ich nicht. Wir dürfen jetzt nicht schlappmachen, verstehst du das denn nicht, sonst war alles umsonst!«

Ohne weiter auf die jüngere Schwester zu achten, steht Eva-Maria von ihrem Jungmädchenbett wieder auf, zieht sich die Winteruniformjacke über und macht sich auf den Weg zum Bahnhof.

Dort wartet ein aus Osten kommender Lazarettzug. Die letzten beiden Waggons stehen außerhalb des Bahngeländes.

In den meisten Abteilen lassen sich die Fenster nicht mehr öffnen, denn sie werden nicht beheizt, Kohlen sind rar.

Vor Eva-Marias Milchstand wird eine tote Frau auf einer Bahre aus dem Abteil getragen. Ihr folgen Frauen, um Lebensmittel zu besorgen. Als Eva-Maria eine Schwangere entdeckt, schiebt sie die anderen Wartenden entschlossen zur Seite und fragt: »Sind Sie alleine?«

»Nein, ich habe meine beiden Kinder noch bei mir.«

»Und wann kommt das Dritte?«

»In einem Monat, wenn ich dann überhaupt noch lebe!«

Eva-Maria will protestieren, ein paar markige Redensarten zum besten geben, aber sie sagt nichts, senkt traurig den Blick und reicht ihr die doppelte Menge an Brot und Milch. Erstaunt schaut die Frau auf, will sich bedanken, aber zu spät, sie wird vom Stand einfach weggeschoben.

Als sich der zusammengewürfelte Zug endlich in Bewegung setzt, sieht Eva-Maria ihm nachdenklich nach, denn auch in Lauenburg rüsten die Menschen zur Flucht. Es ist der letzte nach Westen rollende Zug, denn der Russe steht bereits an der Oder, bedroht Stettin.

Eva-Maria spürt den eiskalten Wind, der über das Bahngelände fegt. Auf den Perrons stapelt sich zurückgelassenens Gepäck, leere Kinderkarren, Schlitten und Handwagen. Koffer sind aufgerissen, durchwühlt, geplündert, weggeworfen. Müde und bedrückt schleicht das junge Mädchen nach Anbruch der Dunkelheit nach Hause. Unterwegs begegnet sie einem SS-Trupp, der in der ehemaligen Irrenanstalt untergebracht ist. Die angehenden Unterführer tragen Stahlhelme und Gewehre. Sie marschieren in Richtung Neuendorfer Straße. Die Mutter wartet draußen vor der Tür. Eva-Marie sieht, daß sie friert: »Du wirst dich erkälten, wenn du dich nicht wärmer anziehst, Mutter!«
»Ist schon gut«, wehrt sie ab und schiebt ihre Tochter in das Haus.

*

Elisabeth Wittke findet in Stolp bei Professor Dr. Rogallo Unterkunft. Das Haus am Bismarckplatz ist mit Flüchtlingen überbelegt, die Hausfrau dagegen abgereist. Sie konnte wohl das Durcheinander in den eigenen vier Wänden nicht länger ertragen. Tagelang steht Elisabeth mit schweren Beinen an der großen Treckstraße und starrt in jeden durchziehenden Wagen, immer auf der Suche nach ihrer kleinen Tochter oder wenigstens Bekannten aus Neumark, in der Hoffnung, sie könnten etwas über den Verbleib von Christel sagen.
Der scharfe Wind durchdringt ihre Kleidung und läßt sie vor Kälte zittern, die nassen Füße spürt sie inzwischen schon nicht mehr. Doch von ihrem Kind und dem Tantchen fehlt jedes Lebenszeichen. Schließlich gibt sie in der Kreiszeitung ein Inserat auf, denn auf die Straße kann sie nicht mehr. Ihr Gesundheitszustand verschlechtert sich zunehmend. Gleich nach ihrer Ankunft in Stolp hat sie sich im »Haus des Handwerks« angemeldet, das in den letzten Wochen zur Frauenklinik umfunktioniert worden ist. Der Arzt untersuchte sie flüchtig und meinte, daß sie kommen soll, wenn es soweit ist, denn die Plätze sind knapp.
Mit diesem Ergebnis hat sie nicht gerechnet, aber sie geht wieder. Das Inserat hat ungeahnten Erfolg.
Es melden sich zahlreiche Bekannte aus Neumark, so Gertrud Woop und Gerda Liedtke, und als sie die Hoffnung schon aufgeben will, ihre Tochter Christel und das Tantchen. Beide haben unendlich viel durchgemacht, aber sie leben, und nur das ist wichtig. Alles andere wird sich finden.
Beruhigt packt sie ihre Siebensachen zusammen und geht erneut in das »Haus des Handwerks«. Sie läßt sich nicht mehr abweisen und vertrösten. Es fehlen nur noch fünf Tage bis zur Entbindung. Der Arzt gibt nach und weist ihr ein

Zimmer zu. Beim Rundgang fällt ihr ein Mädchen auf, das Ähnlichkeiten mit ihrer 13jährigen Christel aufweist. Sie sitzt neben einem Bett und hält die Hand einer Frau. Elisabeth tritt näher und stellt sich vor. Die Frau im Bett hat offensichtlich Schmerzen beim Sprechen, soviel aber erfährt Elisabeth, daß sie Ruth Scheerans heißt und aus Insterburg stammt, das Mädchen ihre Tochter ist und der Junge sich im Haus herumtreibt.

»Und Ihr Mann?«

»Ich weiß es nicht, er stand im Januar an der Peyse, im Januar... und Ihrer?«

»Gefallen, im Herbst 44!«

»Schlimm!«

»Ja, sehr schlimm!«

*

Woche für Woche haben Anna und Irene Scharein in Danzig auf die versprochene Rückkehr ihres Schwagers Rudolf gewartet und gehofft, daß er sie mit dem Lastwagen weiter nach Westen bringt, nach Hamburg am besten. Hermann wollte er mitbringen, Annas Mann, der zum Volkssturm eingezogen wurde, hat er gesagt, doch er kommt nicht. Elbing ist längst verloren, und russische Panzer rollen auf Danzig zu. Ein längeres Verweilen in der Schule ist nicht ratsam. Doch mit Minna Böhnke ist nicht zu reden, sie will weiter warten, entgegnet: »Und wenn er nun doch kommt, und ich bin nicht da?«

Anna weiß, daß sie genau so handeln würde, trotzdem meckert sie, beschließt, auf eigene Faust mit dem nächsten Zug nach Berlin zu fahren.

Das unhandliche Gepäck bleibt zurück. Sie schafft es in den Keller der Schule, zu dem dort bereits abgestellten von anderen Flüchtlingen, die es später abholen wollen, später, wenn der Krieg vorbei ist.

Anna ist überzeugt davon, daß dem Schwager etwas zugestoßen sein muß. Von Hermann spricht sie nicht mehr, seit Irene sie heftig angefahren hatte, weil sie einen Traum erzählte, in dem sie ihren Mann tot im Graben liegen sah. »Er ist ganz bestimmt nicht mehr am Leben«, behauptete sie, »ich kenne doch meinen Hermann, er konnte nicht davonlaufen, er nicht! Bestimmt bin ich aufgewacht, als er starb. Träume lügen nicht!«

Der Bahnhof ist mit Menschen überfüllt, die nicht wissen, was los ist, sich treiben lassen, und so lösen sie vorsichtshalber Fahrkarten I. Klasse nach Berlin in der Annahme, daß sie dann bessere Aussichten haben, auch mitgenommen zu werden. »Uns wird jetzt wohl ein Sitzplatz zustehen«, bemerkt Anna zuversichtlich. Sie finden auch einen fahrbereiten Zug, er hat aber nur vier ausgediente Personenwagen hinter der verrosteten, aus allen Nähten dampfenden Lokomotive. In den Abteilfenstern fehlt das Glas, die Öffnungen sind nur teilweise und notdürftig mit Pappe abgedichtet. Es stinkt fürchterlich, denn die Toilette ist seit Tagen verstopft, der Urin schwappt auf dem Boden, bis er versickert oder gefriert. Zuerst hält sich Anna die Nase zu, aber auf die Dauer ist das zu anstrengend. Endlich setzt sich der Zug in Bewegung und fährt, hält, fährt, hält schließlich in Lauenburg und bleibt dort einen Tag lang auf einem Abstellgleis vor dem Bahnhof stehen. Dann kehrt er nach Danzig zurück. Anna will sich ihr Geld wiederholen, doch die Schalter der Deutschen Reichsbahn sind geschlossen.

»Das ist das Ende«, sagt sie mit ernster Stimme, »mit Großdeutschland geht's bergab!«

»Sei still und red' dich nicht um Kopf und Kragen!« warnt Irene, aber Anna ist so empört, daß sie darauf keine Rücksicht nehmen kann. »Sollen sie doch«, schreit sie, »die haben meinen Hermann auf dem Gewissen, dann können sie mich auch noch nehmen. Wenn erst Frieden ist, werde ich die Reichsbahn verklagen! Fahrkarten nach Berlin verkaufen und keine Züge schicken, ist das vielleicht eine Art?«

*

In Stolp werden die Frauen aus dem »Haus des Handwerks« am 6. März zum abfahrbereiten Zug gebracht. Er fährt nicht nach Stettin, sondern nach Osten!

Zwei Tage später hat Elisabeth Wittke Geburtstag, doch in dem Abteil haben die Menschen andere Sorgen. Ein Kind wird geboren, es ist tot. Die alte Hebamme wirft es achtlos aus dem fahrenden Zug. Nur eine gespannte Decke trennt das kleine Abteil von mitfahrenden Kindern. Als die Frau den ersten Schock überwunden hat, heult sie unaufhörlich und verlangt nach ihrem Baby, beschuldigt die anderen, es zu verstecken.

»Es ist tot«, versucht die Hebamme sie zu beruhigen, aber die Frau hört nicht zu, sie zerrt am Rock der Hebamme und klagt: »Ihr habt es umgebracht, ihr habt es umgebracht, ihr Mörder, ihr!«

Die alte Hebamme fackelt nicht lange und schlägt mit der flachen Hand zu. Es klatscht ein, zwei Mal, dann verstummt das Schreien und geht in ein klagendes anhaltendes Wimmern über. Elisabeth Wittke ist erschüttert, will nicht hinhören, will wegsehen, aber sie schafft es nicht, denkt immerzu, daß ihr morgen vielleicht gleiches zustoßen kann. Sie nimmt die Hand der jungen Frau und tätschelt sie, spricht behutsam auf sie ein, versucht, sie abzulenken. Eine Ge-

schichte aus Neumark fällt ihr ein, von einer Katze, die schließlich ein Hunde-
baby adoptierte, weil der Knecht die Jungen ersäuft hatte. »Seit der Geschichte
glaube ich nicht mehr, daß Hund und Katze Feinde sind. Es kommt alles nur
auf die Erziehung an, das ist wie bei uns Menschen.«

Als sie nach Tagen in Lauenburg halten, legt sich ein Oberleutnant die entkräf-
tete junge Frau über die Schulter und bringt sie hinaus.

Ein Aufatmen geht durch das Abteil.

Als der Offizier den Bahnsteig betritt, kommen ihm ein Mann und zwei Mädchen entgegen.

»Wo finde ich einen Arzt?« fragt er kurz angebunden wie ein Mensch, der es
eilig hat. Der Mann bietet ihm sofort Hilfe an und will ihn begleiten. Er dreht
sich um und sagt: »Auf Wiedersehn Eva-Maria, paß auf deine Schwester
auf!«

Es wird ein kurzer Abschied mit einem Kuß auf die Stirn, einer väterlichen
Umarmung, dann verschwindet er zusammen mit dem unbekannten Oberleutnant aus dem Bahnhof.

Eva-Maria Markwald zieht ihre Schwester weiter, hin zu dem noch wartenden
Zug. Die Mutter hatte sich geweigert, ebenfalls Lauenburg zu verlassen. Ohne
ihren Mann wollte sie nicht gehen, und weil alles nicht half, die anderen Familienmitglieder sie drängten, verwies sie auf die Bibel, die auf dem Nähtisch
lag. Eva-Maria war überrascht, denn bislang hatte sie keine im Haus gesehen
oder vermutet.

Sitzplätze im Zug gibt es nicht. Eng zusammengedrückt stehen die beiden
Lauenburgerinnen im Gang. Langsam setzt sich die Lokomotive in Bewegung
und rollt in den späten Abendstunden in Danzig ein. Die Insassen der Stolper
Notklinik verlassen den nach Gotenhafen weiterfahrenden Zug. Auch Eva-
Maria und ihre Schwester steigen hier aus, obwohl sie zu Hause versprochen
hatten, nach Gotenhafen zu fahren. Entscheidend für die ältere Schwester ist,
daß sie Danzig kennt, Gotenhafen aber nicht.

Unterwegs treffen sie ebenfalls auf der Flucht befindliche Jugendliche und folgen dem Rat, das nächste HJ-Auffanglager aufzusuchen. Es befindet sich in
einem großen Geschäftshaus. Kaum hat sich die resolute Eva-Maria umgesehen, als sie sich auch schon der Lagerleitung zur Verfügung stellt. Brote müssen belegt werden, später gilt es, warmes Essen auszuteilen, das im Keller gekocht wird.

In den freien Minuten streifen die Mädchen durch die angrenzenden Straßen.
Wie angewurzelt bleibt plötzlich Eva-Maria stehen. Vor ihnen baumelt an
einem Laternenmast ein deutscher Soldat an einem kurzen Strick. Die Zunge

hängt ihm heraus, sie ist geschwollen. Die Augen stehen offen, das Haar ist kurz geschnitten. An seiner schmalen Brust ein Pappschild mit der Aufschrift: Ich bin ein Feigling!
Mit gesenkten Blicken und schweren Herzen schleichen die beiden Mädchen zurück in ihr Quartier.
Sie sind so verstört, daß sie darüber nicht sprechen können.

*

Als Liegepatient kommt mit dem Zug aus Stolp auch Ruth Scheerans mit ihren beiden Kindern nach Danzig. Infolge der erlittenen Kopfverletzung beim Eisenbahnzusammenstoß kann sie nicht ohne Kissen liegen. Eine Rote-Kreuz-Schwester schenkt ihr ein Federkissen und besorgt ihr auch noch einen Morgenmantel.
Der Abschied von Elisabeth Wittke fällt kurz aus: Ein Kopfnicken und ein Blick, der sagen soll, es wird schon werden, das ist alles. Elisabeth wird in der Gaufrauenklinik Danzig-Langfuhr untergebracht, die unter Leitung von Professor Dr. Konrad Tietze steht. Am 8. März setzen die ersten Wehen ein. Nachmittags erhält sie drei Spitzen, und kurz nach 20 Uhr wird sie von einem Sohn entbunden. Kurt nennt sie ihn zur Erinnerung an ihren in Rußland gefallenen Mann. Obwohl sie sich selbst kaum bewegen kann, ist sie glücklich, als sie den kleinen Jungen in ihren Armen hält und vorsichtig an die Brust drückt. Ihr eigenes Leid erscheint ihr im Augenblick völlig unwichtig: der Junge lebt und ist körperlich gesund, alles andere wird sich finden, hofft sie und weint.

*

Auch Liesbeth Kruck hat schließlich Danzig erreicht. Sie ist am Ende ihrer Kräfte, irrt ein paar Tage in der Stadt umher, bis sie in einem Lager unterkommt und versorgt wird. Rührend bemühen sich Mitglieder vom BDM um sie, und langsam erholt sich die werdende junge Mutter wieder von den Strapazen der letzten Wochen, dem Marsch über das Eis des Haffs, der Kälte, des Hungers. Als sie sich in dem großen Gebäude umsieht, trifft sie auf Gertrud Domakowski. Beide können es nicht fassen, sprechen von Zufall und Glück, von Schicksal sogar. Doch vergeblich sucht Liesbeth ihre Mutter im Raum. »Und Mutter, wo ist meine Mutter?« fragt sie zögernd. Die Nachbarin aus Werfen schlägt die Augen nieder: »Sie is jeblieben in Heilsberg, Kind. Wollt' auf dich warten. So sind Mütter nun mal!«

94

Entsetzt schlägt Liesbeth die Hände vor das ausgemergelte Gesicht und weint hemmungslos. Ihr Körper schüttelt sich wie im Krampf. Mit rührender Geste nimmt Gertrud Domakowski die junge Frau in ihre Arme und streichelt ihre schmalen Schultern. Abends schlägt sie ihr Nachtlager neben ihr auf. Als am nächsten Tag die Sonne scheint, der Wind nachläßt, fragt Gertrud die junge Frau, ob sie nicht Lust hat, mit zu Verwandten zu kommen, die in der Hundegasse wohnen, nicht weit vom Quartier entfernt. Liesbeth sieht an sich hinunter. Das Kleid paßt nicht mehr. In den letzten Wochen hat sie erheblich zugelegt, auch den Mantel bekommt sie über dem Bauch nicht mehr zu. Doch die Nachbarin wischt ihre Bedenken weg: »Was macht das schon, sieh mich an, seh' ich anders aus? Is nich unsre Schuld, wenn wir rumlaufen müssen wie Abjebrannte.«

Liesbeth sieht das ein, und so machen sich die beiden Frauen auf den Weg. Gertrud ist nervös, sie hat die ganze Nacht mit sich gerungen, ob sie überhaupt etwas sagen soll, aber schließlich hat das arme Ding ein Anrecht auf die Wahrheit. Zögernd fragt sie: »Hast du damals in Werfen Post von Herbert jefunden, als du hinbist?«

»Nein, es war keine im Kasten, auch von Vater fehlte jede Nachricht.«

»Wär' auch een Wunder jewesen.«

Liesbeth stutzt, fragt nach: »Warum wäre das ein Wunder gewesen?«

Gertrud senkt den Blick auf die ausgelatschten Schuhe: »Nu ja, weil de Post de Briefe nachjeschickt hat, nach Heilsberj. Drum is Mutter jeblieben, sie wollt dir man den Brief selbst jeben.«

»Einen Brief von Herbert?«

»Nee, von der Kompanie, der Herbert is jefallen, im Herbst schon. Nu hab' ich's hinter mir, mein Jott, war das schwer.«

Liesbeth taumelt, schluchzt laut auf, ein paar Leute bleiben stehen. Gertrud umfaßt sie und führt sie weiter, spricht behutsam auf die junge Frau ein. Doch Liesbeth hört nicht mehr hin, sie hat nur noch einen Gedanken: Das Kind wird ohne Vater leben müssen, ohne Vater, ohne Vater.

Die »Ubena« verläßt Bremerhaven

Auf der *Ubena* herrscht seit Tagen Hochbetrieb, aber das ist immer so, wenn ein Schiff in der Werft liegt und umgebaut wird. Die Reederei hat dem Abschiedsgesuch von Kapitän Förster entsprochen. Sein Nachfolger, der in Zinten geborene Artur Lankau, steht neben ihm auf der Brücke. Von hier oben haben die beiden Männer einen guten Rundblick. Nichts entgeht ihnen. Draußen stürmt der Westwind gegen die Küste. Dunkelgraugrün fließt träge die Weser, bedeckt mit einer fliehenden Herde ausgerichteter weißer Schaumkronen. Aufgeplusterte Möwen hängen in der dicken Luft, kreischen sich weiter unter einem verhangenen Himmel, der seine Unendlichkeit ahnen läßt.
Überall an Deck turnen Werftarbeiter herum. Niethämmer dröhnen, Kräne kreischen, senken Lasten herab. Die Männer schuften rund um die Uhr, fast ohne Pausen, denn die *Ubena* wird dringend in der Ostsee gebraucht. Plötzlich haben es die oberen Dienststellen eilig. Sie drängen, als ob der nationale Notstand ausgebrochen ist und es keine Materialsorgen gibt. Waffen rollen heran und werden eingebaut, auf Podeste gestellt, bis 16 Kanonen dem Schiff eine beachtliche Feuerkraft verleihen, die ausreichen müßte, um sich die russischen Tiefflieger vom Leibe zu halten. Und daß sie kommen werden, davon ist der Sohn eines ostpreußischen Landwirts überzeugt, der nun den Dampfer führen wird. Im Gegensatz zu dem älteren Kollegen ist er den ganzen Krieg hindurch im Einsatz, transportierte Truppen und Nachschub nach Oslo und weiter nach Nordnorwegen. Nach dem Untergang seines Schiffes infolge eines Magnetminentreffers wurde er ins Mittelmeer abkommandiert und brachte Nachschub nach Kreta und Rhodos. Anschließend kam er zurück nach Norwegen und übernahm einen Tanker. Seit Oktober 1944 führte er die *Mungo* und versorgte von Danzig aus die Armeegruppe Schörner, die um Libau herum eingeschlossen ist. Von all dem weiß natürlich Hermann Förster nichts. Er macht sich Sorgen um sein Schiff, obwohl er es nun verläßt; aber er hängt mit ganzem Herzen an diesem Dampfer, als ob es ein Stück von ihm wäre, und vielleicht ist es auch so. Kein Wunder, daß er wissen will, ob die *Ubena* in erfahrene Hände kommt, aber so direkt mag er nicht fragen, spricht über den Krieg allgemein, die Lage in Pillau, als sie abfuhren, die fehlenden Begleitfahrzeuge, die zunehmende U-Boot-Gefahr, die Versenkung der *Wilhelm Gustloff*, die verminten Zwangs-

wege. Lankau nickt hin und wieder bestätigend, sagt aber kaum etwas dazu. So bleibt Förster nichts anderes übrig, als forscher ans Werk zu gehen: »Die Ostsee wird immer gefährlicher, der Russe ist nicht zu unterschätzen, und die Flugzeuge greifen schneidig die Schiffe an, habe ich mir sagen lassen, aber vielleicht haben Sie eigene Erfahrungen gemacht, die das widerlegen.«

Endlich weiß der neue Kapitän, was den alten quält, aber er lächelt nicht überheblich, setzt sich auf einen der herumstehenden Hocker und erzählt, während sich Förster sein Pfeifchen stopft:

»Auf meiner letzten Reise mit der *Mungo* brachten wir eine Panzerjagd-Einheit von Libau nach Danzig, von wo aus sie sofort an die Front geworfen wurde. Die Russen waren nicht weit entfernt, der Hafen mit Flüchtlingen verstopft. Wir bekamen Order, uns für den Abtransport von Flüchtlingen vorzubereiten, aber alles, was wir erhielten, waren eine größere Menge Strohballen und einige transportable Toiletten.«

»Das ist nicht viel«, unterbricht ihn Förster, »die Laderäume gehen doch nicht zu heizen.«

»Als Wärmequelle hängten wir alle an Bord befindlichen hochkerzigen Ladelampen auf, mehr war nicht zu machen. Wir sollten nach Königsberg, kamen jedoch nur bis Fischhausen. Dort zwang uns russisches Artilleriefeuer zur Umkehr. Wir legten in Pillau an, um neue Order einzuholen, aber plötzlich war die Pier schwarz von Menschen, unübersehbar, Schulter an Schulter standen sie da, voller Hoffnung. Wir brachten das Fallreep aus. Um ein Chaos zu verhindern, postierte ich zwei Flaksoldaten am Zugang. Raum um Raum wurde nacheinander gefüllt, war einer voll, ließ ich ihn schließen. So entwickelte sich wenigstens eine erträgliche Temperatur. Bereits nach einigen Stunden waren die Laderäume besetzt, doch immer noch standen Tausende von wartenden Menschen vor der *Mungo*. Also wurden die Aufenthaltsräume der Besatzung aufgefüllt, bevorzugt mit älteren Menschen, Frauen und Kindern. In der Offiziersmesse schliefen schließlich 28 Personen, in meiner Kammer 18, und in meiner Koje lag eine Wöchnerin mit einem wenige Tage alten Baby. Auf allen Treppenstufen saßen Flüchtlinge, und sogar die Zylinderstation im Maschinenraum war belegt. Ich hauste mit den Offizieren im Kartenhaus.«

Der schrille Pfiff einer rangierenden Lokomotive auf dem Werftgelände unterbricht die Erzählung von Artur Lankau, der wie abwesend auf dem Hocker sitzt und vor sich hinstiert. Er erlebt die fürchterlichen Stunden in Pillau noch einmal. Hermann Förster spricht nicht dazwischen, er schweigt, hört dem Jüngeren zu, und Lankau erzählt zuerst stockend, dann aber flüssig weiter, als wollte er ein Ende finden:

Lfd. Nr.	Gegenstand	Soll des Schiffes	Einzelgewicht kg	Bemerkungen
	Raum a.	16	Kojen	
	„ b.	12	„	+ 35
	„ c.	26	„	
Luke 1: Sp.deck: auf der Luke	4	„	
	Raum g.	18	„	
	„ h.	29		
~„~ : Zw.deck: „ i.	18		
	auf der Luke und St.B.	34		~157~
Halle 1. Kl. Saal A.	44		
Raucher ~„~ „ B.	34		
Anbau P.Deck Messe C.	20		
Raucher T.-Kl. Saal D.	42	„	
Speisesaal 1. Kl. „ E.	48	„	
„ T.-Kl. „ F.	60	„	~248~
Aufenthaltraum T.-Kl. „ G.	22		270
	Raum a.	22	„	
	„ b.	32	„	
Luke 4: „ c.	24	„	
	„ d.	38	„	116
	auf der Luke	~~~	„	~128~
	Raum a.	16	„	
	„ b.	18	„	
	„ c.	12	„	
Luke 5: „ d.	18	„	
	„ e.	24	„	
	„ f.	23	„	
	auf der Luke	14	„	125
Hauptdeck in Kabinen: 275			668

```
   192                           270
   386          17              ───
   125         116              938
    60         120
    32
  ───
  295
```

98

»Da standen sie immer noch zu Tausenden vor dem Schiff, ich konnte doch jetzt nicht einfach ablegen und sie im Stich lassen; aber das Schiff war voll, jeder Meter belegt, ich mußte handeln. So rief ich laut, wir müßten am Fallreep etwas nachsehen, sie sollten bitte zurücktreten. Und sie glaubten mir – dem Wort eines Kapitäns. Unsere auf der Pier postierten Flak-Soldaten kamen über eine Lotsenleiter an Bord. Als die Flüchtlinge den Betrug merkten, setzte ein entsetzliches Geschrei ein. Ich hatte Familien getrennt. Was blieb mir anderes übrig, als sie wieder zusammenzuführen. Schließlich waren über 3000 Menschen auf der *Mungo*, aber wir hatten keinen Proviant für sie. Es gab nur eine Möglichkeit, ihn zu beschaffen: an Land zu gehen und ihn aus dem Proviantamt in Pillau zu holen, notfalls mit Gewalt. Sämtliche Rodelschlitten, die sich an Bord befanden, wurden dazu eingesetzt, und in Begleitung von bewaffneten Flak-Soldaten zogen die Flüchtlinge los. Sie kamen am späten Nachmittag zurück, jeder der 38 Schlitten war mit Lebensmitteln vollgepackt. Spät abends liefen wir im Konvoi aus. Das Wetter war stürmisch, der Geleitzug trieb auseinander. Plötzlich waren wir allein. Vorsichtig fuhr ich weiter in Richtung Rügen und ankerte dort so lange, bis ich Anschluß an Fahrzeuge fand, die nach Lübeck fuhren. Kaum hatte ich dort festgemacht, als mich der Anruf aus Hamburg erreichte, nach Bremerhaven zu fahren und Sie abzulösen.«

Hermann Förster ist erleichtert. Natürlich sagt er es nicht, aber er nimmt den Arm von Lankau und führt ihn hinunter in seine Kajüte, wo er ihm einen Cognac anbietet. Sie trinken auf die *Ubena*, daß sie heil durch den Krieg kommt.

Wenig später meldet sich Geschwaderarzt Dr. Stutz an Bord, und fast gleichzeitig heulen die Sirenen los: Fliegeralarm! Sie eilen an Land und suchen einen Bunker auf. Hier finden sie Gelegenheit, sich miteinander bekanntzumachen und die neuesten Nachrichten auszutauschen. Die beiden Neuankömmlinge nehmen abends an der Abschiedsfeier der 21. U-Flottille teil. Es ist alles wie sonst, in den Jahren zuvor. Noch einmal erlebt Kapitän Förster die bekannten militärischen Zeremonien, während Artur Lankau die markigen Worte der Offiziere nicht einzuordnen vermag. Das Liederbuch der Crew 38 wird im Laufe des Abends durchgesungen. Diese Männer fahren im Geiste immer noch »gegen Engeland«, und ihre Parole heißt nach wie vor: »Angriff – ran – versenken!«

◁ *Berechnungen des Kapitäns Lankau über die Unterbringung der Kranken an Bord der »Ubena«.*

Lfd. Nr.	Gegenstand	Soll des Schiffes	Einzelgewicht kg	Bemerkungen
	Rettungsmittel: Boote 8	3 8 5	~~Mille~~ Personen	
	Flöße 65 a. 16 Mann 1 2 0 0		– " –	
	– " – 2 5 a. 24 " 6 0 0		– " –	2 2 4 6 Personen
	Not - Toil.: ~~vorne 11 Sitze~~ hinten 13 ~~vorne Stck.~~			
	Waschbecken: hinten ~~"~~			

Berechnungen des Kapitäns Lankau über die vorhandenen Rettungsmittel auf der »Ubena« nach Umbau zum Verwundetentransporter.

Es ist gespenstisch, so als ob sie die letzten Jahre auch »versenkt« hätten. Als einer der Stabsoffiziere sein Glas erhebt und behauptet: »Falls wir den Krieg doch verlieren sollten, an uns hat es nicht gelegen!« stehen alle auf, erheben ihre Gläser und stoßen auf den Löwen an, auf ihren Großadmiral, auf die U-Bootwaffe. Neben Förster sitzt Kapitänleutnant Liebe von Kreutzner. Als die Gelegenheit sich bietet, bemerkt er leise:

»Es ist eine der Szenen, die festgehalten werden sollten, und ich bedaure zutiefst, daß ich dazu keine Möglichkeit habe, denn in wenigen Jahren, vielleicht schon Monaten werden sie davon nichts mehr wissen wollen und alles verdrängt haben. Es wird nie wieder Männer wie diese geben, aber ich bin nicht sicher, ob das ein Kompliment ist.«

»Begräbnisse sind nun einmal so«, fügt Förster hinzu.

»Nein, nein, das sehen Sie falsch, mein lieber Kapitän Förster, hier wird nichts begraben, hier wird die Auferstehung geprobt!«

Bevor Förster antworten kann, erhebt sich Flottillenchef Collmann und bringt einen Toast auf ihn und die *Ubena* aus. Er revanchiert sich, und so folgt Spruch auf Spruch, Glas auf Glas. Als sich die Reihen lichten, graut der Morgen im Osten. Ein paar Stunden später verholt die *Ubena* zur Unterweserwerft, und am 25. Februar räumt die 21. U-Flottille endgültig das Schiff. Von Korvettenkapitän Herwig Collmann trifft ein Schreiben ein, das acht Offiziere mitunterschrieben haben: »Herrn Kapitän Förster, dem Kapitän unserer lieben *Ubena* zum Abschied herzlichen Dank und alles Gute für die Zukunft. Der Rest des Stabes der 21. U-Flotille meldet sich am heutigen Tag gehorsam von Bord.« Vier Tage später verabschiedet sich auch Kapitän Förster und wünscht seinem Nachfolger das Glück, das ein guter Kapitän nun einmal braucht, wenn er Erfolg haben will. Artur Lankau bedankt sich für die Wünsche und begleitet Hermann Förster höflich bis zur Gangway. Ein fester Händedruck noch, dann geht der Ältere davon, langsam, als ob er plötzlich sehr viel Zeit hätte. Lankau bleibt stehen, bis er hinter der nächsten Werkstatt verschwunden ist.

Mitte März sind endlich alle Umbauten abgeschlossen. Aus dem Fahrgastschiff ist ein bewaffneter Verwundetentransporter geworden. Der große, schöne Speisesaal I. Klasse ist mittels einer Holzwand geteilt. Auf Steuerbordseite liegt ein moderner Operationsraum, auf der gegenüberliegenden Seite ein Hospital für frisch operierte Fälle und Schwerkranke. Sämtliche Gesellschafts und Laderäume sind mit Kojen übereinander ausgestattet, so daß rund 1 300 Menschen in Betten untergebracht werden können. Das medizinische Personal, bestehend aus drei Ärzten, einem Apotheker, Schwestern und einer ganzen Anzahl von Sanitätssoldaten untersteht Geschwaderarzt Dr. Stutz. Insgesamt befinden sich 150 Personen an Bord, als die *Ubena* ihre Fahrt antritt. Im Geleit geht es zur Elbe. Ungehindert erreichen sie Brunsbüttel, schleusen ein und passieren den Kanal. In der Strander Bucht ankern sie, um das Schiff und die Besatzung auf die bevorstehenden Aufgaben vorzubereiten.

Die Marine räumt Danzig

Zuständig für die Einschiffung in Neufahrwasser ist Heinrich Schuldt, Kapitän der Handelsmarine, jetzt Sonderführer. In den zurückliegenden Wochen hat er hier gute Arbeit geleistet. Vergeblich versucht er heute, Fregattenkapitän Bartels, den »Admiral der Kriegsmarinedienststelle Danzig« aufzutreiben, aber es ist wie verhext. Die eigentliche Dienststelle in dem teilweise zerstörten Gebäude, in dem einst der Hohe Kommissar des Völkerbundes residierte und später der Generalkommissar der Republik Polen seine Fäden spann, ist nur noch ein Torso. Für die Schiffahrtsreferenten gibt es nichts mehr zu tun, außer Akten zu vernichten und ganz wichtige nach Hela zu bringen. Der Verschiffungsplatz Neufahrwasser liegt in Agonie. Schuldt braucht Dampfer, um die Flüchtlinge abtransportieren zu können, aber es kommen kaum noch welche. Die *Ubena* ist avisiert, aber wo bleibt sie?

Schuldt streift durch die teilweise zerstörten Lagerhallen am Hafen. Den Fragen nach dem nächsten Schiff weicht er geschickt aus, vertröstet die Menschen. Mehr kann er nicht tun, mehr weiß er auch nicht. Er hängt selbst in der Luft, denn sämtliche Nachrichtenverbindungen zu den übergeordneten Stellen sind unterbrochen. Weiß der Teufel, was los ist!

Auf dem Rundgang trifft er zwei Mädchen in BDM-Kluft. Wortlos will er an ihnen vorbeischleichen, hat Angst, erneut nach einem Schiff gefragt zu werden. Dann aber bleibt er doch stehen und erkundigt sich, ob er ihnen helfen kann. Die Ältere nickt heftig: »Uns nicht, wir sind aus Danzig hierhertransportiert worden, das ganze Lager, ein großes Schiff soll kommen, hat man uns gesagt. Aber drüben im Schuppen liegen junge Mütter, Kranke und Verwundete. Es ist kein Arzt da, der sie betreut. Wir wollen gerne helfen, aber wir brauchen Milch, Brot, Medikamente, Verbandsstoff. Gibt es hier keine Parteiorganisation, oder wissen Sie vielleicht, wann die *Ubena* einläuft?«

Sonderführer Schuldt druckst herum. Was soll er den beiden antworten? Die Bereitschaft, anderen zu helfen, nimmt rapide ab. Kein Wunder, der Tod neben dem eigenen Lager schreckt die Menschen nicht mehr, sie haben in den zurückliegenden Wochen zu viel erlebt. Es gibt Schlimmeres als den Tod! Und so redet er nicht um den heißen Brei herum, sagt, was er denk, was er hofft. Die beiden Mädchen hören ihm zu, begreifen seine Sorgen. Er schickt sie in den Schuppen zurück und verspricht, Nahrungsmittel zu organisieren. Mehr kann er nicht tun, weder für sie noch für die vielen Flüchtlinge, die hier geduldig ausharren, auf ein Schiff warten, das sie nach Westen in Sicherheit bringt, nach Westen, nach Westen! Diese Worte gehören zu den gebräuchlichsten in diesen Wochen. Was, wenn überhaupt kein größeres Schiff mehr in den Hafen einläuft, was, wenn die *Ubena* gar nicht mehr kommt?

Im Augenblick liegen lediglich zwei mit Munition beladene kleine Frachter und ein paar Marinefahrzeuge in den Hafenbecken, aber stündlich kommen mehr Menschen nach Neufahrwasser. Danzig wird geräumt. Die Nachricht von dem großen Schiff, das kommen soll, verbreitet sich wie ein Lauffeuer in der Stadt, wandert von Lager zu Lager. »Wo kommt ihr beiden denn her?« fragt Schuldt, bevor er weitergeht. »Aus Lauenburg, Lauenburg in Pommern«, antwortet das ältere der beiden Mädchen und fügt fragend hinzu, »kennen Sie die Stadt?«

Der Kapitänleutnant kratzt sich mit dem Finger hinter dem rechten Ohr, grinst und sagt: »Kennen, das ist zuviel gesagt, aber ich hatte mal ein Mädchen, das wohnte in Lauenburg, in der Paul-Nipkow-Straße, es hieß, na, ist ja auch egal und viel zu lange her. Tschüß ihr beiden!«

*

»Was soll nun aus uns werden?« fragt Anna Scharein müde und nestelt an ihrem Dutt herum. Das grau gewordene Gesicht drückt ihre ganze Verzweiflung aus. Irene neben ihr weiß, daß die Angst ihr und dem Kind gilt, das sie erwartet. Doch sie fühlt sich zu schwach, um belanglose Worte zu wechseln. Die Enttäuschung über die mißglückte Weiterreise ist so leicht nicht abzuschütteln. Anna wollte um keinen Preis der Welt zum Hafen zurück, aber die Tochter nahm sie am Arm und zerrte sie mit. Im Schutz einer zusammengeschossenen Straßenbahn legten sie eine Verschnaufpause ein. Entschlossen trennte sich Irene erneut von einem Teil ihres Gepäcks. Als sie die vorwurfsvollen Blicke der Mutter sah, verteidigte sie sich mit der Bemerkung, daß es keinen Sinn habe, Wertgegenstände mit sich zu schleppen und das Leben zu verlieren. »Wenn der Krieg vorbei ist, können wir uns das alles neu kaufen!«

»Von was«, fragte Anna spitz, »wenn du alles wegschmeißt?«

Sie sitzen in Neufahrwasser fest. Irene ist müde, will schlafen, doch so einfach ist das nicht. Im Lagerschuppen ist ein ständiges Kommen und Gehen: Kinder weinen, Frauen fluchen. Irenes Gedanken bewegen sich im Kreis: Lebt Vater noch, irrt auch er umher wie sie, oder ist er, wie Mutter meint, bei der Verteidigung von Saalfeld gefallen, erschlagen worden? Und ihr Willy, der Vater ih-

OSTSEE
DEUTSCHE KÜSTE
DIE WEICHSEL
VON
NEUFAHRWASSER BIS DANZI
MASSSTAB 1:15000
HÖHEN UND TIEFEN IN METERN
1909

res Kindes? Liegt er vielleicht vor Danzig und verteidigt sie mit seinem Leben? Irene will es glauben und fühlt, wie die Resignation weicht. Dieser Schuppen ist nicht das Ende.

Anna neben ihr atmet leicht schnaufend durch die Nase. Sie ist erkältet. Irene spürt, daß vor ihrem Lager jemand stehen bleibt. Es ist Willy, denkt sie, und schlägt die Augen auf. Doch sie irrt, es ist überhaupt kein Soldat, es sind zwei Mädchen. Irene ist enttäuscht. Verlegen versucht die kleinere der beiden, sich zurückzuziehen, aber die Ältere entschuldigt sich für die Störung und fragt leise, ob sie helfen kann. Anna räkelt sich und legt sich auf die andere Seite. Irene flüstert: »Wir kommen schon zurecht, aber ihr, seid ihr alleine?«

»Mutter ist bei Vater geblieben, sie wollte nicht mit. Wissen Sie, ob Lauenburg schon gefallen ist?«

Diese Frage kann Irene nicht beantworten, und die beiden Mädchen gehen weiter. Erschöpft läßt sie sich zurücksinken und schläft ein, träumt von einem großen weißen Schiff.

*

In der Gaufrauenklinik in Danzig-Langfuhr laufen die Schwestern aufgeregt durch die Gänge. Die Mütter sollen verlegt werden, heißt es. Elisabeth Wittke kann immer noch nicht gehen und ist dankbar für den Stock, den ihr eine Schwester besorgt. Sie ist froh, endlich den Hochbunker verlassen zu können, in dem sie seit einigen Tagen untergebracht worden ist, aber sie hat auch Furcht, nicht durchzuhalten. Ihr kleiner Kurt schläft, er weiß nichts von Krieg und Not. Endlich fahren die ersten Laster vor dem Hochbunker auf. Gerüchte schwirren durch die Stockwerke. Der Iwan ist durchgebrochen und steht mit Panzern vor Langfuhr, heißt es. Einige ältere Schwestern bemühen sich, die Frauen und Mütter zu beruhigen. Elisabeth, am Stock humpelnd, kommt als eine der ersten Mütter an die frische Luft, aber sie findet keine Zeit, sich umzusehen. Die Sanitätssoldaten drängen. Kaum sitzt sie oben, als sich auch schon die Räder drehen. Gebettet und zugedeckt liegt ihr kleiner Sohn auf einem riesigen Kopfkissen. Der Fahrtwind ist kühl, aber sie hat keine Hand frei, um sich einen Schal um den Kopf zu wickeln. Als sie die Innenstadt erreichen, detonieren die ersten Bomben neben der Straße, fallen Häuser zusammen. Der Laster braust weiter, kurvt um die nächste Ecke und hält ruckartig vor einem Restaurant. Alle springen hinunter und laufen in den Keller. Elisabeth hinkt hinterher. Sie sollen hierbleiben, bis ein Schiff sie mitnimmt, schreit

---

◁ *Karte: Die Weichsel von Neufahrwasser bis Danzig.*

einer und verschwindet. Soldaten stellen einen Raum zur Verfügung, in dem sie ihre Kinder stillen können. Ansonsten ist für sie nichts vorbereitet. In der Nacht schreit der kleine Kurt so bitterlich, daß Elisabeth zum ersten Mal Angst um ihn hat. Als es Tag wird, heißt es: Es ist ein großes Schiff unterwegs. In dieser Nacht zum 20. März werfen rund 300 amerikanische Superfestungen ungehindert ihre Bombenlasten über Danzig ab. Nach mehrstündigem Trommelfeuer greifen die Sowjets zwischen Bastenhagen und Leesen die dünnen deutschen Verteidigungsstellungen an. Doch der Durchbruch nach Danzig kann von den sich tapfer wehrenden deutschen Soldaten noch verhindert werden.

»Ubena« läuft Gotenhafen an

In der Strander Bucht schwojt die *Ubena* vor Anker im Wind. Noch ist die Besatzung nicht aufeinander eingespielt. Es gilt, in kurzer Zeit den Verwundetentransporter gefechtsbereit zu machen. Während die Flaksoldaten an ihren Kanonen ununterbrochen Scheinangriffe abwehren, richtet die Hospital-Abteilung ihr Ressort ein. Um Schwerverwundete unproblematisch übernehmen zu können, läßt der Kapitän aus dicken Holzplanken eine größere Anzahl Plattformen herstellen, wie sie im allgemeinen Schiffslade- und Löschbetrieb gebräuchlich sind.

Beim alltäglichen Rundgang trifft Kapitän Artur Lankau den ebenfalls an Deck frische Luft schöpfenden Geschwaderarzt Dr. Stutz. Sie tauschen die neuesten Informationen aus. Lankau meint, daß sie zwar gut bestückt sind und sich gegen Tiefflieger schützen können, aber gegen Artilleriebeschuß kaum etwas ausrichten werden. Dr. Stutz hört aufmerksam zu, gibt zu bedenken, daß die schweren Einheiten im Ostseeraum eingesetzt sind, mit Erfolg: »Sie werden schon die Einschiffungen an der Küste absichern. Die Engländer haben uns in Dünkirchen gezeigt, wie das gehandhabt wird, und mit den Kreuzern *Prinz Eugen*, der *Lützow*, der *Admiral Hipper* und der *Admiral Scheer*, von den alten Linienschiffen abgesehen, steht doch eine beträchtliche Feuerkraft bereit.«

Hoffentlich hat der Geschwaderarzt recht, denkt Lankau.

Im Schutz der einbrechenden Dunkelheit verläßt die *Ubena* den Ankerplatz und nimmt Kurs auf Gotenhafen. Im Tagebuch wird unter dem Datum vom 20. März 1945 der übliche Spruch eingetragen: »An Bord alles wohl, Beginn der Reise.«

Der aufkommende Wind aus Nordwesten verwischt rasch das Kielwasser. Kapitän Lankau blickt nachdenklich zurück. Wer weiß, ob ich das überhaupt noch wiedersehe, denkt er.

Nicht weit von ihnen entfernt laufen zwei Minenräumboote und harken die See ab. Erst hinter dem Kriegsfeuerschiff Gjedser Rev kehren sie um. Weiter geht die Fahrt auf dem Tiefwasserweg nach Osten.

Am nächsten Tag, Bornholm ist passiert, bringt der Funker eine Order auf die Brücke. Sie sollen nach Neufahrwasser. Gleichzeitig laufen in Danzig die Vorbereitungen an. Schiffskarten für die *Ubena* werden an die Frauen der Gauklinik ausgegeben, ausgestellt vom Amt für Volkswohlfahrt der Ortsgruppe Paul Benneke in Danzig.

Leichter Dunst schwabbert am 21. März über dem Wasser der Danziger Bucht und läßt den Horizont milchig und nah erscheinen. Er schützt auf jeden Fall die draußen auf Reede ankernden Schiffe vor den Angriffen russischer Flieger. Die Kapitäne wollen versuchen, nachts nach Gotenhafen einzulaufen, denn Stadt und Hafengebiet werden von russischen Batterien heftig unter Feuer genommen. Ob das Manöver allerdings gelingen wird, weiß keiner, auch nicht Kapitän Lankau, der sich entschlossen hat, erst einmal den anderen Schiffen zu folgen.

Mit Einbruch der Dunkelheit läßt das Trommelfeuer auf die Stadt und das Hafengebiet nach. Zahlreiche Brände leuchten den Dampfern den Weg, vorbei an zusammengeschossenen Wracks. Auf der Brücke der *Ubena* herrscht atemlose Spannung. Auf der Nock steht der Alte, nicht groß, aber ein Mann, der nicht übersehen werden kann. Ruhig kommen seine Befehle, bedächtig seine Gesten.

»Zehn Grad, Steuerbord!«

»Zehn Steuerbord«, wiederholt der Rudergänger.

Gehorsam schwenkt der ehemalige Passagierdampfer in das Hafenbecken ein.

»Recht so!«

»As er geiht!«

Schlepper gibt es keine mehr, wozu auch, ein paar Beulen mehr am Schiffskörper, wen stört das schon, den Kapitän bestimmt nicht.

»Maschine stop! Hart Steuerbord! Maschine voll zurück!«

Die Kommandos werden von Rudergänger und Schiffsoffizier wiederholt. Wurfleinen fliegen an Land, werden drüben von Umherstehenden aufgenommen. Kaum liegt die *Ubena* an der Pier, als die ersten Menschen an außenbords hängenden Netzen emporklettern und den großen Dampfer entern. Schon schwenken Ladebäume über, senken sich Hieven und bringen auf den an Bord gezimmerten kleinen Plattformen Verwundete an Deck. Sanitäter eilen herbei, tragen sie in die Unterkünfte, denn immerhin kann das Schiff über 1 300 Schwerverletzte betten. An Betreuungspersonal mangelt es nicht, und alle sind bereit, mehr zu leisten, als unter normalen Umständen verlangt würde.

Kapitän Artur Lankau steht mit seinen nautischen Offizieren oben im gepanzerten Brückenhaus und beobachtet die unkontrollierte Einschiffung. Egal, denkt er, nur schnell muß es gehen, denn sobald der Iwan merkt, was hier im Hafen vor sich geht, wird er mit seiner Artillerie dazwischenfunken. Kaum hat er seine Befürchtungen zu Ende gedacht, als auch schon die ersten schweren Brocken über das Schiff heulen und auf der gegenüberliegenden Seite einschlagen. Nahe genug, meint einer der Offiziere.

Und wieder eine Salve.

Zum Glück detoniert sie weiter ab. Splitter surren durch die Luft. Lankau atmet schwer durch, denn die Russen schießen sich ein. Jeden Augenblick kann die *Ubena* getroffen werden. Lankau hat keine andere Wahl, er trifft eine fast unmenschliche Entscheidung: Er befiehlt abzulegen, obwohl sich auf der Pier eine dunkle raunende Masse in Richtung der beiden ausgebrachten Fallreeps bewegt. Es mögen Tausende sein, die auf der Pier warten und hoffen, eben noch glücklich waren und sich in die Arme fielen vor Freude über das große Schiff, das aus dem Dunkel der Nacht auftauchte, um sie vor dem Schrecken einer Gefangenschaft oder der Vernichtung zu retten.

Karte: Hafen und Reede von Gotenhafen.

Und nun will es verschwinden und sie zurücklassen? Das kann, das darf doch nicht sein! Sie fühlen sich verraten und schreien ihre Wut dem ablegenden Schiff mit bitteren Flüchen nach. Nicht nur Frauen weinen in diesen schrecklichen Minuten auf der Pier in Gotenhafen, als die Hoffnungen sterben. Es ist nicht der aufkommende Nachtwind allein, der die verzweifelten Menschen frieren läßt.

Das Geschrei auf der Pier, die Verwünschungen sind laut genug. Sie dringen bis hinauf auf die Brücke des Schiffes, das davoneilt. Mit aschfahlem Gesicht steht der Sohn eines Zintner Landmannes auf der Nock und schluckt schwer. Der Kapitän ist allein mit seiner Verantwortung für das ganze Schiff und die ihm schon anvertrauten Menschen. Keiner ist da, der ihm die Verantwortung abnimmt, und er trägt sie stumm, sieht über die vorwurfsvollen Blicke einiger Untergebener hinweg. »Er kneift«, hört er hinter sich eine Stimme, leise zwar, aber doch laut genug, um sie nicht überhören zu können. Artur Lankau reagiert nicht.

Kaum haben sie die Mole passiert, als er den I. Offizier bittet, Kurs auf Neufahrwasser abzusetzen. Der Offizier zögert merklich. Seiner Auffassung nach ist Danzig, ist Neufahrwasser gefährdeter als Gotenhafen. Er glaubt, seine Bedenken vorbringen zu müssen, und fragt: »Was, wenn Neufahrwasser schon gesperrt ist, Herr Kapitän?«

Die Möglichkeit kann er nicht ausschließen, eine Funkverbindung läßt sich jedenfalls nicht herstellen, aber er hat keine Wahl, er muß hin, so will es die Order. Und ist er nicht hier, um so viele Menschen wie möglich vor einem ungewissen Schicksal zu bewahren?

Über Zoppot lagert eine mächtige Rauchwolke. Der leichte Dunst, der am Abend noch über der Danziger Bucht lag, hat sich aufgelöst. Ein leichter Luftzug aus Westen setzt sich langsam durch. Zögernd beginnt sich die Wasseroberfläche zu kräuseln. Auf der Seebrücke Zoppot, an der vor dem Krieg die weißen Schiffe vom »Seedienst Ostpreußen« und die Dampfer nach Kahlberg anlegten, steht ein russischer Posten auf Wache, aber er sieht die *Ubena* nicht, die an ihm vorbei ostwärts dampft. Die Ansteuerungstonne müßte ausgemacht werden können, doch sie ist wohl schon von der Marine gelöscht, mehr noch, auch die Leuchtfeuer brennen nicht mehr.

Ansonsten aber ist alles ruhig. Lankau beschließt, auch ohne diese Hilfsmittel sein nautisches Glück zu versuchen und in den Hafen einzulaufen. Und es gelingt.

Den Freihafen allerdings meidet er, im Hafenkanal sollen die Menschen übernommen werden, aber zuvor muß er den Dampfer drehen, damit der Bug zur

Auslaufrichtung an die Pier kommt, um bei Gefahr jederzeit schnell abhauen zu können. – »Maschine stop!«

Ein Zwei-Schrauben-Schiff müßte ich jetzt unter meinen Füßen haben, denkt Lankau, dann wäre das Drehen in dem recht schmalen Fahrwasser ein Kinderspiel, aber so. Die Manöverkommandos häufen sich. Die Drehbewegung wird durch entsprechendes Ruderlegen unterstützt.

»Maschine voll zurück!«

Gehorsam zieht der Dampfer achteraus, der Bug schwenkt langsam nach Backbord.

»Hart Backbord, Ruder, Maschine halbe voraus!«

Schon liegt das Schiff in T-Stellung zur Pier, nimmt Fahrt auf.

»Maschine voll zurück!«

Wild quirlt das Schraubenwasser auf, und langsam kommt der Dampfer zum Stehen und läuft über das Heck in den Schlick. Die *Ubena* sitzt fest.

Auch das noch, durchfährt es siedendheiß den Kapitän. Weit und breit natürlich kein Schlepper auszumachen, und Lankau ahnt auch, warum, ahnt, daß Neufahrwasser bereits von der Marine aufgegeben ist, und sie liegen wie eine Zielscheibe für die russische Artillerie im Strom. Das kann ja heiter werden. Sie müssen unbedingt vor Tagesanbruch an der Pier sein, im Schutz des großen Schuppens, sonst ist das Schiff verloren.

Fieberhaft geht es auf der Brücke zu. Immer neue Manöver werden eingeleitet und ergebnislos abgebrochen. Unaufhaltsam rinnt dem Kapitän die Zeit davon. Es wird vier Uhr, und noch immer sitzt die *Ubena* mit dem Heck im Schlick fest, und auch eine Stunde später sind sie keinen Fußbreit weiter. Sollte das schon das Ende ihres Rettungsauftrages sein?

Warum zum Teufel kommt ihnen kein Schlepper zur Hilfe?

Unermüdlich dreht und mahlt die Schiffsschraube, wird das Ruder von einer auf die andere Seite gelegt. Endlich, endlich rührt sich das Schiff und kommt zitternd frei. – Der Rest ist Routine.

Buchstäblich in letzter Minute bringt Artur Lankau die *Ubena* an die Pier. Die über Ostpreußen aufgehende Sonne färbt die tiefliegenden Wolkenbänke purpurrot und fällt blendend in die verkleinerten schießschartenförmigen Ruderhausscheiben des Schiffes. Zufrieden blinzelt Lankau mit den Augen. Das Glück läßt einen guten Preußen nicht im Stich, denkt er dankbar, aber noch sind sie nicht in Sicherheit. Er steht nun seit rund vierundzwanzig Stunden ununterbrochen auf der Brücke, ist ausgelaugt und hundemüde, aber zum Schlafen fehlt jetzt die Zeit, denn kaum ist das Schiff festgemacht, beginnt der Ansturm auf die Gangways.

Die »Ubena« verläßt Neufahrwasser

Anna und Irene Scharein aus Saalfeld, die unten am Hafen in einem der großen Schuppen die Nacht verbringen, müssen nicht geweckt werden. Die allgemein ausgebrochene Unruhe schreckt sie aus dem leichten Schlaf hoch. Annas erster Gedanke: Der Iwan ist durchgebrochen, und die Panzer stehen draußen vor dem Tor, bis eine kräftige Männerstimme beruhigend brüllt: »Ein großes Schiff ist eingelaufen! Wir sind gerettet!«

Anna richtet sich auf. Wie weggeblasen jegliche Lethargie. Sie spornt ihre Tochter an, die unbedingt ihren Traum erzählen will, von einem weißen großen Schiff und vom Kapitän, der ihr etwas zurief. Doch Anna, die sonst jeden Traum regelrecht auseinandernimmt und zu deuten versucht, hat jetzt kein Ohr für die Probleme ihrer großen Tochter. »Nun halt den Mund und pack die Klamotten zusammen!« fordert sie Irene auf, rafft umherliegende Sachen achtlos zusammen, hält plötzlich inne und sagt: »Ach was, komm Marjellchen, laß den Plunder liegen. Wir wollen sehen, daß wir auf das Schiff kommen!« Und so trennen sich die beiden Frauen von ihren bis Danzig mitgeschleppten Habseligkeiten bis auf zwei Taschen.

Während Anna sich für die Rettung der Dokumente, Papiere und Fotoalben entscheidet und für den Rest eines nicht mehr vollständigen Silberbesteckes, behält Irene die selbstgestrickten Babysachen. Von ihnen kann sie sich nicht trennen, das wäre so, als ob sie auf das Kind verzichten würde, findet sie.

Eine dunkle Menschenmasse hastet irgendwohin und nimmt die beiden Frauen auf, trägt sie weiter, der *Ubena* zu. »Paß bloß auf, daß nich verloren jehst«, mahnt Anna, und folgsam heftet sich Irene an Mutters Fersen.

Eva-Maria Markwald ist mit ihrer Schwester nach dem Gang durch das angrenzende Hafengebiet abends in die ihnen zugewiesene Baracke zurückgekehrt. Was sie über die trostlose Lage in den Schuppen und das Gespräch mit dem älteren Marineoffizier zu berichten haben, will keines der anderen Mädchen hören.

Das Auffanglager der HJ war am Tage mit Fahrzeugen der Wehrmacht aus der Innenstadt nach Neufahrwasser verlegt worden. Es befanden sich nicht nur Mädchen in der Gruppe, sondern auch zahlreiche Mütter mit ihren Kindern. Vorbei ging die Fahrt an zerstörten Häusern und Kirchen und zahlreichen an Laternen und Straßenbäumen aufgehängten deutschen Soldaten. Obwohl Eva-Maria hundeübel war, konnte sie die Augen von den Hingerichteten nicht abwenden. Das kann einfach nicht wahr sein, dachte sie, das sind doch Deutsche wie wir! Wenn ich das Vater erzähle, wird er es mir nicht glauben. Während die jüngere Schwester ruhig und gleichmäßig atmet, kann die neben ihr liegende Eva-Maria nicht einschlafen. Die hingerichteten Soldaten lassen sie nicht los. Sie schauen sie fragend an. Vergeblich versucht sie, ihre Gedanken zu ordnen, das Gesehene und Gehörte in Einklang zu bringen mit ihrer Erziehung, ihrer Einstellung zum Nationalsozialismus. Die BDM-Führerin spürt, daß die Lieder von gestern ihren Sinn verloren haben.

So verstreicht langsam die Nacht in Erinnerung an die zurückliegenden Jahre. Das Wort »Feigling« vermag sie nicht zu verdrängen, es kehrt immer wieder. Es hat eine ganz andere Bedeutung bekommen. Daß sie überhaupt hier sind, leben und verpflegt werden, verdanken sie dem unermüdlichen Einsatz der Soldaten, die noch bereit sind zu sterben, damit sie gerettet werden können. Die Geräusche der Front sind unüberhörbar, sie werden auch lauter, drohender der Klang der einschlagenden Granaten. Das dumpfe Grollen der schweren Artillerie, das Heulen der Stalinorgeln läßt die Erde beben, die Luft zittern. Noch liegen die Einschläge weit ab, aber die Fensterscheiben klirren. In Danzig legt in den Morgenstunden der Krieg eine Verschnaufpause ein. Auf der Straße hastige Schritte, Knobelbecher auf Kopfsteinpflaster. Quietschend öffnet sich ein aufgequollenes Fenster. Worte werden gewechselt wie Losungen. Eva-Maria hört »Schiff im Hafen – die *Ubena* ist da« und ist sofort hellwach, rüttelt die schlafende Schwester an der noch kindlich ausgebildeten Schulter: »Aufstehen, es geht los!«

Obwohl sie nur zwei Jahre älter ist, erkennt die Schwester ihre Führereigenschaften an. Sie murrt nicht, reibt sich nur den Schlaf aus den Augen und gähnt ungeniert, steht aber auf. Viel einzupacken haben sie nicht. Inzwischen sind auch die anderen Frauen, Kinder und Mädchen hoch, schreien durcheinander, suchen ihre Siebensachen.

Auch Liesbeth Kruck ist aufgestanden, und gemeinsam mit Gertrud Domakowski bereitet sie sich für den Abmarsch vor. Nach dem Besuch in der Hundegasse, der sich bis spät in den Abend hinzog, waren sie ins Lager zurückgekehrt. Vergeblich hatte die Nachbarin versucht, die junge Frau aufzumuntern, und bereut, ihr den Tod von Herbert nicht verschwiegen zu haben, doch Liesbeth hört nicht zu. Ihr Herbert ist gefallen, tot, die Mutter verschollen, der Vater vermißt, vielleicht auch tot. Sie steht nun ganz allein in der Welt und weiß nicht, wohin.

»Ich will nicht mehr weiter«, sagt sie tonlos und setzt sich. Doch damit kommt sie bei der resoluten Nachbarin nicht durch:

»Und das Kind, das erwartest? Was soll aus ihm werden, wenn schlapp machst?«

Richtig, das Kind! Ich bin gar nicht allein, fällt ihr ein, steht wieder auf, greift ihr Bündel und geht zur Tür. Gertrud hat Mühe, mitzukommen, ist aber sonst mit sich zufrieden.

Fast alle Insassen der Baracke sind draußen. Zum ersten Mal seit Tagen wird gescherzt. Kleinkinder plärren um die Wette, weil sie ihre Mütter nicht begreifen, die sie mitten in der Nacht anziehen und mit ihnen spazierengehen wollen. Eva-Maria ist mit ihrer Schwester unter den ersten, die sich auf der Straße formieren. Doch die Nacht hat ihre Schuldigkeit getan, Eva-Maria drängt nicht mehr nach vorn.

Bis zum Anlegeplatz des Schiffes ist es nicht weit. Unwahrscheinlich groß kommt ihnen der hoch aus dem Wasser ragende Dampfer vor. Sicherheit strahlt er aus, langentbehrte Geborgenheit. Eine wogende Menschenmasse bewegt sich auf die beiden Treppen zu, die auf das Schiff führen.

An herabhängenden Netzen klettern Gewandte und nicht ganz so sportlich Trainierte hoch. Eva-Maria erkennt den älteren Marineoffizier wieder, mit dem sie gestern abend gesprochen haben. Sie winkt ihm zu, er ruft etwas, aber sie versteht ihn nicht. Es klingt wie »viel Glück« oder so ähnlich.

So schieben sie sich weiter, trampeln über Koffer, Kisten, Schlitten, Handkarren, leere Kinderwagen. Auf der Pier liegt der Hausrat einer Provinz, stehen Fuhrwerke. Müde lassen die noch angespannten Pferde ihre Köpfe hängen. Ein struppiger Hund bellt sich heiser. An einem Schuppen lehnt mit dem Rücken zur Wand eine Frau. An jeder Hand hält sie ein Kind. Eva-Maria sieht, daß der dicke Stoffmantel über dem Bauch nicht mehr recht schließt. Ruth Scheerans starrt gebannt auf die an ihr vorbeidrängende Menge. Sie hat den Weg von Danzig zu Fuß geschafft, nun aber ist Schluß. Angst hat sie, Angst hinzufallen und nicht mehr aufstehen zu können. Nur nicht zusammenbrechen, in letzter Minute, betet sie. Da drüben ist das Schiff, da drüben, es ist ja nicht mehr weit, nur ein paar Schritte.

Eva-Maria stemmt sich gegen die nachrückende Flut und fragt, ob sie helfen kann. Die Frau kommt ihr bekannt vor, doch Ruth Scheerans begreift zu spät. Um nicht den Anschluß an die eigene Schwester zu verlieren, gibt Eva-Maria dem Druck nach. Der Posten an der Gangway läßt beide ohne zu fragen passieren. Oben an Deck angekommen, hält sie einen Matrosen an, der offensichtlich zur Besatzung des Schiffes gehört. Sie macht ihn auf die einsame Frau auf-

Schiffskarte, ausgestellt am 21. März in Danzig.

merksam, die immer noch regungslos mit ihren beiden Kindern am Schuppen verharrt. Wortlos nickt der Seemann und läßt sich an einem Tau hinunter auf die Pier. Auch er schafft es nicht, gegen den Menschenstrom zu schwimmen, kommt aber weit genug an sie heran, um sie aufzufordern, weiterzugehen. Und Ruth Scheerans aus Insterburg stößt sich von der Wand ab und kämpft sich zu dem Seemann durch. Sie hat Glück, denn im gleichen Augenblick beginnt die russische Artillerie zu feuern, und dort, wo sie eben noch gestanden hat, schlägt eine Granate ein. Eine Stunde später liegt sie in der eingerichteten Mütterstation und wird versorgt.

»Zufall«, winkt Artur Lankau ab, als ihn der I. Offizier fragend ansieht, aber an Land auf der Pier wälzen sich getroffene Menschen in ihrem Blut, schreien um Hilfe, nach Sanitätern. Ein Pferdegespann geht durch, der Wagen kippt um, wird weitergeschleppt, reißt Menschen mit, schleudert sie zu Boden. Von Bord des Verwundetentransporters versuchen zwei Ärzte, über eine der ausgebrachten Gangways an Land zu kommen, aber sie schaffen es nicht. Vor dem Schiff müssen die Posten ihre ganze Kraft aufwenden, um den Ansturm der Flüchtlinge zu bremsen, ein Chaos zu verhindern. Zeit vergeht, Zeit, die nicht einholbar ist. Wieder rauscht eine Salve heran, schlägt dumpf und ohne Schaden anzurichten auf der gegenüberliegenden Böschung ein.

Keine Gefahr für die *Ubena*, die eigentlich gut geschützt hinter einem mächtigen Schuppen festgemacht hat. Lankau zieht unbewußt den Kopf ein, als die nächsten Granaten heranheulen. Schwere Geschütze schießen sich ein, tasten sich näher an die *Ubena*. Irgendwo muß ein Beobachter sitzen, der das Artilleriefeuer leitet. Gezielter kommen die Einschläge. Die nächste volle Lage rauscht ins Wasser, schlägt zwischen Schiff und dem gegenüberliegenden Ufer ein. Riesige Wasserfontänen und Unmengen von Dreck steigen an der ganzen Breitseite des Dampfers auf. Splitter surren wie Wespen durch die Luft, durchschlagen die Promenadendecks, als wären sie aus Papier. Ernsthaft aber wird

115

keiner an Bord verletzt. Als die Wasserfläche zur Ruhe kommt, schwimmen oben viele tote Fische. Das gäbe eine Mahlzeit für alle, meint einer der Offiziere auf der Brücke.

»Wir müssen abhauen, bevor die Russen uns treffen, bevor wir möglicherweise in Brand geschossen werden«, brummt Lankau besorgt, ohne einen der Offiziere direkt anzusprechen. Es ist mehr ein Selbstgespräch. Er weiß, den Befehl, die Fallreeps hochzuziehen, kann er keinem seiner Leute zumuten, denn immer noch reißt der Strom der Menschen nicht ab, die mitwollen in den Westen. Er selbst muß hinuntergehen, muß abwägen, muß entscheiden. Wer an Bord will schon mit ihm tauschen, wer seine Verantwortung tragen?

Langsam, geradezu zögernd macht er sich auf den Weg nach unten, steigt Niedergänge hinab, um auf das Hauptdeck zu gelangen. Erneut heult es in der Luft: Einschlag! Nicht weit vom Schiff entfernt, mitten in die schiebende Menschenmasse. Pflastersteine wirbeln umher. Schreie nach Hilfe, aber auch Körper, die sich nicht mehr rühren. Lankau beeilt sich, nimmt nun zwei Stufen auf einmal. Ihm begegnen alte und junge Frauen, gebückt gehende Männer, Verwundete, die über Deck humpeln, Kinder mit ungläubigen Gesichtern. Er sieht sie alle, diese vom Krieg Geschlagenen und blickt über sie hinweg. Nur jetzt keinen Anteil am Schicksal einzelner nehmen. Sie alle, die schon an Bord sind, haben ein Anrecht auf seinen Schutz. Endlich steht er neben einer der Gangways und will befehlen, sie hochzuziehen. Gleichzeitig sieht er mehrere Sanitätswagen am Schuppen halten. Frauen mit ihren Neugeborenen auf den Armen steigen aus und werdende Mütter, unschwer an ihrer Leibesfülle zu erkennen, offensichtlich die Entbindungsstation eines Krankenhauses. Er kann die Mütter nicht zurücklassen, gibt Order, sich um sie zu kümmern, sie an Bord zu holen. Unter ihnen befindet sich auch Elisabeth Wittke aus Neumark mit ihrem kleinen Kurt. Sie staunt, als sie vor dem großen Schiff mit den beiden hohen Schornsteinen steht und an der grauen Bordwand nach oben in den bedeckten Himmel schaut.

Dankbar beugt sie sich über das große Kopfkissen, das eine der hilfsbereiten Hebammen der Gaufrauenklinik ihr überlassen hat, und flüstert zärtlich: »Wir sind gerettet, hörst du, mein kleiner Schatz, gerettet!«

Lankau, der neben ihr steht, er braucht nur die Hand auszustrecken, um sie zu berühren, hört sie trotzdem. Gerettet, denkt er flüchtig, noch nicht, noch sind wir in Gefahr. Nur weg von hier, bevor ein Unglück geschieht!

Die nächste Salve rauscht über den Schuppen, das Schiff und schlägt weit von ihnen entfernt ein. Gottlob schießen die Russen schlecht, aber der Kapitän kann sich nicht darauf verlassen.

116

»Hoch die Fallreeps!« befiehlt Lankau. Schon reißen kräftige Matrosenhände an den Tauen, knarren die Blöcke der Taljen, heben sich die beiden Schiffstreppen. Mit zusammengepreßten Lippen steht der Kapitän an der Schanzung und blickt nach unten, sieht eine junge Frau im Pelzmantel mit zwei Kindern stehen, ein Sinnbild der Hoffnungslosigkeit. Regungslos steht sie, winkt nicht hoch, schreit nicht.

»Laßt runter«, befiehlt Lankau und greift dem Matrosen in den Arm. Und so wird noch einmal eine Brücke zum Land geschlagen. Die junge Frau begreift sofort und klettert hoch, schiebt ihre Kinder vor sich her. Oben hält der Kapitän seine Arme auf. Sprechen kann sie nicht, ein paar Tränen rinnen ihr über das schmale Gesicht. Lankau führt sie am Arm in seine Kajüte, zu den anderen, die er dort schon untergebracht hat.

Erst jetzt findet sie ihre Stimme wieder, will sich bei dem ernsten Mann bedanken, der sie vor einem unwägbaren Schicksal bewahrt hat, aber der einfache Sohn eines ostpreußischen Landwirts will keinen Dank, er kann ihn in dieser Stunde auch nicht ertragen. Auf dem Kai stehen immer noch viele Menschen, die nicht begreifen, daß sie zurückbleiben müssen.

Ein paar Mutige springen dem Dampfer nach, krallen sich mit den Händen an den Netzbrooken fest und entern vorsichtig hoch. Keiner schickt sie zurück. Dann ist die *Ubena* zu weit von der Pier entfernt. Lankau steht längst wieder auf der Brücke und manövriert sein Schiff vorsichtig in den Strom. Er schaut noch einmal zurück auf Neufahrwasser und sieht den Einschiffungsoffizier Heinrich Schuldt, wie er auf die Menschen einredet, die ihn umringen. Er wird sie vertrösten, denkt Lankau, auf das nächste Schiff, hoffentlich kommen noch andere.

Auf der Reede vor Gotenhafen und Hela

Die *Ubena* hat die Weichselmündung hinter sich gelassen, und Lankau steuert die Reede von Gotenhafen an, um dort weitere Verwundete zu übernehmen. Noch sind in dem schwimmenden Hospital zahlreiche Betten frei, noch ist das Schiff nicht ausgelastet. Der Kapitän wundert sich, daß die russischen Flugzeuge nicht auftauchen, obwohl der Himmel an diesem Tag ein kräftiges Blau aufgelegt hat mit vereinzelten weißen Tupfen. Um so besser für alle auf dem Schiff. Trotzdem stehen die Soldaten der Bordflak an ihren Waffen, bereit, jederzeit einzugreifen. Ölig glänzt die See im Nachmittagslicht, breit schäumt das Kielwasser. Eine Rotte dickbauchiger Lachmöwen segelt im Aufwind. Über den Horizont im Süden und Südwesten zieht ein Flammenmeer, unübersehbare Spuren der weiter nach Westen wandernden Front, die in den Scheunen lagernde Ernte, der Hausrat einer Provinz. Dunkle Rauchwolken treiben von Danzig her und vermischen sich mit dem Qualm, der aus den Schornsteinen der in der Bucht kreuzenden Dampfer steigt.

Es regnet Asche.

Der Ankerplatz vor Gotenhafen ist schnell erreicht, andere Frachter bergen aus an Bordwänden schaukelnden Prähmen, zerbrechlich wirkenden Leichtern und geteerten Holzkähnen schwerverwundete Soldaten. Die *Ubena* ankert in ihrer Mitte, und die Besatzung beginnt sofort mit dem Einschiffen, der Übernahme der Soldaten. Inzwischen haben die Köche emsig gewerkt und sind dabei, eine warme Suppe an die Hungrigen auszugeben. Für viele Menschen ist diese dünne Kartoffelbrühe das erste warme Essen seit etlichen Tagen. Kein Wunder, daß nicht nur gebetet, sondern auch geweint wird, ohne jegliche Scheu, als ob Tränen nicht mehr gezählt werden, sie haben an Wert eingebüßt.

Eva-Maria Markwald aus Lauenburg in Pommern hat sich mit ihrer Schwester und zwei Freundinnen kurz auf dem großen Schiff umgesehen, dann aber begonnen, anderen Menschen zu helfen. Aus den Gesprächen erfahren sie, daß fast die gesamte Gaufrauenklinik aus Danzig-Langfuhr eingeschifft worden ist. Sie selbst haben noch keine Zeit gefunden, sich eine Unterkunft, ein Bett zu suchen. Als sie nach dem Essen an Deck gehen, um frische Seeluft zu schnuppern, stoßen sie auf den Matrosen, den sie auf die einsame Frau mit den beiden Kindern am Schuppen aufmerksam machten. Eva-Maria entgegnet, daß sie noch kein Nachtlager gesucht hat, als er sie danach fragt. Unverhohlen mustert der nur unwesentlich älter wirkende Seemann die schlanke junge Frau. Was er sieht, ist so übel nicht, und spontan bietet er ihr seine Koje an. Sie willigt sofort ein, bedankt sich überschwenglich, so daß er fast verlegen wird, dreht sich dann lächelnd zu ihren Kameradinnen um und stellt lakonisch fest: »Kinder, wir haben eine Unterkunft. Unser Freund überläßt uns seine Kammer. Ist er nicht prima?«

Der an ihnen vorbeidrängelnde Obersteward Arnold Fürst bemerkt trocken, daß zwei Kojen für vier ausgewachsene junge Damen knapp bemessen sind. Der Matrose ist so verdutzt, daß er den Mund aufsperrt, aber nicht laut protestiert.

Sein Elan scheint gebrochen. Langsam schleicht er vor ihnen her und bringt sie in sein Logis.

»Ein bißchen eng sind die Kojen schon«, urteilt Eva-Maria, als sie die übereinander stehenden festeingebauten Betten begutachtet, »aber für eine Nacht wird es sicher gehen. Und wo schlafen Sie?« fragt sie neckisch. Verlegen kratzt sich der Seemann am Hinterkopf, weicht der Frage aus und gibt zu bedenken, daß er sowieso Wache habe und bestimmt nicht zum Schlafen komme.

Eva-Maria nickt ihm verstehend zu: »Dann bin ich erleichtert, ich machte mir Sorgen, Ihnen vielleicht mit dem Bett auch den Schlaf zu rauben.«

Oben auf der Kommandobrücke verharrt immer noch Kapitän Artur Lankau und beobachtet die Übernahme der Verwundeten aus längsseits liegenden Prähmen. Der hinter Gotenhafen aufgestiegene Fesselballon stört ihn. Er gibt Order, den Anker zu hieven. Seine Befürchtung trifft ein: Noch ist die *Ubena* am Grund gefesselt, als die erste Salve von landgestützten Batterien anrauscht, und nicht weit von ihnen schlagen die Geschosse ein. Die See bebt.

Der Beobachter im Ballon muß sich die *Ubena* als Ziel ausgesucht haben, denn schon die nächsten Einschläge liegen näher am Ankerplatz. Wasser und Splitter fegen über das Deck. Der Kopf einer Granate durchschlägt den Splitterschutz des Ruderhauses, zerreißt ihn und surrt eine Handbreit an Lankaus Kopf vorbei. Leichenblaß bleibt er wie angewurzelt stehen, spuckt dreimal kräftig aus und sagt: »Das Glück verläßt einen echten Preußen nicht.« Als der Splitter kalt geworden ist, steckt er ihn ein.

Im unteren Deck ist ein 12jähriger Junge schwer verletzt worden und muß sofort operiert werden. Mit voll vorauslaufender Maschine verläßt die *Ubena* den Ankerplatz und setzt sich nach Hela ab.

Im Operationssaal laufen die Bemühungen auf vollen Touren, das Leben des

Jungen zu retten. Geschwaderarzt Dr. Stutz steht neben dem Operationstisch, aber der Junge stirbt den Ärzten unter den Händen. Er will seine Mutter sehen. Als sie eintritt, lächelt er ihr zu. Sie beugt sich über ihn, streichelt sein schmales Gesicht. Er spürt ihre Hand und flüstert: »Nicht weinen, Mutter. Sag Vati, daß ich tapfer bin...«

Artur Lankau hat die letzten Worte mitgehört. Er geht, bevor die Mutter ihn bemerkt, und gibt Anweisung, das Kind auf das Bootsdeck zu betten. Ein Seemannsgrab kommt für Lankau nicht in Frage, das kann er der Frau nicht antun. Er beschließt, alle unterwegs Sterbenden mit nach Kopenhagen zu nehmen. Es kann nicht seine Aufgabe sein, Leichen zu bestatten. Die Arbeit an Deck geht ununterbrochen weiter, die Räume füllen sich mit Verwundeten. In Kabine 14 hat sich Anna Scharein auf einer Koje ausgestreckt und döst vor sich hin. Ihre Tochter kann sie sehen und eine Frau aus Neumark mit ihrem Säugling, der erneut zu greinen anfängt. Anna steht auf, rüttelt Irene am Arm und zieht sie mit hinaus auf den Gang. »Was hat das Kind?« fragt nervös die Tochter. Heftig zuckt Anna mit der Schulter und wirft den Kopf in den Nacken, gibt ihr den Rat, sich nicht weiter um das Balg zu kümmern. »Es gibt Kinder«, äußert sie treuherzig, »die schreien, und es gibt andere, die sind brav. Das ist so! Wichtig ist, daß du immer daran denkst, daß dein Kind gesund zur Welt kommt. Weißt noch, als die Schumannsche kam und klagte, ihre Erika würde krank sein. Und genau so war es auch, der Glaube ist wichtig, da gibt es nichts zu lachen.«

Irene will antworten, meint plötzlich, einen Bekannten ausgemacht zu haben: »Da drüben, der Mann mit dem Hut, das ist doch Oberlehrer Turm, er war Vaters Kompanieführer!«

Anna Scharein, etwas kleiner und im Gesicht schon rundlicher als ihre Tochter, reckt sich und tastet die grauen Gesichter mit ihren Augen ab. Das künstliche Licht im Betriebsgang ist nicht besonders augenfreundlich. Als ob Turm den Blick im Genick spürt, dreht er sich langsam um, erkennt sie sofort, schiebt sich näher heran und drückt beiden heftig die Hände. Sein hageres Gesicht aber bleibt ernst, die Augen hinter der Goldrandbrille suchen einen Halt über ihren Köpfen. Warum auch nicht, denkt Anna, es gibt ja nichts zu lachen!

»Wo ist mein Hermann?« fragt sie ruhig und faltet ihre Hände vor dem Bauch. Der Angesprochene stutzt, stottert: »Frau, liebe Frau Scharein, also Ihr Mann, Ihr Mann ist bei der Verteidigung von Saalfeld gefallen, für Führer und Vaterland. Es tut mir aufrichtig leid, aufrichtig. Darf ich Ihnen mein Beileid aussprechen?«

Einen Augenblick zögert Anna. Dann vergräbt sie ihre Hände in den Mantel-taschen und flüstert: »Ich will Ihr Beileid nicht, ich will meinen Hermann!« Oh-ne eine Entgegnung abzuwarten, läßt sie den Kompanieführer stehen. Irene versucht sie zu trösten, aber Anna sperrt sie aus ihrem Leid aus: »Wir hätten nicht auf den Gang gehen sollen, dann wäre uns das erspart geblieben!«
Irene umarmt ihre Mutter, sie weinen gemeinsam. »Ich werde einen Jungen haben. Er soll Hermann heißen, Hermann wie sein Großvater!«
Anna schluchzt laut auf: »Papa konnte nicht davonlaufen ohne Befehl. Sie ha-ben ihn umgebracht, ich habe es gewußt, hab' es gewußt. Ich hätte ihn mitneh-men müssen!«
Immer noch werden Verwundete zur *Ubena* gebracht, aber die Kapazität der Betten ist nahezu erschöpft, auch rückt die Stunde der Abfahrt näher. Schon formiert sich auf der Reede der Geleitzug. Sirenen der Begleitfahrzeuge heulen auf, mahnen zur Eile. Lankau gibt Order, die Übernahme einzustellen. Schon schwenken die Ladebäume mit den selbstgezimmerten Plattformen mitt-schiffs. Das Spill auf der Back klappert bereits und bricht den schweren, an kurzer Kette hängenden Anker aus dem Grund. Als das Schiff frei ist, klingelt der Maschinentelegraf: Dampf strömt auf die Kolben, und gehorsam nimmt die *Ubena* Fahrt auf, reiht sich in den Geleitzug ein. Jetzt endlich kann sich der Kapitän für ein Stündchen jedenfalls zurückziehen, aber wohin? Seine Ka-jüte ist voll belegt, das Bett vergeben. So begnügt er sich mit dem harten Le-dersofa im Kartenhaus. Kaum hat er sich ausgestreckt, als der Zahlmeister er-scheint und höflich fragt, ob er etwas dagegen einzuwenden habe, wenn die an Bord geborenen Mädchen *Ubena* als Zweitnamen erhalten.
Lankau lächelt bei dem Gedanken. Er hat nichts dagegen, absolut nichts. Dann schläft er ein, während der Verwundetentransporter, geschützt von Sicherungsfahrzeugen der Kriegsmarine, weiterdampft.
Auf der Entbindungsstation herrscht Hochbetrieb. Die Hebammen Karla Beutler und Ursula Fischer haben alle Hände voll zu tun. Es ist, als ob die Frauen die Gunst der ruhigen Stunde, der scheinbaren Sicherheit nutzen wol-len, ihre Kinder zur Welt zu bringen.
Auch Ruth Scheerans ist soweit. Hustenanfälle durchschütteln ihren ge-schwächten Körper. Begleitet von einer Schwester steigt sie die Niedergänge hoch, über Flüchtlinge und Gepäck hinweg. Die Wehen haben noch nicht ein-gesetzt, aber die Fruchtblase ist geplatzt. Der Arzt vermutet eine Geburt in Steißlage. Künstlich sollen die Wehen eingeleitet werden. Ruth wird müde, weiter passiert nichts. Im Raum nebenan spielt flotte Musik: Matrosen und junge Mädchen scherzen und singen »eine Seefahrt, die ist lustig, eine Seefahrt

die ist schön...« Keiner achtet mehr auf Ruth Scheerans, keine Schwester hört, als sie vom Operationstisch, auf dem sie immer noch liegt, hinunterfällt. Als die Geburt ausbleibt, wird die Insterburgerin zurück zu ihren Kindern in den umgebauten Laderaum gebracht. Erst mittags beginnen die Wehen, und zwar schnell und scharf. Sie hat keine Zeit, sich zwischendurch zu erholen. Sie liegt auf dem Boden, krümmt sich und schreit, schreit: »Schmeißt mich doch ins Wasser!« Energisch greift die Frauenärztin Nora Bokowski ein und schimpft laut mit ihr. Doch so leicht ist die Insterburgerin nicht zu besänftigen. Im Nebenbett ist es nicht viel anders, auch Herta Sänger aus Elbing liegt schweißgebadet auf dem Laken und stöhnt in immer kürzeren Abständen laut auf.

Eva-Maria Markwald streift durch das große Schiff, geht durch überfüllte Gänge und kommt auch an der offenstehenden Kabine 14 vorbei. Sie hört klägliches Greinen, schaut hinein und erkundigt sich, ob sie helfen kann. Dankbar nickt Elisabeth Wittke und bittet um etwas Tee für den Kleinen. Sie hat Angst um ihn, fühlt, wie er immer schwächer wird, und weint, weil sie ihm nicht helfen kann.

Inzwischen neigt sich der Tag im Osten der Nacht entgegen. Eva-Maria geht hinaus auf das Achterdeck. Als feuerroter Ball versinkt langsam die Sonne hinter dem Horizont. Ein alter Landser balanciert eine Quetschkommode auf den Knien und spielt: »Nach der Heimat kehr' ich wieder, früh am Morgen, wenn die Sonn' aufgeht...«

Eva-Maria will mitsingen, aber sie bringt keinen Ton über die aufgesprungenen Lippen. Der Wind trocknet ihre Tränen nicht, der das Kielwasser der *Ubena* ausradiert, als wäre nichts geschehen.

Kurs auf Kopenhagen

Mitternacht ist lange vorbei, aber auf der westwärts ziehenden *Ubena* kehrt keine Ruhe ein, jedenfalls nicht auf den wichtigen Stationen des Dampfers. Überall sind Seeleute an der Arbeit, um ihre Pflicht zu tun und die Menschen in Sicherheit zu bringen, weit fort von Kriegsgetümmel, Schlachtenlärm, von Tod und Verderben.

In den Operationsräumen wechseln sich die Ärzte ab, denn es müssen viele Schwerverwundete sofort operiert werden, zu viele, auch die Leistungsfähigkeit der Gruppe unter Leitung von Geschwaderarzt Dr. Stutz ist begrenzt. Mit übernächtigten Gesichtern stehen sie an den Tischen und versuchen zu helfen, oft zu spät, und nicht jeder Operierte überlebt den Eingriff.

Und so wächst der Leichenberg auf dem abgesperrten Bootsdeck. Es gibt keine andere Möglichkeit, die Toten aufzubewahren, denn sämtliche Räume sind belegt.

Über dem auseinandergezogenen Geleitzug liegt schützend eine sternenlose Nacht. Schwarz und geheimnisvoll ist das Wasser der Ostsee, bis auf die weißschäumende Bugwelle und das Kielwasser, das sich in der Dunkelheit verliert. Die beiden Posten auf der Back wechseln gelegentlich ein paar Worte, tauschen Meinungen aus, sonst ist alles still. Sie werden stündlich abgelöst. In der Funkkabine der *Ubena* gehen Meldungen über geortete russische Unterseeboote in der östlichen Ostsee ein, aber die Gefahr, torpediert zu werden, wird geringer, je weiter sich der Geleitzug von der Danziger Bucht entfernt. Sie haben den Tiefwasserweg verlassen und steuern auf dem minenfreien Zwangsweg 1 nordwärts. Unter der Insel Rügen löst sich der Konvoi auf. Kapitän Lankau bleibt nichts anderes übrig, als die *Ubena* vor Anker zu legen, denn die Boote der 9. Sicherungsdivision drehen ab und steuern Swinemünde an. Obwohl sich der Kapitän umgehend um Geleitschutz nach Kopenhagen bemüht, es nützt nichts, er wird vertröstet. Allein nach Kopenhagen weiterzulaufen, lehnt er entschieden ab: das Risiko will er nicht eingehen. Er weiß, daß fast jede Nacht die Engländer unterwegs sind, um aus der Luft die Schiffahrtswege zu verminen. Der Geschwaderarzt wird vorstellig. Er beschwört Lankau, die Reise fortzusetzen, aber der Kapitän weist auf seine bescheidenen Rettungsmittel hin und auf die vielen Menschen an Bord, fragt, wer die Verwundeten

auf die Flöße, in die Boote schaffen wird, wenn eine Mine das Schiff zum Sinken bringt. »Kopenhagen ist verstopft. Selbst wenn wir jetzt dort wären, würden wir unsere Schwerverwundeten nicht los. Die Lazarette sind überfüllt, so wie unser Schiff. Wenn ich weiterfahre, löse ich keine Probleme, schaffe mir höchstens neue. Wir stehen mit der 10. Sicherungsdivision in Verbindung.«
Erbost reagiert der Geschwaderarzt, fragt, wer eigentlich die Verantwortung übernimmt, wenn noch mehr seiner Patienten sterben, und fügt hinzu: »Sind denn nicht schon genug gestorben für diesen Wahnsinn?«
Artur Lankau sieht ihn groß an. Was soll er antworten? Natürlich hat der Marinearzt recht, natürlich, aber für derartige Äußerungen sind Menschen hingerichtet worden. Die *Ubena* liegt hier sicherer als vor Drogden, und weiter käme er ohne Einlauferlaubnis nicht. Er hat keine Wahl: Sie bleiben liegen und warten auf Geleitzugsicherung.

*

In der Kabine 14 herrscht Nachtruhe. Unterbrochen wird sie fast stündlich, wenn der kleine Kurt sich meldet und zu schreien beginnt, vor Hunger oder weil er Schmerzen hat. Elisabeth weiß sich nicht anders zu helfen, als ihn an die Brust zu legen. Mit ihr wachen auch Anna und Irene Scharein auf. Während die Tochter aber wieder in Schlaf versinkt, döst Anna vor sich hin. Hermann ist wieder bei ihr, sie sieht ihn auf der Ofenbank in der kleinen Wohnung in der Schmiedestraße sitzen, die Pfeife in der Hand. Er liest in den »Mohrunger Kreisnachrichten«. Hin und wieder blickt er auf und sieht sie an. Rauch ruhig dein Pfeifchen, Hermann, will sie sagen und ihn anlächeln, aber es gelingt nicht. Mußt schon wieder die Bude verpesten, schimpft sie und wirft den Kopf in den Nacken. Sie sieht sich im Spiegel des Kleiderschrankes. Das Bild verschwimmt, Kurt sitzt am Frühstückstisch und futtert Flinsen, zusammen mit seinem Vetter Heinz Böhnke. Sie essen um die Wette, während sie backt und backt, sich über die beiden jungen Männer freut, die ihre Flinsen so herrlich krosch finden, und doch mit vorwurfsvollem Blick mahnt, sie sollen nicht so viel essen. Kurt sieht erstaunt von seinem fettigen Teller auf. Das Lächeln stirbt auf seinen Lippen. Kannst du uns nicht die kleine Freude lassen, fragt er traurig, dieses eine Mal nur? Da draußen an der Front... Anna schüttelt im Halbschlaf heftig den Kopf. Sie will nicht hören, wie es draußen an der Front wirklich zugeht. Wo Minna wohl abgeblieben ist?
Was, wenn sie nicht mehr lebt?
Aber sie konnten in der Schule nicht länger auf Rudolf und seinen Lastwagen warten. Minna hat das auch eingesehen. Mitkommen hätte sie sollen, müssen!

124

Leb wohl, Anna, hat sie draußen am Tor gesagt und ihnen nachgeblickt, vielleicht gewunken und sich gefragt, warum sich die jüngere Schwester nicht umdreht.

Ich hätte sie nicht allein in Danzig zurücklassen dürfen, im Lager, fällt Anna schuldbewußt ein. Ich weiß doch, wie Minna ist, daß sie einen braucht, der sie führt. Das war immer so, schon zu Hause, als wir Kinder waren. Ich habe angeordnet, und die Geschwister haben auf mich gehört, selbst Wilhelm. Postbeamter ist er geworden in Stolpmünde, der Bruder.

In der Koje gegenüber rührt sich der Säugling. Er greint wieder schrecklich. Elisabeth Wittke ist beim ersten Ton hellwach, flüstert zärtlich auf ihn ein und legt ihn an die Brust, die sich zu entzünden beginnt. Sie hat Angst um ihn, um ihren kleinen Sohn, an dem sie täglich größere Ähnlichkeiten mit ihrem gefallenen Mann entdeckt.

Draußen graut der Morgen. Es beginnt der 24. März.

*

Die vier jungen Mädchen in der Kammer haben gut geschlafen. Die Nacht verlief ruhig. Als eine von ihnen wach geworden ist, weckt sie umgehend die anderen auf. Sie hat Hunger und Durst. »Besorgst du uns etwas?« fragt sie Eva-Maria. Doch die Lauenburgerin will nicht. Sie schüttelt energisch den Kopf. »Was ist denn mit dir los?« will die Schwester wissen. »Gar nichts, aber ich fühle mich leer und ausgebrannt!« Als die anderen Mädchen loskichern, weil sie das ulkig finden, wickelt sich Eva-Maria einen Wollschal um den Kopf und verläßt die Kabine. Draußen an Deck ist es kühl. Das Schiff fährt nicht. Nicht weit von ihnen entfernt liegen noch ein paar Frachter vor Anker, und von der Morgensonne beschienen hebt sich die hohe Küste einer Insel aus der See, die bleifarben aussieht.

»Das muß Rügen sein«, hört sie einen Soldaten neben sich sagen, »ich habe dort Urlaub gemacht. Im Frieden, versteht sich, ja, das kann nur Rügen sein. Der Turm auf der Klippe, das ist der Leuchtturm von Arkona. Weite Spaziergänge habe ich dort gemacht, immer am Ufer entlang. Damit ist wohl Schluß.«

Bevor Eva-Maria nachfragen kann, warum damit Schluß sein soll, denn ewig wird dieser Krieg nicht dauern, stößt der Soldat neben ihr mit der Krücke ein paar Male auf die Decksplanken. Er hat Mühe, über das Türsüll zu steigen. Eva-Maria steht daneben, ohne eine Hand zu rühren.

*

D. Ubena

Bescheinigung der Geburt.

Heute den dreiundzwanzigsten März neunzehnhundertfünfundvierzig um vierzehn Uhr dreissig Minuten nach bürgerlicher Zeit auf 54 Grad 45 Minuten, nördlicher Breite, 13 Grad 35 Minuten östlicher Länge, hat die Ehefrau des Franz Scheerans aus Insterburg, Ruth geb. Stelson, ein Kind männlichen Geschlechts Ulrich Joachim geboren. Beide Eltern sind evangelischer Konfession.

Die mitunterzeichnete Hebamme war bei der Entbindung zugegen.

Kapitän   Hebamme   Mar.Stabsarzt

Bescheinigung über die Geburt von Ulrich Scheerans am 23. März 1945 auf der »Ubena«.

Ruth Scheerans ist vor Erschöpfung eingeschlafen. Der kleine Ulrich-Joachim liegt in ihrem Arm: er hat sich satt und müde genuckelt. Ruth spürt nicht, daß die *Ubena* nicht mehr fährt, sondern ankert, und wüßte sie es, wäre es ihr egal. Ihre beiden großen Kinder sitzen an ihrer Koje und verhalten sich auffallend still. Während der Junge eher gleichgültig auf seinen jüngeren Bruder blickt, äußert die Schwester gelegentlich: »Ist er nicht süß, der kleine Wurm?«
Zur gleichen Zeit schreit Liesbeth Kruck vor Schmerzen auf. Die Wehen haben voll eingesetzt. Sie glaubt, diese Qualen nicht länger ertragen zu können. Dr. Nora Bukowski fährt sie grob an, aber Liesbeth hört sie nicht. Kurz vor Mittag wird sie von einem Mädchen entbunden, das die Namen Sabine-Ubena erhält. Kapitän Lankau läßt es sich nicht nehmen, die junge Mutter aufzusuchen und ihr zu gratulieren. Selbstverständlich möchte er auch das Mädchen sehen, das den Namen seines Schiffes trägt. Liesbeth Kruck will sich bedanken, aber der Schiffsführer winkt energisch ab. Nur keinen Dank, die Toten auf dem Bootsdeck können sich nicht äußern, sie reden eine andere Sprache.
Ich müßte ein paar nette Worte sagen, empfindet er, als er neben ihrem Bett

126

steht, die Hebamme an seiner Seite; am Kopfende beobachtet ihn die Frauenärztin und lächelt aufmunternd, aber ihm fallen keine passenden ein. Er
schimpft sich einen Narren, nicht vorher darüber nachgedacht zu haben. Nur
Klugen fällt Weises rechtzeitig ein. Erwartungsvoll blickt ihn Liesbeth Kruck
an, ihn, den Kapitän des Schiffes, und er steht da und weiß nichts zu sagen.
»Dann will ich mal wieder, die Pflicht ruft«, bemerkt er erleichtert, »wenn das
Mädchen groß ist, wird es täglich an diese Zeit erinnert werden, ob es will oder
nicht. Vielleicht ist das ganz gut, denn wer weiß schon, ob dies der letzte Krieg
ist, den wir erleben müssen. Sie wird viele Fragen an Sie stellen und wissen wollen, wie es damals war, damals auf der Flucht, auf dem Schiff, auf dem sie zur
Welt kam. Hoffentlich finden Sie immer die richtigen Antworten. Ich fürchte,
es wird nicht leicht sein.«

*Eidesstattliche Erklärung der Ärztin Dr. Nora Bukowski über die Geburt von Sabine
Kruck auf der »Ubena« am 24. März 1945. Sabine erhielt als zweiten Namen den des
Schiffes.*

127

Liesbeth lächelt zaghaft. Sie hat nicht zugehört, nur auf die Stimme gelauscht. Schade, daß Vater jetzt nicht hier ist, fällt ihr ein.

Plötzlich hat es Artur Lankau eilig. Er nickt der Ärztin zu, die ihn aufmerksam mustert, so daß er irritiert wegschaut, nickt der Hebamme zu und verläßt den Raum. Draußen setzt er sich erleichtert die Schirmmütze auf. Nie wieder, schwört er sich, werde ich das noch einmal machen, das ist ja schlimmer, als um Kap Horn zu segeln.

Sein schneller Schritt wirkt wie eine Flucht. Doch bevor er das Ende des Ganges erreicht, hält ihn eine Stimme zurück. Es ist die Frauenärztin, die ihn auffordert, nicht so schnell zu gehen. Auch das Malheur noch, denkt er grimmig, wartet aber, bis sie aufgeschlossen hat.

»Sie haben gut gesprochen.«

»Dann waren Sie auf einer anderen Veranstaltung.«

»Nein, wirklich, nur was ich nicht verstanden habe, ist Ihre letzte Bemerkung. Was wird nicht immer leicht sein, Herr Kapitän?«

Alles, möchte er antworten, und das empfindet er auch, weiß aber, daß sich diese Dame damit nicht zufrieden geben wird.

»Wenn Sie unbedingt meine Meinung hören wollen: Ich kenne kein Argument, das diesen Krieg noch rechtfertigt!«

»Und warum haben Sie das nicht gestern schon gesagt, laut gesagt?«

Der Schiffsführer ist nicht beleidigt, er sieht ihr in die Augen, fest, vielleicht ein bißchen trotzig: »Genau das habe ich mich auch schon gefragt!«

»Und?«

»Und wer hätte auf mich gehört, Sie?«

»Vielleicht!«

»Sehen Sie, und darum bin ich ruhig.«

Nora Bukowski will nachhaken, aber Artur Lankau verabschiedet sich. Er hat keine Zeit für derartige Diskussionen, die Pflicht ruft ihn auf die Brücke. Sie lächelt, protestiert aber nicht, denn sie spürt, daß er es ernst meint.

Oben angekommen, noch etwas außer Atem, empfängt der Funker den Kapitän und reicht ihm einen Zettel. Lankau wirft einen kurzen Blick auf das Papier. Danach soll es um Mitternacht weitergehen. Kurz vor Beginn des neuen Tages tauchen aus der Dunkelheit zwei Minenräumboote auf und fordern die *Ubena* auf, ihnen zu folgen.

Am 25. März 1945 in den ersten Morgenstunden läuft der Dampfer *Ubena* in den Hafen von Kopenhagen ein und macht vor dem Kreuzer *Nürnberg* fest. Es ist Palmsonntag, doch von einer Sonntagsruhe kann keine Rede sein. Kaum sind die Leinen des Verwundetentransporters befestigt, als auch schon die ersten Sanitätswagen vorfahren. Die Ausschiffung der Flüchtlinge, Soldaten und Verwundeten beginnt. Schwierigkeiten bereiten die 80 Leichen auf dem Bootsdeck, doch Lankau besteht darauf, daß sie auf einem Friedhof begraben werden. Während ein langer Eisenbahnzug viele der Flüchtlinge nach Jütland bringt, werden die Patienten und Ärzte der Gaufrauenklinik Danzig in der Schule Wisterwolgade untergebracht.

Artur Lankau müßte tausend Hände haben, um all die gutgemeinten Wünsche für die nächsten Fahrten entgegennehmen zu können.

Viele Frauen wollen sich bei ihm bedanken, aber er muß sich um sein Schiff kümmern. Die *Ubena* soll, so schnell es geht, erneut auslaufen, zurück in die Danziger Bucht. Um den Auftrag erfüllen zu können, braucht das Schiff unbedingt Treibstoff, Trinkwasser und Proviant, von Medikamenten und Verbandsmaterial ganz abgesehen. Unabhängig davon müssen sämtliche Räume ordentlich gesäubert werden.

Überall an Land gilt es, Engpässe zu überwinden. Treibstoff ist knapp, Bürokraten in Uniform errichten viele Hindernisse, die nur mit amtlichen Schriftstücken zu überwinden sind. Lankau schreit sich am Telefon die Stimmbänder heiser, fährt selbst in die Stadt, hinaus in die Depots, verhandelt mit verschiedenen Dienststellen, beschwert sich, tadelt und lobt, wenn er Glück hat.

Vom Kreuzer *Nürnberg* werden Marinesoldaten auf die *Ubena* abkommandiert, um die umgebauten Laderäume zu reinigen, die Strohsäcke umzudrehen, eine Tätigkeit, die wenig Freude bereitet. Langsam, viel zu langsam wird das Schiff wieder seeklar. Tage vergehen, bis der Verwundetentransporter auslaufen kann. Endlich ist es soweit. Leinen werden an Land losgeworfen und an Bord eingeholt, Schlepper ziehen die *Ubena* von der Pier, drehen sie im Hafenbecken um, noch einmal heult zum Abschied die Dampfpfeife auf, dann mahlt die Schraube, und das Schiff nimmt Fahrt auf.

Der graue Tag ist allmählich in eine dunkelgraue Dämmerung übergegangen. Das Barometer fällt. Möwen hängen in der Luft und schreien sich Parolen zu. Eine Rotte Me 109 fällt auf den nahen Flugplatz ein.

Vor Drogden kommt ihnen ein kleiner Geleitzug entgegen, bestehend aus den Schiffen *Potsdam*, *Goya* und *Kanonier*. Die sie begleitenden Minensucher lassen die Schiffe die letzte Strecke des Weges nach Kopenhagen allein laufen und setzen sich vor die *Ubena*.

Lankau steht auf der Steuerbordnock. Schnell verschwimmt die Silhouette der Stadt in der Dunkelheit. Neben ihm taucht Dr. Stutz auf. Er legt seine Hand auf den Arm des Kapitäns: »Wird das die letzte Reise sein?« Lankau zuckt mit den Schultern: »Hoffentlich!«

129

Die letzten Tage des Krieges

In der Schule Wisterwolgade in Kopenhagen trifft Elisabeth Wittke aus Neumark die Insterburgerin Ruth Scheerans wieder. Obwohl die Lebensumstände traurig sind, wiegen sie stolz ihre Säuglinge. Der kleine Kurt hat sich etwas erholt, und Elisabeth schaut wieder hoffnungsvoller in die Zukunft. Auch die kleine Sabine-Ubena Kruck befindet sich mit ihrer Mutter unter den Insassen der Notklinik. Gerhard Seeck, der am 28. Januar 1945 auf der *Ubena* den weiten Himmel über der Ostsee erblickte, starb sieben Tage später in Dresden. Am 5. Mai lebt auch Herta Sängers Junge nicht mehr. Zur gleichen Zeit befindet sich Eva-Maria Markwald mit ihrer jüngeren Schwester in Middelsfähr. Sie wollen auf keinen Fall in Dänemark bleiben und suchen eine Gelegenheit, nach Deutschland zu kommen, und sie schaffen es auch.

Die *Ubena* liegt seit dem 30. April beschäftigungslos in Kopenhagen. Lankau wartet auf eine neue Order, aber sie kommt nicht. Am 5. Mai trifft kurz vor Mitternacht auf allen Schiffen der Kriegsmarine ein offener Funkspruch ein, daß ab 8.00 Uhr im Kampfraum Nordwesten die Waffen zu schweigen hätten. In See befindliche Transporte sollen jedoch weiterlaufen. Der Waffenstillstand kommt nicht überraschend. Noch aber warten über 300 000 deutsche Soldaten in den verbliebenen Brückenköpfen im Osten sehnsüchtig auf ihren verdienten Abtransport. Sie haben heldenmütig und aufopferungsvoll gekämpft.

Admiral Kreisch, dem die Zerstörer unterstehen, kennt den Funkspruch, aber auch den Hilferuf aus Hela, und er entschließt sich, alle schnellen verfügbaren Einheiten zur Halbinsel zu schicken. Auf dieser Reise bringen die Schiffe 43 000 Menschen nach Dänemark. Es ist die größte Tages-Transportzahl, die bei der Räumung des deutschen Ostens erreicht wurde.

Am 7. Mai sickert durch, daß auch eine Kapitulation im Osten bevorsteht. General Eisenhower war im Gegensatz zum britischen Kollegen Montgomery nicht zu bewegen, den deutschen Truppen eine Teilkapitulation im Westen zuzubilligen. Die Übereinkunft sieht schließlich vor, daß ab 9. Mai um 1.00 Uhr deutscher Sommerzeit an allen Fronten nicht mehr geschossen werden soll. Als Admiral Kreisch die Nachricht erhält, überlegt er nicht lange, denn die Frist reicht aus, um die außerhalb der dänischen Hoheitsgewässer ankernden *Karl Galster*, *Friedrich Ihn*, *Z 25*, *T 23* und *T 28* noch einmal nach Hela zu schicken.

Sie haben keine Minute Zeit zu verlieren und laufen entschlossen in den kleinen Kriegshafen ein. Für Tausende bedeutet dieses waghalsige Manöver die nun schon nicht mehr erhoffte Rettung. Um 23.00 Uhr legen sie ab.
Eine Stunde später ist auch im Osten der Krieg zu Ende.

*

Elisabeth Wittke hat sich nur zu gerne von den roten Bäckchen ihres kleinen Kurt täuschen lassen. Am 7. Mai mißt sie Fieber und erschrickt. Das Thermometer zeigt über 40 Grad. Da weiß sie, daß sie ihren Jungen verlieren wird. In ihr Tagebuch schreibt sie:
»Ich hatte nur eine Bitte, daß ich ihn behalten könnte. Er war doch mein Letzter und hatte große Ähnlichkeiten mit Kurt. In der Nacht sah ich, daß er sehr krank war und gab ihm öfter die Brust. Seine Bäckchen glühten im Fieber und sein Gesicht veränderte sich stark. Ich mußte ihn ansehen und habe ihn gebeten, er soll mir doch erzählen, was ihm fehlt, was ihm so schrecklich wehtut. Er warf sein Köpfchen hin und her. Morgens um 5 Uhr sah ich, daß er sich total verändert hatte, daß er nicht durchkam. Ich konnte seinen Kampf nicht mehr mitansehen und bat Schwester Marianne, ihn sofort in die Klinik zu bringen. Ich mußte Abschied nehmen, fühlte, daß er mir genommen wurde. Ich sah und hörte nichts mehr um mich herum.«

*

Am 8. Mai 1945 wird Hermann in einem jütländischen Lager geboren, und bevor sich Irene um den Säugling kümmern kann, hat ihn Anna schon vereinnahmt.
Am gleichen Tag erhält Kapitän Lankau den Befehl, sofort auszulaufen und südlich der Drogden zu ankern. Als die *Ubena* die Reede erreicht, tauchen vier große Zerstörer auf und gehen forsch längsseits. 3 000 abgerissene Soldaten, der Rest einer geschlagenen Armee, steigt ohne Waffen auf den Verwundetentransporter über. Es sind die letzten geretteten Hela-Kämpfer.
Um 18.00 Uhr verläßt die *Ubena* die Reede und tritt ihre letzte Kriegsreise an, die in Kiel enden soll. Der Kurs führt durch den Sund ins Kattegat und von dort durch den Großen Belt zurück in die Ostsee nach Kiel. Lankau schließt sich einem von Libau kommenden Geleitzug unter Führung des Hilfskreuzers *Hansa* an und fährt als Nummer 2 unmittelbar hinter ihm. Am Vormittag des 9. Mai treffen englische Flugzeuge beim Geleit ein.
Es ist der erste Tag ohne Krieg. Weil Lankau müde ist, legt er sich zu einem Mittagsschläfchen. Nicht viel später stoßen englische Jagdmaschinen zum Ge-

leit und umkreisen es, wohl um ihr fliegerisches Können zu demonstrieren. Dabei stößt eine Maschine in der Kurve mit der Tragfläche an eine Welle und stürzt ab. Kapitän Lankau wird vom Gebrüll der eingeschifften Truppen wach und läuft sofort auf die Brücke. Zu retten gibt es allerdings nichts mehr. Die anderen Flugzeuge steigen sofort hoch und umkreisen den Geleitzug in größerer Höhe. Am gleichen Abend ankert die *Ubena* in der Strander Bucht.

*

Elisabeth Wittke fährt morgens mit Herta Sänger zur Klinik. Unterwegs steigt sie aus und kauft ein Sträußchen Vergißmeinnicht. Als sie das ernste Gesicht der Schwester in der Klinik sieht, weiß sie Bescheid. Stumm gehen die beiden Frauen in den Totenraum. Dort liegt ihr Junge mit einem friedlich lächelnden Gesicht. Sie muß an ihren Mann denken und fragt sich, ob er ihn zu sich geholt hat, fort aus dieser Welt voller Grausamkeit. Ihr Herz ist leer, als sie ihren kleinen Jungen verläßt.

In der Nacht liegt sie schlaflos auf ihrer Pritsche im Lager und denkt über das letzte Jahr nach, die vergangenen Monate. Sie hat das Gefühl, noch einmal zu ihrem kleinen toten Sohn gehen zu müssen. Sofort nach dem Frühstück macht sie sich auf den Weg. Ein dänischer Freiheitskämpfer bringt sie hin und kauft ihr unterwegs einen Strauß Tulpen. Doch ihren Sohn sieht sie nicht mehr, und keiner kann oder will ihr sagen, was mit ihm geschehen ist.

*

Am gleichen Tag kommt vormittags ein Motorboot mit einem englischen Kommando längsseits der *Ubena* in der Strander Bucht, und der Offizier eröffnet dem Kapitän, daß er wegen des abgestürzten Flugzeuges in Schwierigkeiten geraten sei. Zusammen mit den beiden ranghöchsten Offizieren der eingeschifften Truppen, einem Oberst der Luftwaffe und einem Oberstleutnant der Infanterie, werden sie an Land zu einer Befragung gebracht.

In Kiel angekommen, ist von einer Befragung keine Rede mehr. Das Kriegsgericht tritt zusammen. Der Vorsitzende, ein Kapitän zur See, gibt sich nicht viel Mühe, den Sachverhalt aufzuklären, behauptet vielmehr, der englische Pilot sei durch die Schuld der *Ubena* gestorben. Zeugen zu vernehmen, lehnt er entschieden ab. Die drei von der *Ubena* werden nach dem Verhör abgeführt und auf der *Orangefontein*, einem ehemaligen Wohnschiff der U-Bootwaffe, einzeln eingesperrt. Eine Woche vergeht in völliger Ungewißheit, es ist eine furchtbare Warterei.

Die Engländer scheinen recht nervös zu sein, denn es hat einige Anschläge ge-

△ *Korvettenkapitän Otto Schuhart, Chef der 21. U-Flottille.*
Oben rechts: Korvettenkapitän Herwig Collmann löst Schuhart im Spätsommer 1944 ab und übernimmt die Flottille.
Darunter: »U 80« ging vor Pillau bei einer Tauchübung verloren. Die Toten wurden auf dem Friedhof westlich der Chaussee am Rande der Plantage beerdigt. Die Ehrenformation ist angetreten.

Der Stab der 21. U-Flottille in Pillau auf der »Ubena«. Rechts neben Ritterkreuzträger Schuhart Kapitänleutnant Liebe von Kreutzner. Auf dem linken Flügel: Leutnant Kurt Zimmermann.

Das Ruderhaus der »Ubena« ist in Bremerhaven mit einem dicken Betonmantel versehen worden.

Verwundete Soldaten werden in Neufahrwasser an Bord genommen.

Vor Hela auf Reede. Schwerverwundete werden auf Paletten aus einem längsseits liegenden Prahm übernommen ▽.

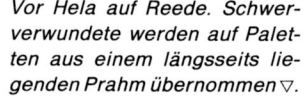

Kapitän Artur Lankau.
Er führte das Schiff auf den Reisen
als bewaffneter Verwundetentransporter.

Hermann Minngold Förster.
Die »Ubena« war »sein« Schiff, er führte
es fast 11 Jahre lang.

Die »Ubena« in Kopenhagen, aufgenommen von Bord des Kreuzers »Nürnberg«. Vorne im Bild:
Torpedonetze zum Schutz gegen Flugzeugangriffe.

Der Stapellauf der neuen »Ubena« 1983 in Bremerhaven.
Die Reederei hatte die Kinder gesucht, die 1945 auf der alten »Ubena« geboren wurden. Nur drei meldeten sich.
Gertrud Lankau (Witwe des damaligen Kapitäns), Ruth Scheerans mit Sohn Ulrich-Joachim, Sabine-Ubena Gildemeister, geborene Kruck, Karin Osterwalder und Mutter Resi Kühn.
Ganz rechts der ehemalige Obersteward Arnold Fürst.

Die »Ubena« als »Emipre Kent« unter englischer Flagge.

geben. Der Kapitän und die beiden Offiziere müssen sich zahlreiche Anpöbeleien durch englische Soldaten anhören, sie gelten als überführte Mörder an einem ihrer Kameraden. Zusammen mit ihnen sind auch Offiziere eines Zerstörers eingesperrt. Ein englischer Gerichtsoffizier fragt Lankau, ob er nicht für ihn dolmetschen möchte, und der Kapitän willigt sofort ein. Nachdem das Verhör beendet ist, fragt er ihn wegen seiner eigenen Sache und erzählt ihm nochmal den ganzen Vorgang so ausführlich wie möglich. Der Gerichtsoffizier verspricht, sich für ihn und die beiden Mitangeklagten zu verwenden.

Vorerst geschieht weiter nichts, die Tage vergehen, schon hat Lankau die Hoffnung aufgegeben, als sie eines Morgens herausgeholt werden. Unter Führung eines Leutnants, umgeben von einem starken Sicherungskommando, werden sie zum Sitz des Kriegsgerichts gebracht.

Flankiert von Soldaten mit aufgepflanztem Seitengewehr nehmen sie draußen Aufstellung und warten auf ihr Urteil. Die Ungewißheit ist entsetzlich.

Da erscheint der englische Gerichtsoffizier, für den Lankau gedolmetscht hatte. Langsam geht er vorbei und flüstert ihm zu, daß alles in Ordnung sei und er sich keine Sorgen machen solle. Artur Lankau gibt diese erfreuliche Nachricht sofort leise weiter an seine Leidensgenossen. Sie atmen erleichtert auf.

Das Kriegsgericht tritt heraus, das Urteil wird zuerst auf englisch und im Anschluß auf deutsch verlesen. Es besagt, daß der englische Pilot durch einen Unfall sein Leben verloren habe und sie sofort frei seien.

Als sie von einer anderen Wache unter Führung des Gerichtsoffiziers zu einem Motorboot gefahren werden, mit dem sie zurück auf die *Ubena* gebracht werden sollen, läßt der Offizier halten und belehrt seine Soldaten, daß ihre Passagiere keine Verbrecher, sondern freie, ehrenwerte Soldaten seien.

Lankau findet die kleine Geste hochanständig und bedankt sich. Als sie ins Boot einsteigen, schickt der Offizier die Wache fort und begleitet die drei Männer persönlich zu ihrem immer noch vor Anker liegenden Schiff. Am Fallreep verabschiedet er sich mit Handschlag und wünscht ihnen alles Gute.

Artur Lankau ist glücklich, wieder die Planken der *Ubena* unter seinen Füßen zu spüren. Die Soldaten befinden sich noch an Bord. Nicht mehr an Bord sind die chinesischen Wäscher, der holländische Seemann und die beiden Kroaten. Sie fühlten sich endlich vom Joch der Deutschen befreit.

Am nächsten Morgen werden in Kiel die verwundeten Soldaten ausgeladen. Sie kommen in ein Lazarett.

Nach einer kurzen Zwischenreise nach Travemünde, wo die restlichen Soldaten von Bord gehen, wird die *Ubena* im Juni im Firth of Forth an die Engländer übergeben.

Epilog:
Grauenvolle Erinnerungen

Siebenundzwanzig Jahre nach der Aktion »Rettung über See« setzt sich der inzwischen pensionierte Kapitän Artur Lankau an die Schreibmaschine. Er will sein Leben auf See zu Papier bringen, aber er kommt über die grauenvollen Erinnerungen des Jahres 1945 nicht hinaus.

Von seinem gemütlichen Platz am Schreibtisch sieht er in den Garten. Bis dicht unter dem großen Fenster stehen Fichten, deren Zweige sich unter der Last des auf ihnen liegenden Schnees biegen. Er hat Zeit nachzudenken, nicht nur über sein erfülltes Leben, sondern über die Menschen allgemein. Sie haben nichts aus der Geschichte gelernt, meint er betrübt. Die Welt ist vom Frieden so weit entfernt wie nie zuvor. Er fragt sich auch, warum die schrecklichen Leiden des letzten Krieges schon so gut wie vergessen sind, und erinnert sich an das Gespräch mit der Frauenärztin auf der *Ubena* im Betriebsgang, nach dem etwas mißglückten Auftritt bei der jungen Mutter.

»Warum haben Sie nicht laut gegen den Krieg protestiert?« hatte sie herausfordernd gefragt, und er war gegangen, als sie auf seine Gegenfrage, ob sie auf ihn gehört hätte, mit einem »vielleicht« antwortete. Das war ihm damals zu wenig gewesen. Heute sah er einige Dinge anders, und darum saß er nun am Schreibtisch, damit sich derartige Ereignisse nicht wiederholen.

»Wir hatten Kopenhagen bei leichten westlichen Winden verlassen und erreichten, ohne unterwegs angegriffen zu werden, die Reede vor Hela. Nicht weit von uns entfernt ankerten die *Cap Arkona* und das Walfangmutterschiff *Unitas*, groß genug, um 6 000 Personen mit nach Westen zu nehmen. Vor Hela galt die Faustregel: Ein Mann pro Quadratmeter auf herkömmlichen Schiffen. Doch an diesem und den nächsten Tagen mangelte es an kleinen Zubringern. So ging das Beladen der großen Fahrzeuge nur langsam vonstatten.

Aus Pillau traf das kleine Lazarettschiff *Posen* ein. Es hatte viele Schwerverwundete an Bord, und der Kapitän fuhr nicht erst in den Hafen, sondern legte bei der *Unitas* an. Die Übernahme der Verwundeten ging nur langsam. Als die *Posen* ablegen wollte, heulten die Sirenen auf. Sofort danach ballerten sämtliche Flakgeschütze los und legten einen dichten Sperrgürtel um die Schiffe auf der Reede.

Doch nicht alle Bomben fielen ins Wasser, mehrmals wurde die *Unitas* schwer getroffen, ohne jedoch zu sinken. Zwei Bomben hatten mehrere Decks durchschlagen und lagen nun als Blindgänger tief unten in den Ballasttanks. Unter diesen Umständen glaubte der Kapitän, die Reise mit den Verwundeten nach Westen nicht antreten zu können. Wir ankerten nicht weit von ihr entfernt und lagen vor kurzgehievter Kette, jederzeit bereit, sofort den Ankerplatz zu wechseln. Wir übernahmen die Flüchtlinge und auch die Verwundeten von der *Posen*. Rund 4000 Menschen waren es schließlich, die in den Kammern, Gängen, Laderäumen dicht bei dicht lagen. Mehr konnten wir nicht unterbringen, und so dampften wir mit dem nächsten nach Westen gehenden Geleit.«

Zehn Tage später, am 8. April stand die *Ubena* erneut vor der Halbinsel Hela. Artur Lankau erinnert sich und schreibt:

»Die nächsten Reisen wurden wesentlich härter. Überall saß der Russe an der Küste. Sobald wir die Markierungsboje des letzten Zwangsweges nach Gotenhafen erreichten, erschien prompt der russische Aufklärer vom Dienst und begleitete uns, außerhalb der Reichweite unserer Waffen bis zum Ankerplatz. Sobald es Tag wurde, setzte gewöhnlich Artilleriefeuer ein. Wir ankerten mit einem Minimum an Kette. Der 3. Offizier und der Zimmermann blieben beim Ankerspill. Die Kette wurde ständig einige Faden aus- und wieder eingehievt, um zu verhindern, daß der Dampf in den Zylindern kondensierte. Sobald der Russe anfing, sich einzuschießen, mußte der Anker schnellstens aufgehievt werden, damit wir rasch den Ankerplatz wechseln konnten. So ging das oft den ganzen Tag. Die russischen Flieger griffen ununterbrochen mit Bordwaffen und Bomben an. Es war ein Wunder, daß wir nicht ernstlich getroffen wurden.«

In der Tat war die Lage vor Hela kritisch. Die Russen waren mit Ausnahme des Fliegerhorstes Neutief auf der Frischen Nehrung im Besitz sämtlicher Flughäfen Ost- und Westpreußens. Von diesen provisorisch in Ordnung gebrachten Rollbahnen flogen sie ihre Einsätze gegen die noch vorhandenen Brückenköpfe und die Schiffsansammlung auf der Reede von Hela. Zum Glück für die vor Anker liegenden Einheiten besaßen die Piloten oft nicht genug Erfahrung, und es fehlte ihnen die Zähigkeit, wie sie die Engländer an den Tag legten. Im anderen Falle wären die Verluste verheerend gewesen. Hätten die Engländer ihren russischen Verbündeten Radargeräte überlassen, eine Katastrophe wäre nicht zu verhindern gewesen. Doch nicht sämtliche Bomben wurden von den Piloten vorzeitig ausgeklinkt, nicht immer drehten sie ab. Am 8. April erwischte es den Marineversorger *Franken*. Lankau lag mit der *Ubena* nicht weit entfernt. Über den Vorfall schreibt er:

»Der auslaufende Brennstoff brannte sofort und breitete sich schnell über eine große Wasserfläche aus. Die wenigen Überlebenden wurden von Schnellbooten herausgeholt und zu uns an Bord gebracht und konnten gerettet werden.

Am 11. April unterbrach kurz vor Mittag ein Fliegeralarm die Arbeit auf den Fahrzeugen. Russische Maschinen flogen von Osten an, warfen mehrere Bomben und schossen mit ihren Bordwaffen, ohne jedoch Schaden anzurichten. Kaum waren sie verschwunden, als der Umschlagbetrieb wieder voll einsetzte. Nur schnell wieder fort, war unser Gedanke, fort aus dieser Hölle vor Hela. Gegen 14.00 Uhr wurde die *Moltkefels* von der Oxhöfter Kämpe aus beschossen. Kapitän Voss ließ sofort den Anker hieven und verlegte den Ankerplatz seewärts. Bald war der Hansa-Frachter vollgestopft mit über 4 000 Menschen, und der Kapitän beschloß, keine weiteren Personen mehr an Bord zu nehmen. Er wollte weg von der Küste, doch er mußte bleiben und warten, bis ein Geleit zusammengestellt worden war.

Gegen 16.00 Uhr schrillten erneut die Glocken auf den Kriegsschiffen, heulten die Sirenen und Typhone: Fliegeralarm! Rund 35 sowjetische Piloten stürzten sich mit ihren Maschinen auf die schwach bewaffnete *Moltkefels* und das nicht weitab ankernde Lazarettschiff *Posen*. Beide Einheiten wurden schwer getroffen. Das Vorschiff der *Moltkefels* sackte schon ab. Kurz entschlossen rief Kapitän Voss zwei Schlepper herbei und ließ seinen Frachter auf den nahen Strand ziehen, um so ein Sinken des Schiffes zu verhindern. Alle verfügbaren kleinen Fahrzeuge eilten an die Unglücksstelle und bargen die Menschen von dem Wrack ab. Es war allerhöchste Zeit, denn das Vordeck stand bereits in hellen Flammen. Zwei Stunden später erschütterten mehrere Explosionen das sterbende Schiff. Für über 400 Menschen kam jede Hilfe zu spät. Die *Moltkefels* brannte noch am nächsten Tag, bevor sie sich endgültig auf die Seite legte und kenterte.

Wir wurden nicht getroffen, unsere Flak feuerte pausenlos aus allen Rohren und konnte die angreifenden Bomber am genauen Abwurf hindern. Unser Flakeinsatzleiter verlor selbst bei den schwersten Angriffen nicht die Ruhe. Von seinem Leitstand auf dem Peildeck, von wo er mittels Kehlkopfsprechgerät mit allen Waffen verbunden war, beruhigte er seine Leute und richtete das Abwehrfeuer aus. Anscheinend waren die schweren Bomber gepanzert. Ich habe oft beobachtet, daß die Geschosse die Maschinen zwar trafen, aber ohne Wirkung blieben.

Bei derartigen Angriffen waren meistens schon eine Menge Flüchtlinge an Bord, und es kam zu entsetzlichen Angstszenen. Ich erinnere mich noch, als das Wetter außerhalb von Hela so unruhig war, daß ein Längsseitekommen von Fahrzeugen bei uns nicht möglich war. Besseres Wetter abzuwarten hätte zu viel Zeit gekostet. So wurde vom verantwortlichen Marineoffizier der Vorschlag gemacht, nach Einbruch der Dunkelheit innerhalb von Hela zu ankern und dort die Flüchtlinge zu übernehmen.

Es war ein Wagnis, weil die russische Artillerie auf diese Punkte gut eingeschossen war. Auch mußte die Übernahme schnell gehen. Wir hievten, als es völlig dunkel war, den Anker und schlichen uns in Lee der Halbinsel. Dicht unter dem Hafen von Hela warfen wir vorsichtig den Anker. Kaum hatten wir unsere Fallreeps weggefiert, als auch schon die Leichter kamen. Ich hatte einige Besatzungsmitglieder nach unten geschickt, die dafür zu sorgen hatten, daß die Leute so schnell wie möglich an Bord kamen. Dies mußte in völliger Dunkelheit geschehen, damit der Russe von der Aktion nichts merkte.

140

Zur Sicherheit hatte ich in der Maschine an der Hauptschalttafel die Sicherungen für die gesamte Decks- und Aufbaubeleuchtung herausnehmen lassen.

Überall waren Leute postiert, die aufzupassen hatten, daß keine Taschenlampen gebraucht wurden.

Rücksichtslos schoben unsere Leute in den Leichtern eine Person nach der anderen auf die Fallreeps. Es war stockfinster in den Leichtern. Schulter an Schulter standen die Menschen. Wenn jemand etwas von seiner Habe verloren hatte, konnte darauf keine Rücksicht genommen werden. So mancher, der uns damals für roh gehalten haben mag, wird heute Verständnis für uns haben. Jedenfalls wurden wir rechtzeitig fertig und lagen vor Tagesbeginn schon wieder auf der Seeseite von Hela. Nachmittags sollten wir im Geleit zurück nach Kopenhagen laufen und warteten nicht weit vom Leuchtturm entfernt mit aufgehievtem Anker. Plötzlich erhielten wir schweres Artilleriefeuer. Schleunigst verließen wir unsere Warteposition. Während wir noch auf das Geleit warteten, setzte dichter Nebel ein. Es wurde beschlossen, auf jeden Fall zu fahren, weil die größte Wahrscheinlichkeit bestand, bei einem derartigen Nebel unbelästigt von Fliegern, Schnellbooten und U-Booten von der Küste freizukommen.

Das Geleit bestand aus vier schnellen Handelsschiffen. Als Schutz hatten wir zwei große M-Boote und ein Schnellboot. Gefahren wurde nach einem genau abgestimmten Fahrplan. Als Führer fuhr eines dieser M-Boote, dann kamen die Frachter, wobei die *Ubena* als die schnellste als letzte Nummer fuhr, und als Beschluß folgte das zweite M-Boot. Es sollte so dicht als möglich aufgeschlossen gefahren werden. Die Sichtweite betrug nicht mehr als 100 Meter. Jedes Fahrzeug montierte am Heck zusätzlich eine starke Lampe, die genau nach achtern schien. Gefahren werden sollte so, daß dieses Licht noch eben zu sehen war. Das erforderte eine einwandfreie Verbindung mit der Maschine per Telefon, welches ja jede Sekunde besetzt sein mußte, um eine von der Brücke erforderliche Umdrehungsänderung sofort ausführen zu können.

Leider war unser UKW-Sprechgerät ausgefallen. Um aber in Verbindung mit dem ganzen Geleit zu bleiben, fuhr das Schnellboot in Höhe der Brücke dicht an unserer Bordwand und übermittelte Befehle und Anordnungen des Führerbootes an uns mittels einer gewöhnlichen Flüstertüte.

Jedes Schiff gab ein vorher festgelegtes Nebelsignal, welches genau in der Reihenfolge der fahrenden Schiffe gegeben wurde. Bei Kursänderungen, welche vorher mit UKW angekündigt wurden, erfolgten diese Signale während der Änderung, damit der Hintermann am Auswandern des Signales die Kursänderung feststellen konnte. Bei einer Nichtbeachtung hätte es die schwersten Zusammenstöße geben können. Es wurde mit allem, was die Maschinen hergaben, gefahren und dabei so dicht aufgeschlossen, daß die Hecklampe vor der Back des eigenen Schiffes im Nebel tanzte. So jagten wir Stunde um Stunde durch den dichten Nebel westwärts und kamen heil durch, aber wir waren mit unseren Nerven fertig. Wie Schlaf aussah, wußten wir

kaum noch. Wir rauchten pausenlos und tranken starken Kaffee, um uns wachzu-
halten.

Ich möchte nicht vergessen, an die an Bord arbeitenden Ärzte zu denken. Während
wir auf der Brücke mit angespannten Nerven standen, jeden Augenblick irgendet-
was erwarteten, arbeiteten die Ärzte auf ihren Stationen ununterbrochen. Die meisten Verwundeten litten an Gasbrand, und hier half nur sofortige Amputation. Die
Verbände aller an Bord gekommenen Verwundeten mußten sofort erneuert werden.
Dabei war die Luft in den Räumen zum Schneiden, wegen der Verdunklung mußten
sämtliche Fenster geschlossen bleiben.

Das Furchtbarste aber waren die vielen Toten, die auf See eingenäht und versenkt
werden mußten. Es war uns nicht mehr möglich, Begräbnisse vorschriftsmäßig
durchzuführen, denn wir besaßen nicht genügend Material wie Segeltuch und Ge-
wichte zum Beschweren der Leichen, auch konnten wir die Maschinen nicht stoppen, wenn die eingenähten Toten der See übergeben wurden. Die Gestorbenen, ohne Rücksicht auf Geschlecht, Alter oder Konfession, wurden zu zweit in Segeltuch
gehüllt und mit gewöhnlichen Pflastersteinen beschwert, die wir aus Kopenhagen
mitgenommen hatten.

Es war jedesmal grauenhaft.

Da waren Mütter und andere Verwandte, deren Familienmitglieder gestorben waren, und die es nicht fassen konnten, daß diese mit einem völlig Unbekannten das
Seemannsgrab teilen mußten.

Sie haben mich kniend angejammert, dieses doch nicht zu tun. Doch was blieb mir
übrig. Ich habe sie zu trösten versucht, obwohl mir hundeelend war. Wir falteten nur
kurz die Hände, nahmen die Mützen ab und übergaben die Toten der See.

Es waren viele, die ich in diesen Wochen so der See übergeben habe, viel zu viele.
Noch heute schüttelt es mich, wenn ich daran denke. Wir alle, die dabei waren, sind
aufgerufen, alles zu tun, damit ein solcher Wahnsinn sich nicht wiederholt!«

Die »Ubena«
in Frieden und Krieg

Deutsche Afrika-Linien

Die Geschichte der DEUTSCHEN AFRIKA-LINIEN begann 1837, als Carl Woermann in Hamburg seine eigene Firma gründete und zu einem Handelshaus überseeischer Produkte ausbaute. Im Jahre 1847 erwarb Woermann die 200-t-Brigg *Eleonore*, die für seine Firma Kaffee aus Westindien holte. Schnell wuchs seine Flotte auf zehn Segelschiffe, die hauptsächlich nach Westafrika, Ostindien und Australien gingen. So fuhr im Jahre 1849 die Brigg *Eleonore* als erstes deutsches Schiff unter der Woermann-Flagge nach Westafrika. 1854 errichtete das Handelshaus seine erste Niederlassung in Liberia.

Nach dem Tode von Carl Woermann im Jahre 1880 übernahm Adolph Woermann die Führung der Geschäfte. Eduard Bohlen und Ernst Barth standen ihm als Teilhaber zur Seite. Es folgten die Jahre, in denen die aufkommende Dampfschiffahrt das Reedereigeschäft revolutionierte. Konnten bisher kleinere Segler noch ausschließlich mit Waren des eigenen Handelshauses ausgelastet werden, so erforderten die größeren Ladekapazitäten der Dampfer die Akquisition von fremder Fracht.

1885 wurde die »Afrikanische-Dampfschiffs-Actiengesellschaft, Woermann-Linie« gegründet und dadurch der Reedereibetrieb von der Handelsfirma rechtlich verselbständigt. Zehn Jahre später wurde die Aktiengesellschaft zur »Woermann-Linie GmbH« umgewandelt. Sie verfügte über 15 Dampfer, mit denen etwa 48 Rundreisen nach Westafrika durchgeführt wurden. Am 1. Februar 1890 setzte Bismarck das Subventionsgesetz für die Errichtung einer Linie zur Verbindung mit den Kolonien in Ostafrika im Reichstag durch. Es sah einen Jahresbeitrag von 900 000 Mark vor. Den Zuschlag erhielt ein von Adolph Woermann geführtes Konsortium Hamburger Reedereien und Kaufleute. Am 19. April kam es zur Gründung der »Deutschen Ost-Afrika-Linie« (DOAL). Die neue Reederei war eine Aktiengesellschaft mit einem Kapital von 6 Millionen Mark.

Adolph Woermann wurde Aufsichtsratsvorsitzender.

Die neue Reederei schloß mit der Regierung einen Subventionsvertrag über zehn Jahre. Der Vertrag schrieb vor, daß die Schiffe auf der Hauptlinie mindestens 2 200 BRT, die der Küstenlinie 500 BRT groß sein und 10,5 Knoten laufen müssen. Alle Schiffe seien auf deutschen Werften und möglichst mit deutschem Material zu bauen. Noch im gleichen Jahr lief der erste Dampfer der DOAL aus dem Hamburger Hafen.

Um die Jahrhundertwende belief sich die Gesamttonnage der Afrika-Linien auf 33 Dampfschiffe mit insgesamt 98 800 BRT.

Vor Ausbruch des Ersten Weltkrieges besaßen die Woermann-Linie und die Deutsche Ost-Afrika-Linie insgesamt 72 Dampfschiffe, von denen nach dem Kriege nur noch ein Küstenschiff von 800 BRT übrig blieb. Trotz des verlorenen Krieges und des Verlustes der gesamten Flotte konnten im Jahre 1921 die ersten regelmäßigen Abfahrten nach Afrika mit eigenen Schiffen wieder aufgenommen werden. Vor Ausbruch des Zweiten Weltkrieges im Jahre 1939 war die Tonnage der Afrika-Linien wieder auf 27 Schiffe mit 174 000 BRT angewachsen.

Am Ende des Krieges war von der Flotte der Deutschen Afrika-Linien wiederum praktisch nichts mehr übriggeblieben. Nur ein unfertiger Schiffsrumpf, die *Kilwa*, die für Zubringerdienste in Ostafrika vorgesehen war und wegen des Krieges nicht mehr fertiggestellt werden konnte, überstand den Zusammenbruch. Außer diesem Schiffsrumpf lag im Hamburger Hafen noch die halbe *Daressalam* als Hotelschiff. Die andere Hälfte hatte ein Bombentreffer vernichtet. Mit diesen traurigen Resten begann der Hamburger Reeder John T. Essberger den Wiederaufbau der Deutschen Afrika-Linien.

1951 ließ John T. Essberger die deutsche Afrika-Schiffahrt unter der Firma »Deutsch-Afrikanische Schiffahrts-Gesellschaft mbH« (Afrika-Linien) wieder entstehen und nahm am 9. November mit dem Neubau *Transvaal* den Dienst nach Südafrika auf. Bald folgten weitere Neubauten. Noch vor dem Tode von Essberger wird die DASG in die »DAL Deutsche Afrika-Linien GmbH & Co« umgewandelt.

John T. Essbergers Tochter Liselotte von Rantzau-Essberger übernahm die Führung der DAL und brach mit dem alten Vorurteil, daß das Reedereigeschäft allein den Herren der Schöpfung vorbehalten bleiben müsse.

Blohm & Voß und die Reederei

Als die Werft Blohm & Voß am 31. März 1928 unter der Baunummer 482 den Passagierdampfer *Ubena* zu Wasser ließ, war es der 41. Auftrag, den sie von den Deutschen Afrika-Linien verbuchen konnte. Auf der Nachbarhelling wuchs langsam das Schwesterschiff *Watussi* aus den Spanten.

Mit der Geschichte der 1877 von den beiden Ingenieuren Hermann Blohm und Ernst Voß gegründeten Werft und Maschinenfabrik Blohm & Voß verbinden sich überragende Leistungen im Schiff- und Maschinenbau. Davon abgesehen hat diese Werft ein Stück deutscher Schiffahrtsgeschichte mitgeschrieben. Die größten und schnellsten Schiffe ihrer Zeit wie die *Vaterland*, die *Bismarck* und die unvergessene *Europa* sind hier entstanden.

Kaum hatte sich die neue Werft in Hamburg auf Steinwerder etabliert, die ersten größeren Dampfer abgeliefert, als auch schon der Hamburger Reeder Adolf Woermann Kunde wurde und im Mai 1882 die *Professor Woermann* in seine junge Dampferflotte einreihen konnte. Schiffe für die Fahrt nach Afrika mußten besonders robust und zweckmäßig konstruiert werden, denn das Fahrtgebiet war schwierig, die klimatischen Verhältnisse ungünstig. Es galt, einen Schiffstyp zu entwickeln, der weitgehend allen Anforderungen entsprach. Der Neubau fand Anklang bei der Besatzung und natürlich beim Reeder, und so folgte Auftrag auf Auftrag. Bis zum Jahre 1906 wurden fünfzehn Neubauten allein für die Woermann-Westafrikafahrt und dreizehn für die vom Staat subventionierte Deutsche Ost-Afrika-Linie abgeliefert.

Als nach dem Ersten Weltkrieg der Bau von Handelsschiffen wieder aufgenommen werden konnte, setzten sich die guten Beziehungen zwischen Reederei und Werft fort. Die *Urundi* erhielt die erste Baunummer nach dem Krieg, andere Schiffe folgten in den nächsten Jahren.

Nach Ablieferung der Schwesterschiffe *Watussi* und *Ubena* bestellten die Woermann-Linie und die Deutsche Ost-Afrika-Linie noch einmal ein Pärchen bei Blohm & Voß, die *Windhuk* und die *Pretoria*. Diese beiden 1936 in Dienst gestellten Turbinenschiffe waren die schönsten und ausgewogensten Einheiten, die auf der Afrikaroute eingesetzt worden sind. Viele Menschen glaubten damals, daß es zu einer Neuverteilung des afrikanischen Kolonialbesitzes kommen würde. Ohne diese Erwartungen wären die beiden Fracht- und Passagierdampfer kaum in dieser Form, Größe und Ausstattung in Auftrag gegeben worden.

Nach der völligen Demontage des Schiffbauunternehmens in Hamburg in den Jahren nach 1945 faßten die beiden Söhne des Mitbegründers der Werft Hermann Blohm den Entschluß, sie wieder aufzubauen. Mit Hilfe der Stadt Hamburg sowie der heutigen Beteiligungsgesellschaft Phönix-Rheinrohr AG, Vereinigte Hütten- und Röhrenwerke, Düsseldorf, erreichte Blohm + Voss* bald wieder einen Spitzenplatz unter den deutschen Schiffbaubetrieben.

Obwohl 1951 John T. Essberger die deutsche Afrika-Schiffahrt unter der Bezeichnung »Deutsch-Afrikanische Schiffahrts-Gesellschaft mbH« wieder entstehen ließ, kam es bislang zu keinem Neubauabschluß mehr zwischen der Reederei und der Werft Blohm + Voss.

---

* Schreibweise nach dem Zweiten Weltkrieg

Das Schiff

Seit 1916 befand sich die Woermann-Linie nicht mehr im Besitz der Familie Woermann, aber auch die »Deutsche Ost-Afrika-Linie« gehörte inzwischen der Hapag, dem Norddeutschen Lloyd und Hugo Stinnes. Eine Rationalisierung war unumgänglich, und so erfolgte Werbung, Buchung und Abfertigung unter dem neuen Firmenschild des »Deutschen-Afrika-Dienstes«. Er betreute vier Linien, unter denen die sogenannte »Kap-Hauptlinie« bis Südwestafrika durchfuhr und dann alle Häfen entlang der südafrikanischen Küste bis Lourenço Marques bediente. Als 1924 eine neue Afrika-Konferenz gegründet wurde, zögerten die Hamburger nicht und teilten mit britischen und niederländischen Reedereien die Interessengebiete neu auf.

Ein Jahr später wurde auch wieder die östliche Rundfahrt um Afrika aufgenommen, die westliche folgte. Damit war die Kap-Hauptlinie überflüssig geworden und wurde eingestellt.

Unter den Passagieren befanden sich zunehmend Touristen, also Leute, die zum Vergnügen auf einem Schiff fuhren. Das erforderte eine andere Konzeption der Inneneinrichtung, vor allem die Einschränkung der strengen Klassen-Einteilung. Erste Folgerungen wurden mit dem Bau der *Watussi* und der *Ubena* gezogen, den größten Schiffen, die die Afrika-Reedereien bis dahin besaßen. Fracht nahmen sie gewissermaßen nur nebenbei mit. Obwohl die Schiffe im Gegensatz zu den englischen Dampfern klein und zu langsam waren, erfreuten sie sich beim Publikum eines ausgezeichneten Rufes. Sie waren aber auch die letzten Schiffe mit der alten Klasseneinteilung.

Die Weltwirtschaftskrise 1929 brachte zunächst auch den Touristenstrom zum Versiegen, und als 1932 die staatlich subventionierte italienische Handelsflotte sich ein neues Betätigungsfeld in Afrika suchte und mit modernen Schnelldampfern einen Afrika-Runddienst einrichtete, schien das Ende der deutschen Afrika-Schiffahrt bevorzustehen. Die finanzielle Decke der Hamburger Reederei reichte gerade, um die *Ubena* und die *Watussi* für kurze Zeit aus der Fahrt zu ziehen und zu verlängern. Blohm & Voß arbeitete verschiedene Entwürfe aus, die in der hamburgischen Schiffbau-Versuchsanstalt getestet wur-

Deckblatt der letzten Musterrolle der »Ubena«. ▷

Deutsches Reich

Seemannsamt
Hamburg
Eing. 2 6. MRZ. 1980
Anlagen:

Musterrolle

der Mannschaft des deutschen **Dampf** - Schiffes

„Ubena"

Heimatshafen:

Registerhafen: Unterscheidungssignal:

Hamburg   **D. H. Y. E.**

für die   Reise*)   **in großer Fahrt**

     Zeit*)   **unbestimmte Zeit**

Hafen der Ausreise: **Hamburg**

Vor dem unterzeichneten Seemannsamte sind erschienen der nachbenannte Kapitän auf **großer** Fahrt als Schiffsführer und die unter Nr. **1** bis ?? nachbenannten Schiffsoffiziere und Schiffsleute und haben erklärt, daß diese sich zum Schiffsdienste nach Maßgabe der deutschen Seemannsordnung auf dem obengenannten Schiffe und, soweit nicht nachstehend anderes vermerkt, für die vorbezeichnete Reise*)/Zeit*) gegen die bei ihrem Namen angegebene Heuer sowie nach Empfang des unter der Heuer angegebenen Vorschusses und unter den umstehend aufgeführten weiteren Bedingungen verheuert haben.

Die Heuer ist, soweit dabei nichts anderes vermerkt steht, in Reichsmark und für den Monat angegeben; die Zahlung beginnt mit dem Tage der Anmusterung, soweit ein früherer Tag des Dienstantritts vermerkt ist, mit diesem.

Kiel, den **20. Februar** 19**42**

Das Seemannsamt

durchstreichen.

A 28   ...uckerei   Din A 4 den. Als wirtschaftlichste Form stellte sich eine Stevenverlängerung um sechs Meter in der Wasserlinie heraus. Das alte Vorschiff konnte bis zur Wasserlinie schwimmend abgewrackt werden, worauf dann im Dock der unter Wasser liegende Teil entfernt wurde.

Dann begann der Aufbau des Vorschiffes, von dem größere Teile schon vorher an Land zusammengesetzt waren. Gleichzeitig mit dem Umbau des Vorschiffes und einer Verbesserung der Maschinenleistung erfolgte eine Umwandlung der bisherigen Zweiten und Mittelklasse in die neue Touristenklasse, in der bis zu zweihundert Passagiere aufgenommen werden konnten. Außerdem erhielt die *Ubena* einen Kühlladeraum.

Allen Hoffnungen und Berechnungen zum Trotz: die *Ubena* lief nur 15,5 Meilen in der Stunde. Das war eine Enttäuschung. Nach 1933 waren die deutschen Passagierschiffsreedereien fast ganz auf ausländische Gäste angewiesen, denn die im Deutschen Reich eingeführte, streng gehandhabte Devisenbewirtschaftung machte Auslandsreisen unmöglich.

Im Zuge der großen Entflechtungsaktion der deutschen Reedereien im Jahre 1934 wurden Hapag und Norddeutscher Lloyd aus der Afrika-Schiffahrt hinausgedrängt. Ihren Schiffspark übernahm die neue Afrika-Reederei. Sie führte keinen eigenen Namen, sondern vereinte unter dem Dach Deutsche-Afrika-Linien die alten Reedereien. So führte die *Ubena* Reedereiflagge und Schornsteinmarke der Deutschen Ost-Afrika-Linie. Bis Kriegsende machte sie 44 Rundreisen, 38 davon nach Afrika.

Der verschwundene Passagier

Unbarmherzig knallt die Äquatorsonne auf die südwärts dampfende *Ubena* nieder und heizt die Innenräume des Schiffes weiter auf. Die Ventilatoren in den Kammern schaffen nur eine geringe, kaum spürbare Linderung. Doch an diesem Tag ist alles zu ertragen, denn der Äquator wird passiert, und das bedeutet sowohl für die Passagiere als auch für die Besatzung ein Vergnügen eigener Art, das nach der Tradition auf den Schiffen der Deutschen Afrika-Linien entsprechend gefeiert wird.

Bei leichtem Wind und ruhiger See erhalten die Neugetauften ihre Zeugnisse, und Kapitän Löhndorf händigt sie ihnen persönlich aus. Für die erfahrenen Matrosen und gewieften Stewards ist die Äquatortaufe mehr als nur eine willkommene Abwechslung im Bordbetrieb, sie verspricht auch einen erheblichen Trinkgeldzuschuß, denn im Laufe des Tages und in den Abendstunden wird mehr gezecht als üblich.

In der Laube an Deck haben sich einige Neugetaufte niedergelassen und ertränken buchstäblich ihren Durst in deutschem Bier und schottischem Whisky. Unter ihnen sitzt still in sich gekehrt der aus Osterode stammende Walter Carl Schwittay aus der II. Klasse. Er will nach Windhuk, um dort zu versuchen, bei einem Onkel eine Stellung zu bekommen. Sicher aber ist er sich dessen nicht, und an diesem späten Abend äußert der 26jährige Ostpreuße starke Bedenken, daß es überhaupt klappen wird. Die Mitreisenden trösten ihn und sprechen ihm Mut zu.

»Wer weiß«, sagt einer, »vielleicht haben wir bald wieder Kolonien. Es ist eine Schande, eine Kulturschande, daß wir sie abgeben mußten in diesem schändlichen Friedensvertrag.«

Und dann singen sie noch ein paar Lieder und gehen kurz nach Mitternacht schlafen. Nur Schwittay nicht, der sich die Kammer mit drei anderen Männern teilt. Er bleibt an Deck. Das hat er in den letzten Nächten immer so gehalten, und darum denken sich seine Mitreisenden nichts dabei.

Im Gegenteil, sie freuen sich, einen Schnarcher weniger in der nicht gerade großen Kammer zu haben.

Walter Schwittay legt sich rund 50 m hinter der Brücke in einen der zahlreichen Liegestühle und wickelt sich in eine dünne Decke ein. Für die Schönheit

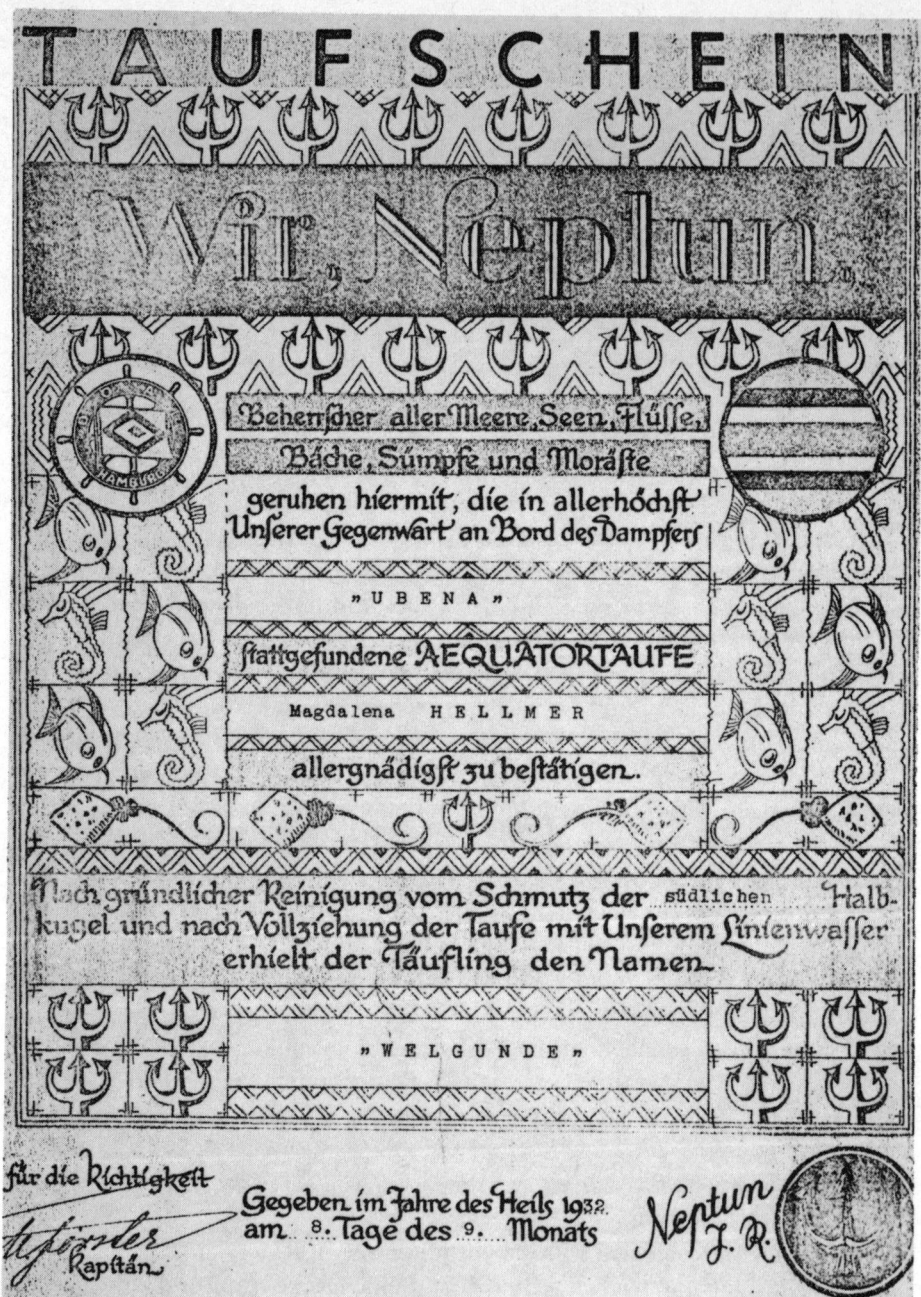

TAUFSCHEIN

Wir, Neptun.

Beherrscher aller Meere, Seen, Flüsse, Bäche, Sümpfe und Moräste geruhen hiermit, die in allerhöchst Unserer Gegenwart an Bord des Dampfers

„UBENA"

stattgefundene AEQUATORTAUFE

Magdalena HELLMER

allergnädigst zu bestätigen.

Nach gründlicher Reinigung vom Schmutz der südlichen Halbkugel und nach Vollziehung der Taufe mit Unserem Linienwasser erhielt der Täufling den Namen

„WELGUNDE"

für die Richtigkeit

[Unterschrift]
Kapitän

Gegeben im Jahre des Heils 1932.
am 8. Tage des 9. Monats

Neptun
J. R.

der Tropennacht hat er keine Augen. Leicht rollt der Dampfer in der weitgezogenen Dünung und bringt die Sterne am Himmel zum Tanzen. Das »Kreuz des Südens« hängt über dem vorderen Mast. An Bord ist Ruhe eingekehrt. Das Stampfen der Maschinen ist eher zu spüren als zu hören. Aus einem der Salons klingt noch leise Musik hinaus in die Nacht. Frauen lachen hell dazwischen, Gläser klirren. Ein Pärchen wandert langsam über das obere Deck und bleibt öfter stehen, um auf die im Sternenlicht schimmernde See zu blicken oder Zärtlichkeiten auszutauschen.

Um 4.30 Uhr beginnt für die Mittelwache die Arbeit an Deck. Schläuche werden angeschlagen, und dann machen sich die Matrosen ans Werk, alles leise nach Möglichkeit, um die Passagiere nicht zu wecken. Auf dem Oberdeck stoßen sie auf einen belegten Liegestuhl und können nicht weitermachen. Matrose Johannisson beschließt, den Mann zu wecken. Doch Schwittay hört ihn nicht oder stellt sich schlafend, um nicht aufstehen zu müssen.

»Der stinkt ja wie eine Eckkneipe!« behauptet Findeisen, und Fehlhaber läßt sich nicht lumpen und steuert noch ein paar Anspielungen bei. Sie beschließen, erst die andere Deckseite abzuspülen. Als sie nach einer halben Stunde wiederkommen, ist der Liegestuhl leer. Sie nehmen das lediglich zur Kenntnis, räumen ihn weg und waschen weiter die Planken des Schiffes.

Als Schwittay nicht am Frühstückstisch erscheint und auch nicht in seiner Kammer ist, um sich zurechtzumachen, melden die Passagiere Brunk und Schacht das Verschwinden des Ostpreußen dem Zahlmeister Albrecht. Der unterbricht seine Tätigkeit und läuft, so schnell er kann, zur Brücke hoch. Kapitän Heinrich Löhndorf legt den Dampfer sofort auf Gegenkurs. Während der Zahlmeister zusammen mit dem I. Offizier Hugo Meyer das ganze Schiff absucht, zieht doppelte Wache auf, doch so sehr sie sich auch anstrengen, nichts ist zu sehen außer ein paar Seevögeln und aus dem Wasser springenden Fischen. Nach sechs Stunden kehren sie wieder um und erreichen ohne weitere Zwischenfälle am 11. April 1930 Lobito.

Am 4. Juni 1930 tritt in Hamburg das Seeamt zusammen, um über das Verschwinden des Passagiers II. Klasse, Walter Schwittay aus Osterode, zu verhandeln, der am 8. April 1930 auf der Reise der *Ubena* von Las Palmas nach Lobito aus unbekannten Gründen über Bord sprang oder fiel.

»Ein Verschulden der Schiffsführung kann nicht festgestellt werden«, entscheidet der Vorsitzende und schließt die Akten.

◁ *Taufschein von Magdalena Hellmer aus Berlin.*

Selbstmord im Kabelgatt

Otto Tessen ist nicht der einzige Matrose an Bord der *Ubena*, der seit Jahrzehnten bei der Deutschen Ost-Afrika-Linie seine Heuer verdient. Mit seinen 57 Jahren gehört er zu dem priviligierten Kreis an Bord, der nicht mehr zu sogenannten niederen Arbeiten an Deck herangezogen wird. Ihm untersteht das zweite Kabelgatt. Dort sorgt er für Ordnung. Es gibt keine seemännische Arbeit, die er nicht beherrscht, und kaum einen zweiten auf der *Ubena*, der Zierknoten so geschickt zu knüpfen versteht wie er.

An einem frühen Morgen im August, der Dampfer befindet sich auf der Reise von Beira nach Lourenço Marques, waschen die Tagelöhner die Decks. Otto Tessen hat gerade den Deckwaschschlauch an den Wasserhydranten angeschlossen, als er hinter sich die Stimme von Bootsmann Kraft hört. Er dreht sich um und grinst, während ihm das warme Wasser aus dem Schlauch über die nackten Füße läuft. Dem Bootsmann scheint eine Laus über die Leber gelaufen zu sein, denn er bleibt ernst und fährt den Matrosen barsch an: »Steh nicht rum, nimm dir einen Schwabber und schmier die Gräting der II. Klasse ein!«

Otto Tessen hebt erstaunt den Kopf. Das ist keine richtige Matrosenarbeit, sondern eine Tätigkeit für Leichtmatrosen und Jungleute. Das kommt einer Degradierung gleich! Was fällt dem Bootsmann überhaupt ein? Bloß weil er gestern beim Bier-Skat ein paar Runden verloren hat und Otto sich darüber köstlich amüsierte, muß er sich so aufführen? Otto ist nicht gewillt, dieses Spiel mitzumachen. Er schreit unbeherrscht:

»Ich bin Kabelgattmatrose und kein Moses!«

Dann wirft er entrüstet den Schwabber zur Seite, steckt demonstrativ seine Hände in die Hosentaschen und geht langsam, aber zielstrebig nach achtern. Zwei Minuten später, soviel Zeit billigt der Bootsmann dem aufmüpfigen Matrosen zu, um sich zu beruhigen, schickt er ihm die beiden Matrosen Schrumm und Kramer nach. Sie sollen ihn zurückholen, notfalls ihm drohen, daß ansonsten der Bootsmann zum Alten gehen würde, und was das bedeutet, ist ihm doch wohl klar: Eintragung ins Schiffstagebuch wegen Arbeitsverweigerung.

Speisekarte der »Ubena« aus dem Jahre 1934. ▷

154

P.-D. „UBENA"

1. August 1934

★

Frühstück
nach Wahl
7.30 Uhr

Apfelsinen . Äpfel
Getrocknete Pflaumen

Orangen-Marmelade . Himbeer-Marmelade
Honig

Kaffee — Kaffee Hag — Tee — Mate
Kakao — Milch

Frische Milch für Kinder

Wiener Gebäck — Weißbrot — Knäckebrot
Graubrot — Schwarzbrot — Vollkornbrot

Haferflocken mit frischer Milch
Reismehlbrei mit Preißelbeeren

Gekochte Eier — Spiegeleier
Rühreier

Apfelpfannkuchen

Frühstücksschinken — Frühstücksspeck

Rumpsteak, Bratkartoffeln

Leberpastete — Berliner Fleischwurst
Edamer Käse

Schrumm und Kramer kommen gerade noch rechtzeitig, um Tessen zu hindern, über die Reling zu springen.

»Mach doch keinen Mist«, regt sich Schramm auf, »du drehst ja bei jeder Gelegenheit gleich durch! Mensch, macht das die Hitze oder das Alter?«

Tessen verzieht nur den Mund, ohne zu antworten. Er geht aber nicht mit den beiden, auch die Warnung vor der Eintragung ins Schiffstagebuch schreckt ihn nicht, er verschwindet wortlos unter Deck.

»Laß ihn, Otto beruhigt sich wieder, es ist ja nicht das erste Mal, daß er ausklinkt«, brummt Schrumm und dreht ab.

»Hast auch recht, wer von uns beiden scheuert nun die Gräting?« Schrumm hofft, daß der Bootsmann inzwischen die Angelegenheit vergessen hat, und so ist es auch. Die Gräting der II. Klasse spielt an diesem Morgen keine Rolle mehr.

Zwei Stunden später, die Tagelöhner haben inzwischen gefrühstückt, will der Bootsmann zutörnen. Doch bei der Arbeitsverteilung fehlt immer noch Otto Tessen. Kraft schickt nun den Matrosen Voigt los, ihn zu suchen. Er findet ihn auch: Tessen hat sich in seinem Kabelgatt erhängt. Der sofort herbeigeholte Schiffsarzt kann nur noch den Tod des alten Matrosen feststellen.

Am 26. September 1932 tritt in Hamburg das Seeamt zusammen, um über den Freitod des Matrosen Otto Tessen aus Wick, Kreis Schlawe, zu befinden. Ein Verschulden der Schiffsleitung wird nicht festgestellt, heißt es im Bericht.

Flaggenwechsel auf der »Ubena«

Die Nationalsozialistischen Betriebszellen-Organisationen hatten sich seit 1930 langsam auch auf den größeren Schiffen eingenistet. Zu einer schlagkräftigen Unterwanderung der Kauffahrteischiffahrt reichten ihre Kräfte aber nicht aus. Der Machtwechsel am 30. Januar 1933 schuf neue Prioritäten. Die sofort einsetzende Gleichschaltung zielte zunächst auf die Basis. Viele Kapitäne und Schiffsoffiziere zeigten sich durchaus zur Mitarbeit bereit. Die Mehrheit der Seeleute hatte nie Gewerkschaften angehört, höchstens berufsständischen konservativen Interessenvertretungen. Bald war die Besatzung freiwillig oder gezwungen Mitglied in der Deutschen Arbeitsfront. Sie besaß eine Gauwaltung und Betriebszellen-Obleute auf allen Schiffen. Schließlich wurden die Schiffe im Ausland von der Auslandsorganisation der Partei betreut. In den ersten Jahren nach der Machtergreifung begann die SA mit dem Aufbau der »Bordstürme«. Statt in Seestiefeln marschierten jetzt die Matrosen in braunen Langschäftern über die Decks. Das Leben auf den Schiffen wurde immer militärischer ausgerichtet, die Freizeit organisiert.

Auf der *Ubena* war es nicht anders. Auch Kapitän Hermann Förster war zuerst froh, daß wieder Ordnung und Disziplin auf seinem Schiff einzogen, doch diese Freude währte nicht lange. Ihm war unbegreiflich, daß sich bei Kameradschaftsabenden Kapitäne in Reih und Glied einordneten und sich von Offizieren, ja Stewards und Köchen herumkommandieren ließen, die als Ortsgruppenleiter fungierten. Noch wehte am Heck die nach der Machtergreifung wieder eingeführte schwarz-weiß-rote Flagge. Im Herbst 1935 war es auch damit vorbei. Per Flaggengesetz vom 15. September wurde die Flagge der NSDAP neue National- und Handelsflagge. Mit beinahe militärischem Zeremoniell wurde der Wechsel auf den Schiffen vollzogen.

Kapitän Hermann Förster erhielt von der Direktion der Afrika-Linien den Auftrag, den Wechsel der Flaggen um 12.00 Uhr vorzunehmen. Die anderen Schiffe der Linie, die im Hamburger Hafen lagen, sollten sich danach richten. Hermann Förster schreibt in seinem Tagebuch über diese Stunde: »Ich ließ meine Mannschaft an Bord antreten und hielt eine kurze Ansprache in der Form, daß wir die Treue, die wir der alten Flagge gehalten hätten, nun auf die neue übertragen müßten. – Hol nieder Flagge!

Meine alte, gute Flagge mit dem eisernen Kreuz grüßte ich militärisch mit der Hand an der Mütze, während ich beim Heißen des Hakenkreuzes den Arm hob. Später ging ich an Land und meldete Direktor Amsinck den vollzogenen Flaggenwechsel mit den Worten: Es ist vollbracht! Ich bat ihn, die letzte deutsche Flagge, die auf meinem Schiff geweht hatte, behalten zu dürfen.

Mehr sprachen wir nicht miteinander. Ich verließ schweigend den Raum, konnte aber nicht vermeiden, im Hinausgehen den Zusammenbruch des allbeliebten Direktors an seinem Schreibtisch zu erleben.

Es war eine Epoche zu Ende gegangen.«

Als Hermann Förster im September 1968 in Himmelpforten begraben wurde, wanderte die letzte »deutsche« Flagge mit in sein Grab.

Prügelei mit tödlichem Ausgang

Zehn Tage noch, dann wird der Zweite Weltkrieg beginnen, doch an diesem
20. August 1939 auf dem Friedhof in Marseille denken die Menschen nicht an
Krieg, wohl aber an den Tod, der unverhofft zugeschlagen hat. Kapitän Hermann Förster spricht am offenen Grab über Kameradschaft, Schicksal und
Zufall und wie schnell der Tod Hoffnungen und Träume zerstört. Der größte
Teil der Besatzung hat dem an Bord zu Tode gekommenen Offiziersjungen Arno Witt die letzte Ehre erwiesen und den Sarg von der Kapelle zur Grabstätte
begleitet. Der Wind rauscht durch die Platanen, ein paar zufällig auf dem
Friedhof anwesende Franzosen nehmen ihre Mützen ab, als sie das Lied vom
guten Kameraden singen. Nicht alle sind mitgegangen, eine Wache mußte an
Bord bleiben und auch der Kapitänsjunge Karl-Heinz L. So wollte es Kapitän
Förster.

Während die Mannschaft des Afrika-Dampfers auf dem Friedhof betet, läuft
vor dem an Bord gebliebenen 20jährigen Kapitänsjungen immer wieder der
gleiche stumme Film ab: Er hat den Kapitän bedient und ist mit dem Geschirr
unterwegs über Deck, als er Arno Witt auf sich zukommen sieht. Er könnte
an ihm vorbeigehen, Platz ist genug vorhanden, aber der vier Jahre jüngere
Kollege will nicht, er schreit:

»Mach Platz, jetzt komme ich!«

Idiot, denkt Karl-Heinz, der Junge ist noch kein Jahr an Bord und riskiert eine
Lippe, als wäre er Obersteward.

Ein Wort löst das andere aus, keiner ist gewillt, nachzugeben und den anderen
vorbeigehen zu lassen. Schließlich wird es dem Kapitänsjungen zu bunt, und
er droht dem Jüngeren eine Tracht Prügel an. Sie haben sich öfter gerauft und
wieder vertragen, so ernst ist das auch nicht zu nehmen, und die Hitze des Tages tut ihr übriges, beide sind gereizt. »Da bin ich aber mit dabei!« prahlt Witt
und schiebt die Terrine zur Seite. Er greift sofort an und versucht, seine Arme
um den Älteren zu schlingen, denn er gilt an Bord als guter Ringer. Karl-Heinz
wehrt ihn ab und schlägt blind auf ihn ein, erwischt ihn an der linken Kopfseite. Arno knickt in den Knien ein, schaut noch ungläubig auf und fällt lang
hin. Karl-Heinz nimmt an, daß der Offiziersjunge nur schauspielert, und fordert ihn auf, weiterzumachen. Erst als Arno im Gesicht blau anläuft, wird ihm

bewußt, was geschehen ist. Er schreit nach Hilfe, beugt sich über den Jungen und versucht, ihn wiederzubeleben. Doch Arno Witt atmet nicht mehr: er ist tot.

Kapitän Förster befindet sich in seiner Kajüte und wird erst durch die Unruhe an Deck gewahr, daß etwas nicht stimmt. Als er am Unfallort auftaucht, fast gleichzeitig mit dem Schiffsarzt, ist schon alles vorbei. Ihm bleibt nur noch die Pflicht, den Vorfall genau aufzunehmen und den Tod in das Schiffstagebuch einzutragen. Er will die Leiche nicht dem Meer übergeben, sondern den jungen Seemann an Land begraben lassen und läuft Marseille an.

Bevor die *Ubena* den französischen Mittelmeerhafen wieder verläßt und Kurs auf die Straße von Gibraltar absetzt, überbringt der Konsul dem Kapitän eine versiegelte Order und die Warnung, unbedingt die Funkstation besetzt zu halten. »Vielleicht ist alles nur Bluff, mein lieber Kapitän Förster, aber wenn es Krieg gegen Polen gibt, werden die Engländer und Franzosen nicht abseits stehen. Nehmen Sie sich vor ihnen in acht!«

Doch in den nächsten Tagen geschieht weiter nichts. Der normale Bordbetrieb geht seinen gewohnten Gang. Die Straße von Gibraltar wird passiert, und weiter führt die Reise nach Lissabon. Gerüchte über einen bevorstehenden Kriegsausbruch schwirren durch den Hafen. Nur nicht lange aufhalten, meint Kapitän Förster und treibt die Leute an. Es ist kurz nach Mitternacht am 25. August 1939, als die Funkstation der *Ubena* die Nachricht an alle »Nummer sieben« und den Funkspruch auffängt: Nächste Woche wie verabredet, Beobachtungen nehmen für deutsche Seewarte, gezeichnet Essberger.«

Sofort wird Kapitän Förster geweckt. Er bricht das Siegel der Order auf und liest: ›Alle deutschen Handelsschiffe haben sofort die üblichen Schiffahrtslinien zu verlassen!‹

Wenige Stunden später wird ihnen die sofortige Rückkehr in die Heimat befohlen. Den Englischen Kanal sollen sie auf jeden Fall meiden.

So wie der Turbinendampfer *Ubena* ändern in dieser Stunde viele deutsche Frachter und Passagierdampfer ihren Kurs und versuchen, nach Hause zurückzukehren oder einen neutralen Hafen zu erreichen. Nicht alle schaffen es. Die *Ubena* hat in Lissabon gebunkert, und so entschließt sich Förster, um Großbritannien herumzufahren. Der Weg ist weiter, aber sicherer als die Kanalpassage. Nebel kommt auf, doch mit voller Kraft läuft die *Ubena* weiter. Das Schiff soll getarnt werden, das ist leicht gesagt, denn die *Ubena* ist mit ihren unverwechselbaren Formen leicht zu identifizieren. Und so werden nur die beiden Schornsteinmarken übergepönt. Die Funkstation ist ununterbrochen besetzt, und alle Nachrichtenstationen werden abgehört. Von Krieg ist die

Rede auf allen Kanälen, aber noch nichts von Kriegsbeginn. Sie erreichen am 29. August die Nordsee. Nun ist es nicht mehr weit bis zur Elbe. Das Gröbste ist geschafft. Eine Rauchwolke taucht am Horizont auf. Alarm!

Der Leitende Ingenieur bereitet alles zur Sprengung vor, während Kapitän Förster die Geheimsachen zur Vernichtung bereitlegt. Frage an die Funkstation: Ist nun Krieg, ja oder nein? Der Funker weiß es nicht. Langsam kommt die Rauchwolke näher, und ein englischer Kreuzer prescht auf sie zu.

Was tun?

Förster behält klaren Kopf und befiehlt, die Nationalflagge zu setzen. Deutlich sind nun die Geschütztürme des Kreuzers auszumachen, aber die Rohre heben sich nicht. Ein Flaggensignal weht drüben aus. Förster atmet auf, er braucht kein internationales Flaggensignalbuch, er kennt sich aus: Wir wünschen Ihnen eine glückliche Heimkehr, heißt der Spruch.

»Die Engländer haben viel Sinn für Humor«, bemerkt Förster zu den neben ihm stehenden Offizieren.

Am 30. August um 16.00 Uhr läuft die *Ubena* in ihren Heimathafen Hamburg ein. 38 Reisen nach Afrika und 6 Hansa-Fahrten im Dienste der »Deutschen Arbeitsfront« liegen hinter dem Turbinendampfer. Als Förster an diesem Abend von Bord geht, kann er nicht wissen, daß es keine weiteren geben wird, jedenfalls nicht unter deutscher Flagge.

Am 16. September 1939 tritt das Seeamt in Hamburg zusammen, um über den Tod des Offiziersjungen Arnold Witt zu befinden. Kapitän Hermann Förster spricht sich für den nach dem Unglück zusammengebrochenen Kapitänsjungen aus. Um ihn vor unbesonnenen Handlungen zu bewahren, hatte er ihn versetzt und ihm eine Tätigkeit angewiesen, bei der er laufend unter Aufsicht war. Die Messestewards Halle und Menz sagen aus, daß es sich um keinen ernstlichen Streit gehandelt habe. Das Seeamt bedauert den Tod des Jungen, spricht die Schiffsführung von jedem Verschulden frei und schließt sich der Meinung an, daß es sich hier um einen tragischen Unglücksfall gehandelt hat.

Am 30. September wird die gesamte Besatzung der *Ubena* abgemustert, ein älterer Wachkapitän übernimmt die Aufsicht über das aufgelegte Passagierschiff.

»Ubena« –
Wohnschiff für drei U-Boot-Flottillen

Nach Auffassung von Karl Dönitz, Chef der ersten deutschen U-Flottille, scheiterte im Ersten Weltkrieg der deutsche U-Boot-Krieg am Geleitzugsystem des Gegners. Als wirksamste Waffe bot sich eine gemeinsame Verwendung von mehreren U-Booten zur gleichen Zeit an einem Konvoi an. Die Übungen im Jahre 1937 zeigten, daß die U-Boot-Führung bei Anwendung der Gruppentaktik in weiträumigen Seegebieten ein Führerschiff braucht. Diese Forderung wurde verstärkt, als im Winter 1938/39 in einem Kriegsspiel die Probleme der Gruppentaktik im Atlantik erneut gelöst werden sollten. Karl Dönitz vertrat die Ansicht, daß die operative und die taktische Aufstellung der U-Boote zum Finden der Geleitzüge im großen zwar durch den Führer der U-Boote von der Heimat aus geleitet werden müßten, daß aber die Führung am Geleitzug selbst durch einen Unterführer erfolgen sollte.

In seinem Buch »10 Jahre und 20 Tage« geht Dönitz auf diese Zeit ein und schreibt: »Hierbei waren nach den Friedenserfahrungen große Erfolge zu erwarten. Ich habe daher in den ersten Kriegsmonaten wiederholt versucht, zu einer Gruppenbildung von mehreren U-Booten zu kommen, um einen Geleitzug nach der im Frieden geübten Taktik bekämpfen zu können. Vorsorglich hatte ich bei dem Auslaufen der U-Boote am 19. August 1939 bereits die Chefs der 2. und 6. U-Boot-Flottillen zusätzlich auf U-Booten in See geschickt, um gegebenenfalls die erforderlichen Unterführer bei Angriffen nach der Rudeltaktik in See zu haben.«

Erst im wirklichen Kriegseinsatz zeigte sich, daß Theorie und Praxis zwei ganz verschiedene Dinge sind. Auf *U 37* war Korvettenkapitän Hartmann als Chef der Gruppe eingeschifft, um die Operationen vom Boot aus zu führen. Der Versuch mißlang, andere auch, es stellte sich aber heraus, daß eine taktische Führung am Geleitzug von einem Flottillenchef auf einem Unterseeboot in See nicht nötig war. Bis Ende des Krieges wurden sämtliche Geleitzugoperationen von Land aus geführt. Es zeigte sich auch, daß die befähigten U-Boot-Kommandanten an Land benötigt wurden. Dönitz: »Auch wurde der auf dem U-Boot eingeschiffte Unterführer in der Heimat für die Ausbildung neuer U-Boot-Besatzungen und die Bereitstellung frontklar werdender Boote dringend gebraucht.«

162

Die Folge war, daß die Flottillen als geschlossene Kampfeinheiten ausfielen. Bereits im Januar 1940 kam es zur neuen U-Boot-Flottillengliederung. Die bestehenden 6 Frontflottillen wurden zu drei Flottillen zusammengelegt. Die Gruppeneinteilung fiel einen Monat später weg. Im April 1940 verlegte die *Ubena* von Hamburg nach Kiel und wurde der neu aufgestellten 7. Unterseeboot-Flottille zugeteilt. Über die U-Flottillen und die Führer der U-Boote schreibt der ehemalige Chef der 7. U-Flottille, Admiral Hans-Rudolf Rösing: »Eine effektive ›Basisorganisation‹ war für die U-Boot-Kriegsführung eine zwingende Notwendigkeit. Die frontnächsten Organe dieser Organisation waren die U-Flottillen. Im Frieden war neben der Versorgung, Führung und Betreuung der Besatzungen und der Boote die Ausbildung ihre Hauptaufgabe. Die U-Boot-Flottillen bestanden zunächst aus 6 bis 8 Booten und aus Begleitschiffen, auf denen die Besatzungen im Hafen untergebracht und versorgt wurden und auf denen auch die Flottillenstäbe arbeiteten. Bei taktischen und Schießübungen dienten diese Schiffe zur Zieldarstellung sowie als Sitz der Übungsleitung.

Mit Ausbruch des Krieges wurde die Ausbildungsaufgabe abgetrennt und ging auf eigens dazu aufgestellte Verbände über. Die Ausbildungseinrichtungen wurden in die östliche Ostsee verlegt, wo genügend freier und durch Feindeinwirkung nicht bedrohter Seeraum zur Verfügung stand. Im Laufe der Zeit wurde die Organisation immer weiter ausgebaut. Den Frontflottillen verblieb die Aufgabe der Versorgung, Betreuung und der disziplinarischen Führung der ihnen zugeteilten Boote, deren Zahl je Flottille auf 25 erhöht wurde. Die Aufgaben der Flottillen waren weitgespannt und bestanden in der Hauptsache in der Aufrechterhaltung und Herstellung des technischen Bereitschaftszustandes der U-Boote, also Festlegung von Instandsetzungs- und Erhaltungsarbeiten, Zuteilung an die Werften und Aufstellung der Arbeitsaufträge. Kleinere Reparaturen wurden gewöhnlich durch das Stammpersonal der Flottille erledigt. Die Durchführung von Erprobungen und Abnahmen gehörte ebenfalls in den Befehlsbereich der Flottillenchefs.

Sobald ein Boot frontklar war, mußte es für die bevorstehende Feindfahrt mit allem Notwendigen ausgerüstet werden, angefangen bei der Ausrüstung mit Torpedos und Munition, Navigations- und Fernmeldemitteln und Unterlagen über Geräte, Ersatzteile und Verbrauchsstoffe sowie die Verproviantierung, bis hin zu Betreuungsmaßnahmen in Form von Bordbüchereien, Grammofonplatten, Unterhaltungsspielen und ähnlichem mehr.

Bevor ein Boot auslief, waren an die Kommandanten der auf Unternehmung auslaufenden Boote die beim Befehlshaber der U-Boote aus den Frontberichten gewonnenen Erkenntnisse und Erfahrungen weiterzugeben. Kam ein Boot von Feindfahrt zurück in den Stützpunkt, mußten die von den Kommandanten gemachten Erfahrungen zusammengestellt und dem Befehlshaber übermittelt werden. Um diese Aufgaben erfüllen zu können, brauchten die Flottillenchefs und die Mitarbeiter ihrer Stäbe eigene Einsatzerfahrungen. Als Motto über ihrer Arbeit im Stützpunkt stand: Den Besatzungen der Boote im Hafen so viel Arbeit abnehmen wie irgend möglich.

Über den jeweiligen Einsatz des Unterseebootes hatte die Flottille nicht zu befinden, die truppendienstliche und disziplinare Führung der Soldaten aber lag beim Flottillenchef.

Die Umstellung vom Friedenszustand zu Großflottillen wurde im Januar 1940 durchgeführt. Im Hinblick auf die unterschiedlichen Aufgabenstellungen waren die Ausbildungs- und Schießflottillen anders strukturiert als die Frontflottillen. Jedes neue U-Boot wurde mit seiner Besatzung durch diese Einheiten geschleust, bevor es einer Frontflottille zugeteilt wurde. Die Ausbildung der einzelnen U-Boot-Fahrer vor ihrer Kommandierung auf ein Frontboot erfolgte auf den U-Schulen mit ihren Booten und Fahrzeugen in der Ostsee.

Eine der ersten Flottillen, bei der die Umstellung durchgeführt wurde, war die 7. U-Flottille. Neben den Rümpfen alter Kriegsschiffe wie der Kleinen Kreuzer *Hamburg* und *Amazone* diente das aufgelegte Passagierschiff *Ubena* den Besatzungen der Boote, dem Flottillenstab und dem dazu gehörenden Personal als Wohnschiff.

Nach Einnahme der norwegischen und der französischen Atlantikküste wurden die Flottillen nacheinander dorthin verlegt. Die 7. U-Flottille folgte im Juni 1941 unter Führung von Korvettenkapitän Sohler nach St. Nazaire. Während der Zeit als Wohnschiff in Kiel beherbergte die *Ubena* fast sämtliche bekannten U-Boot-Kommandanten des Zweiten Weltkrieges. Günther Prien, Joachim Schepke, Otto Kretschmer, Engelbert Endrass, Herbert Schultze, Lehmann-Willenbroock und Erich Topp, um nur einige zu nennen, feierten an Bord ihre Siege, trauerten um ihre nicht heimgekehrten Kameraden.

An die Stelle der nach St. Nazaire verlegten 7. trat in Kiel die 3. U-Flottille unter Führung von Korvettenkapitän Rösing und übernahm auch die *Ubena* als Wohnschiff, bis sie nach La Pallice verlegt wurde.«

Die Boote der 7. U-Flottille und ihr Verbleib

Boot-Nr.	Typ	Werft	Kommandant	Indienst-stellung	Ende
U 47	VII B	GW	KK Günther Prien	17. 12. 1938	8. 3. 1941 versenkt durch Zerstörer
U 48	VII B	GW	KL Herbert Schultze	22. 4. 1939	3. 5. 1945 selbst versenkt vor Neustadt
U 49	VII B	GW	KL von Gossler	12. 8. 1939	15. 4. 1940 versenkt durch Zerstörer
U 50	VII B	GW	KL Max H. Bauer	6. 8. 1938	10. 4. 1940 versenkt durch Zerstörer
U 51	VII B	GW	KL Dieter Knorr	6. 8. 1938	20. 8. 1940 versenkt durch britisches U-Boot
U 52	VII B	GW	KL von Rabenau KL Salmann	4. 2. 1939	3. 5. 1945 selbst versenkt in Kiel
U 53	VII B	GW	OL Schonder KL Grosse	24. 6. 1939	23. 2. 1940 versenkt durch Zerstörer
U 54	VII B	GW	KL Kutschmann	23. 9. 1939	14. 2. 1940 Verlust, Ursache unbekannt
U 55	VII B	GW	KL Werner Heidel	21. 11. 1939	30. 1. 1940 versenkt durch Zerstörer
U 69	VII C	GW	KL Ulrich Gräf	2. 11. 1940	17. 2. 1943 versenkt durch Zerstörer
U 70	VII C	GW	KL Joachim Matz	23. 11. 1940	7. 3. 1943 versenkt durch Korvette
U 71	VII C	GW	KL Flachsenberg	14. 12. 1940	2. 5. 1945 selbst versenkt in Wilhelmshaven
U 73	VII B	BV	KK Hans W. Neumann KL Rosenbaum	30. 9. 1940	16. 12. 1943 versenkt durch Zerstörer

Abkürzungen:
GW = Germania Werft Kiel; BV = Bremer Vulkan; B + V = Blohm & Voß.
Die Liste umfaßt nur Boote, die in Dienst gestellt wurden, als die *Ubena* zur 7. U-Flottille in Kiel gehörte.

Boot-Nr.	Typ	Werft	Kommandant	Indienst-stellung	Ende
U 74	VII B	BV	KL Kentrat	31. 10. 1940	2. 5. 1942 versenkt durch Zerstörer
U 75	VII B	BV	KL H. Ringelmann	19. 12. 1940	28. 12. 1941 versenkt durch Zerstörer
U 76	VII B	BV	OL von Hippel	3. 12. 1940	5. 4. 1941 versenkt durch Zerstörer
U 77	VII B	BV	KL Schonder	18. 1. 1941	28. 3. 1943 versenkt durch Flugzeug
U 93	VII C	GW	OL Korth OL Kapitzky	30. 7. 1940	15. 1. 1942 versenkt durch Zerstörer
U 94	VII C	GW	OL Otto Iltes	10. 8. 1940	28. 8. 1942 versenkt durch Korvette
U 95	VII C	GW	KL Gerd Schreiber	31. 8. 1940	28. 11. 1941 versenkt durch holländisches U-Boot
U 96	VII C	GW	KL Lehmann-Willen-brock	14. 9. 1940	30. 3. 1945 selbst versenkt in Wilhelmshaven
U 97	VII C	GW	KL Udo Heilmann	28. 9. 1940	16. 6. 1943 versenkt durch Flugzeug
U 98	VII C	GW	KL Gysae KL Werner Schulte	12. 10. 1940	19. 11. 1942 versenkt durch Flugzeug
U 99	VII B	GW	KK Otto Kretschmer	18. 4. 1940	17. 3. 1941 versenkt durch Zerstörer
U 100	VII B	GW	KL Schepke	30. 5. 1940	17. 3. 1941 versenkt durch Zerstörer
U 101	VII B	GW	KL Frauenheim KL Mengersen	11. 3. 1940	3. 5. 1945 selbst versenkt vor Neustadt
U 102	VII B	GW	KL Klot-Heydenfeldt	27. 4. 1940	30. 6. 1940 Verlust, Ursache unbekannt
U 552	VII C	B+V	KK Erich Topp	4. 12. 1940	2. 5. 1945 selbst versenkt in Wilhelmshaven
U 553	VII C	B+V	KK Karl Thurmann	22. 12. 1940	1. 1943 Verlust, Ursache unbekannt

Fünf von neunundzwanzig Booten blieben bis zum Kriegsende von der Vernichtung verschont. Sie waren aus den Frontflottillen herausgezogen und den Schulflottillen überstellt worden. So kam U 48 nach Pillau zur 21. U-Flottille.

Von Kiel nach Pillau

Als Hermann Förster am 7. Juli 1942 in Kiel aus dem Zug stieg, hatte die 3. U-Flottille die *Ubena* bereits geräumt. Das Prisengericht in Saloniki, bei dem er eingesetzt war, war aufgelöst worden, Förster gesundheitlich am Ende. Die Kriegsmarine glaubte, auf den Oberleutnant der Reserve verzichten zu können, und hatte ihn zurück auf die *Ubena* kommandiert. Hermann Förster war über diese Entwicklung glücklich. Die Tätigkeit in Griechenland, so militärisch notwendig sie auch gewesen sein mochte, hatte ihm überhaupt nicht zugesagt. Jedes Mal, wenn er einem der armen Fischer seinen Kutter beschlagnahmen mußte, konnte er ihm nicht in die Augen sehen.

In Berlin erhielt er den Auftrag, die *Ubena* nach Pillau zu bringen. Kein Problem, dachte er, als er sich von Ernst Udet verabschiedete. Er freute sich, sein schmuckes Schiff, seine *Ubena*, wiederzusehen und fuhr frohen Herzens nach Kiel. Beim Rundgang, zusammen mit Kapitän von Stockfleth, der in den zurückliegenden zwei Jahren die Belange der Reederei gegenüber der Marine wahrgenommen hatte, schwand seine Freude schnell. Die *Ubena* war eine Hulk, mehr nicht. Sie schwamm zwar noch auf eigenem Kiel, aber es fehlten Teile der Maschinenanlage, andere mußten unbedingt repariert werden. An eine Reise mit eigener Kraft, wie vorgesehen, war überhaupt nicht zu denken. Der klägliche Zustand des einst schönen Schiffes deprimierte den Kapitän, und als er abends einen Brief nach Hause schrieb, beklagte er sein Los. Auf sein eigenes Leiden ging er überhaupt nicht ein.

William von Stockfleth hatte Förster auch die Einschlagstellen der drei Brandbomben gezeigt. Sie hatten den Dampfer getroffen, als er im April im Dock der Kriegsmarine lag. Zum Glück war nicht viel passiert. Die Brandbomben hatten keine größeren Schäden angerichtet.

Die Arbeiten an Bord wurden intensiviert. Ein Flakgeschütz kam auf die Back, doch sicherer fühlte sich Förster damit nicht. Inzwischen lief wenigstens ein Diesel und spendete Strom. Am 13. August warfen sie die Leinen los. Die beiden Schlepper *Wotan* und *Rixhöft* spannten sich vor den großen, hoch aus dem Wasser ragenden Dampfer und schleppten ihn gemütlich entlang der Zwangswege. Immer neue Sperren mußten passiert werden. Dem Schleppzug voran lief ein Minenräumboot. Am achteren handbetriebenen Ruderrad drehten und kurbelten sechs Seeleute. Zum Glück funktionierte noch die Telefonanlage von der Brücke zum Reservesteuerstand. Bei gutem Wetter hielt sich das kleine Geleit dicht unter der Küste. Sie passierten Rügen, Swinemünde, und in Sichtweite der pommerschen Küste ging es weiter nach Osten. Dann mußten sie umkehren, weil die Engländer in der Nacht den Zwangsweg aus der Luft vermint hatten und ein Dampfer bereits gesunken war.

Am 18. August morgens um 10.00 Uhr war es geschafft, Pillau erreicht. Die *Ubena* machte am »Seebahnhof« fest. Mit einem wüsten Konzert verabschiedeten sich die beiden Schlepper. Förster konnte mit der Dampfpfeife der *Ubena* nicht antworten. Er nahm seine Mütze und winkte hinüber.

Sechs Tage später scherte das erste Unterseeboot der Schulflottille längsseits, die anderen Boote folgten nach und nach.

Die »Ubena« in Pillau

Die Unterseeboot-Schulflottille der I. U-Boot-Lehrdivision wurde am 1. Juli 1942 in 21. U-Boot-Flottille umbenannt und in Pillau stationiert. Erster Flottillenchef wurde Korvettenkapitän Paul Büchel. Er zog mit dem größten Teil des Stabes am 20. August auf der *Ubena* ein. Der Rest des Stabes kam auf der *Pretoria* unter, während die Mannschaften im Marinelager Pillau-Schwalbenberg untergebracht wurden. Später gehörten dreißig Marinehelferinnen dazu, die ebenfalls in einem Heim an Land wohnten und lediglich ihre Arbeit auf der *Knurrhahn* versahen, dem der Flottille zugeteilten Wohnschiff, auf dem sich die Diensträume befanden. Die *Knurrhahn* lag unmittelbar hinter der *Ubena*. Zur 21. U-Flottille gehörten rund 30 U-Boote der Typen II und VII, der Sicherheitsschlepper *Wogram*, verschiedene Barkassen und Beiboote sowie 6 Minenräumboote, auf denen die seemännische Ausbildung der jungen U-Boot-Männer erfolgte. Die Kurse an der I. U-Boot-Lehrdivision in Pillau, die von Fregattenkapitän Fritz Poske geführt wurde, dauerten bis zu sechs Monaten.

Die Auszubildenden kamen teilweise mit ihrem Ausbildungspersonal an Bord, zunächst zur Einweisung im Hafen, dann für jeweils eine Woche auf See. Die Ausbildung auf den Schulbooten wurde vom Bordpersonal durchgeführt und vom Flottillenchef und dem Flottilleningenieur kontrolliert. Waren Boote im Übungsgebiet der Flottille, brachte der Sicherheitsschlepper die beiden Offiziere morgens hinaus zu den einzelnen Booten und nahm sie spät abends wieder mit zurück nach Pillau, während die U-Boote gelegentlich die Nacht über draußen verbrachten.

Nach dem Plan des Führers der U-Boote sollten im Schulbetrieb erfolgreiche und erfahrene U-Boot-Kommandanten die Ausbildung des Nachwuchses leiten. Die neu an die Front gehenden Boote mußten personell gut ausgerüstet und imstande sein, allen möglichen bekannten Gefahren zu begegnen. Doch der grausame Atlantik fraß immer schneller die jungen Männer, die sich freiwillig zu den »grauen Wölfen« gemeldet hatten und sich bald wie die Hasen vorkamen.

Korvettenkapitän Paul Büchel wurde am 5. Juli 1943 von einem der berühmtesten deutschen U-Boot-Kommandanten abgelöst, von Korvettenkapitän

Otto Schuhart. Unvergessen der 17. September 1939: Kurz vor 18 Uhr sichtete Kapitänleutnant Otto Schuhart auf dem Turm von *U 29* die prägnante Silhouette eines großen, im Zick-Zack-Kurs steuernden Schiffes. Er hielt es zuerst für einen Amerikaner, dann bemerkte er ein Flugzeug, das über dem Schiff kreiste. *U 29* ging auf Tauchstation. Schuhart erkannte durch das Sehrohr, daß es sich um einen Flugzeugträger handelte und griff an. Um 19.50 Uhr schoß Schuhart einen Dreierfächer und vernahm gleich danach zwei starke Detonationen. Das Boot ging auf Tiefe und rührte sich nicht. Am Mittag des nächsten Tages hörte der Kommandant im englischen Rundfunk: »Die Britische Admiralität bedauert, den Verlust des Flugzeugträgers *Courageous* bekanntgeben zu müssen.«

Ritterkreuzträger Otto Schuhart kannte in Pillau jeder Pimpf, aber auch bei den jungen Damen war er eine legendäre Persönlichkeit, wie folgende Episode belegt, die Rose-Marie von Grumkow fast vierzig Jahre später niederschrieb: »Irgendwo hatte ich von einem großen Schiff gehört, das in Pillau liegen sollte, warum also nicht einen Abstecher machen? Mit meiner Freundin Marlies fuhr ich von Königsberg mit dem Vorortzug, nach unserer Meinung fein gemacht und hoffentlich vorteilhaft aussehend, in die Seestadt. Schon vom Zug aus konnten wir die großen Schiffe am Ostpreußenkai sehen. Wir beide standen und staunten und wünschten uns, einmal an Bord gehen zu dürfen. Am Strand lernten wir zwei ›Lords‹ kennen, nicht ahnend, daß es zwei Offiziere waren, die eine Segeltour planten. Sie luden uns ein, und wir sagten nicht nein. Welch ein Erlebnis für uns studierende Landratten, welche Fürsorge unserer Bekannten und Freunde! Es war ein herrlicher, unvergeßlicher Tag.

Schließlich luden sie uns zu einem großen *Ubena*-Fest der 21. U-Boot-Flottille der Crew 38 ein. Ein Fest unter der Schirmherrschaft des Ritterkreuzträgers Schuhart. Wir strahlten vor Glück.

Wie es auch damals schon bei jungen Mädchen war, ein neues Kleid mußte her. Ich war auf dem Gut Adler Eichen bei Tapiau im Kreis Wehlau zu Hause. Auf so einem Gutshof waren auch in jenen knappen Monaten Hühnereier keine Mangelware. Und sie waren wertvoller als Geld und als die Punkte auf der Kleiderkarte. Meine Großmutter hatte Verständnis für meine Kleidersorgen, und so zog sie, schwerbepackt mit einem Korb voller Eier und einem respektablen Stück Räucherspeck, mit mir los nach Tapiau in ein Stoffgeschäft und tauschte hellblaue Seide dafür ein. Ich fand schließlich das fertige Kleid todschick. War das ein Bild in Pillau! Der Bahnhof stand voller Offiziere, die alle ihre Damen abholten, denn die *Ubena* war ein Wohnschiff. Als wir dann die Treppe der *Ubena* betraten, wurde ›Seite‹ gepfiffen. Ich platzte beinahe vor

170

Stolz. Siegfried Koitschka führte mich zu einer großen runden Öffnung in der Wand, durch die wir durchkriechen mußten, um auf der anderen Seite ein Glas Sekt in Empfang zu nehmen.

Für das Unterhaltungsprogramm zu später Stunde hatte die Crew Marion Lind verpflichtet. Ich erinnere mich noch, daß niemand ihre Gesellschaft übernehmen wollte, und so wurde ein junger ›Lord‹ zu dieser Pflicht abgestellt. Plötzlich verstummte jedes Gespräch. Es kam die Aufforderung zum Pferderennen. Was war das? Vier Damen mußten sich melden, bekamen eine krumme Schere in die Hand gedrückt, mit der es galt, ein langes Band bis oben hin durchzutrennen. Ich gewann das Rennen. Es lag sicher daran, daß ich auf dem Lande gewöhnt war, mit Handwerkszeug umzugehen. So durfte ich aus der Hand von Ritterkreuzträger Schuhart den Silberpokal entgegennehmen. Mein Gott, ich hätte fast geheult vor Glück. Bis zum frühen Morgen wurde auf der *Ubena* getanzt.

Als ich mit dem ersten Zug nach Königsberg zurückfuhr, war ich glücklich und müde. Da Siggi Koitschka aus Sachsen vom Lande stammte, lag es nahe, ihn auf unser Gut einzuladen. Er blieb nur ein paar Tage unser Gast. Später las ich in der Zeitung, daß er mit dem Ritterkreuz ausgezeichnet worden war.«

*

Über das Ausbildungsprogramm berichtet Oberleutnant Heinz Schaeffer, Kommandant von *U 977*: »Wir unterschieden eine praktische und eine theoretische Schulung. Die theoretische fand in Unterrichtsräumen an Land, in Spezialklassen statt, denn wir bildeten Matrosen, Unteroffiziere, Oberfeldwebel und Offiziere aller Fachgebiete gleichzeitig im U-Boot-Fahren aus. Die ständige Besatzung auf den Schulbooten war auf ein Mindestmaß beschränkt. Die eine Woche um die andere einsteigenden Schüler hatten, jeder auf dem später für ihn vorgesehenen Posten, unter Aufsicht des Stammpersonals die Anlagen selbständig zu bedienen. Nur wenn man die Maschine selbst betätigt und die entsprechenden Befehle selbst gegeben hat, erschließt sich das Verständnis für das komplizierte Unterseeboot.

Für uns Ausbilder war natürlich das Fahren mit Neulingen keine reine Freude, und die Verantwortung für die uns anvertrauten Menschenleben war groß. So gingen während meiner gut einjährigen Tätigkeit ohne Kampfhandlungen vier Boote bei Übungsfahrten in der Ostsee verloren, obwohl die Boote im Höchstfalle nur zwei Stunden nach vorheriger Funkmeldung im vorgeschriebenen Tauchquadrat tauchen durften und bei Ausbleiben der Wiederauftauchmeldung umgehend Suchaktionen eingeleitet wurden. Nicht zu sprechen von anderen Havarien, die durch falsche Bedienung auftraten.«

Gerhard Feuge, LI auf *U 121*, schreibt über den Tagesablauf eines Leitenden Ingenieurs auf einem Schulboot lakonisch: »Hauptaufgabe war natürlich, die Lehrgangsteilnehmer der U-Boot-Lehrdivision in die Kunst einzuweisen, ein U-Boot unter Wasser zu bringen und auf die befohlene Tiefe einzusteuern. Damit das sicher klappte, mußten morgens die Trimmrechnung und die Unterdruckprobe durchgeführt werden. Gelegentlich wurde ohne Schüler Eigenausbildung mit der Stammbesatzung gefahren und dabei Tauchmanöver mit eingebauten Störungen durchgeführt. Nach Rückkehr von den Tauchübungen wurde dann längsseits der *Ubena* festgemacht, soweit man zu den Glücklichen gehörte, die nicht in dem Hafenbecken am Schwalbenberg stationiert waren. Dort wohnte man in schlecht geheizten Baracken. Auf der *Ubena* ging es abends sehr gemütlich zu. Ab und zu wurde ein Musikabend veranstaltet. Wir hatten zwei gute Sänger in der Flottille, und hin und wieder sangen wir natürlich auch gemeinsam mehr oder weniger schön aus unserem Liederbuch.«

Das Ende der 21. U-Flottille

Als die russischen Truppen nach dem Durchbruch im Januar 1945 die Ausbildungsplätze der U-Boote in der Danziger Bucht bedrohten, war auch das Ende des U-Boot-Krieges eingeläutet. Marinepersonal, das für die Besatzung im Bau befindlicher U-Boote bereitgestellt war, wurde nicht mehr gebraucht und an das Heer abgegeben oder zu Marinekampfeinheiten zusammengefaßt. Die Angehörigen der 21. U-Flottille erhielten im Januar feldgraue Uniformen, und alle Anzeichen deuteten darauf hin, daß auch sie im Endkampf aufgerieben werden würden, für den sie nicht ausgerüstet und schon gar nicht ausgebildet waren.

Am 21. Januar 1945 traf in Pillau der Befehl vom Oberkommando der Kriegsmarine ein, daß die Häfen der Danziger Bucht von den beiden dort stationierten U-Boot-Lehrdivisionen aufzugeben seien. Zusammen mit den Wohnschiffen sollten die Stäbe und die Schulboote in die westliche Ostsee verlegen und dort die Ausbildung fortführen. Der Stab der 21. U-Flottille atmete erleichtert auf: Die Vorbereitungen für den Marsch nach Westen konnten beginnen. Die kleineren Schulboote der Flottille verließen Pillau, überladen mit Personal, so daß auf den Booten eine drangvolle Enge herrschte. Vier Boote vom Typ VII C, die verstärkte Flakbewaffnung hatten, wurden als Begleitschutz für den Geleitzug zurückbehalten, andere sollten einfach im Geleit mitfahren.

Der Stab der Flottille verlegte am 25. Februar von der *Ubena* auf die *Europa* und wickelte in Bremerhaven die Auflösung ab, die Ende März abgeschlossen werden konnte. Ausgemusterte Boote vom Typ II verlegten nach Wilhelmshaven, wo die Besatzungen sie am 2. Mai 1945 selbst versenkten. Reparaturbedürftige Boote vom Typ VII C wurden den noch vorhandenen Werften zugeführt, um dort die Restarbeiten ausführen zu lassen.

Sie wurden der 31. U-Flottille überstellt.

U 121 sollte noch zum Frontboot umgebaut werden mit Schnorchel statt Zentralsehrohr. Oberleutnant Horst und der LI des Bootes, Gerhard Feuge, waren sich bei der Beurteilung der militärischen Lage darin einig, daß ein Umbau utopisch sei, aber sie sahen in einer Befürwortung die einzige Möglichkeit, die Besatzung zusammenzuhalten und vor einem Landkampfeinsatz zu bewahren. Zum Schluß lieferte das Boot der Seebeck-Werft Strom. Als die Kapitulation bevorstand, bereiteten die Offiziere alles zur Sprengung vor. Noch einmal wurde der Diesel angeworfen und das Unterseeboot zu dritt in die Außenweser gesteuert. Der LI verteilte 10 Kilogramm Dynamit im Boot und zog entschlossen die Zündschnüre ab. Im Anschluß hatten er und seine beiden Begleiter noch neun Minuten Zeit, auf den bereitliegenden Schlepper überzusteigen und zu verschwinden.

Eine starke Explosion erschütterte die Luft, eine Wassersäule stieg auf, und langsam sank ihr Boot in die Tiefe.

*

Im März 1945 hatte Oberleutnant Kurt Lau *U 1197* in Pillau übernommen. Die Zeit als Schulboot war vorbei, es sollte der 31. U-Flottille überstellt werden. Als die Russen bei Zoppot durchbrachen, übernahm *U 1197* in Gotenhafen Torpedos und lief weiter nach Hela, um dort die gesamte Last für die vorgesehene Feindfahrt zu übernehmen. Kurz vor dem Auslaufen kamen 15 Jungen aus einem Kinderlandverschickungslager an Bord des Bootes, das daraufhin sofort nach Westen auslief. Kurz vor Bornholm geriet *U 1197* unter Beschuß und konnte sich nur durch Schnelltauchen retten. Keiner der Männer auf dem Turm hatte in der Dunkelheit das russische Fahrzeug ausgemacht. In Rostock gingen die Jungen von Bord. Das Boot aber lief weiter via Kiel nach Bremen, um dort an der Werft die Restarbeiten ausführen zu lassen. Am Karfreitag wurde bei einem Luftangriff auf den Hafen der Druckkörper des Bootes schwer beschädigt. Ein Einsatz auf See war ausgeschlossen, die Besatzung, bis auf ein Sprengkommando, verließ das U-Boot und kam zur Marine-Infanterie.

Kurz vor Waffenstillstand lief das Boot nach Brake, um dort die Hafenanlagen mit Strom zu versorgen. Schließlich landete es in Bremerhaven. Es wurde nicht selbst versenkt, die Engländer erbeuteten *U 1197*, eines von sechs Booten der 21. U-Flottille.

Die Boote der 21. U-Flottille und ihr Verbleib

Boot-Nr.	Typ	Werft	Kommandant	Indienst-stellung	Ende
U 2	II A	DWK	OL W. Schwarzkopf	25. 7. 1935	8. 4. 1944 nach Kollision vor Pillau gesunken
U 3	II A	DWK	LT H. Neumeister	25. 7. 1935	1. 8. 1944 in Gotenhafen ausgeschlachtet
U 4	II A	DWK	LT E. Rieger	17. 8. 1935	1. 8. 1944 in Gotenhafen ausgeschlachtet
U 5	II A	DWK	LT Hermann Rahn	31. 8. 1935	19. 3. 1943 vor Pillau durch Tauchpanne gesunken
U 6	II A	DWK	OL Erwin Jestel	7. 9. 1935	7. 8. 1944 in Gotenhafen ausgeschlachtet
U 7	II A	DWK	OL G. Löschke	18. 7. 1935	18. 2. 1944 vor Pillau durch Tauchpanne gesunken
U 10	II B	DWK	OL Kurt Ahlers	1. 8. 1944	1. 8. 1944 in Danzig außer Dienst gestellt
U 21	II B	GW	OL W. Schwarzkopf	3. 8. 1936	5. 8. 1944 in Pillau außer Dienst gestellt
U 29	VII A	GW	OL Graf Arco-Zinneberg	16. 11. 1936	4. 5. 1945 selbst versenkt in der Kupfermühlenbucht. Mit *U 29* versenkte KL Schuhart den Flugzeugträger *Couragoous*

Abkürzungen: GW = Germania Werft Kiel, BV = Bremer Vulkan, B + V = Blohm & Voß, DW = Danziger Werft, F.S.G. = Flensburger Schiffbau Gesellschaft, St.W. = Stülcken Werft, Flen. = Flender Werft Lübeck.
LT = Leutnant, OL = Oberleutnant, KL = Kapitänleutnant, KK = Korvettenkapitän.

Boot-Nr.	Typ	Werft	Kommandant	Indienst-stellung	Ende
U 48	VII B	GW	OL D. Todenhagen	22. 4. 1939	3. 5. 1945 selbst versenkt vor Neustadt. U 48 war das erfolgreichste Boot im Zweiten Weltkrieg
U 62	VII C	DWK	LT H. E. Augustin	21. 12. 1939	2. 5. 1945 selbst versenkt in Wilhelmshaven
U 72	VII C	GW	OL K. T. Mayer	4. 1. 1941	30. 3. 1945 in Bremen gebombt, am 2. 5. 1945 selbst gesprengt
U 80	VII C	B+V	OL Hans Keerl	8. 4. 1941	28. 11. 1944 westlich von Pillau durch Tauchpanne gesunken
U 120	II B	Flen.	OL R. R. Bensel	20. 4. 1940	2. 5. 1945 selbst versenkt vor Bremerhaven
U 121	II B	Flen.	OL Friedrich Horst	28. 5. 1940	2. 5. 1945 selbst versenkt vor Bremerhaven
U 141	II D	DWK	OL H. D. Hoffmann	21. 8. 1940	2. 5. 1945 selbst versenkt in Wilhelmshaven
U 148	II D	DWK	OL Renko Tammen	28. 12. 1940	2. 5. 1945 selbst versenkt in Wilhelmshaven
U 151	II D	DWK	OL Graf v. u. z. Arco-Zinneberg	15. 1. 1941	2. 5. 1945 selbst versenkt in Wilhelmshaven
U 152	II D	DWK	OL Gernot Thiel	29. 1. 1941	2. 5. 1945 selbst versenkt in Wilhelmshaven
U 236	VII C	GW	OL Herbert Mumm	9. 1. 1943	5. 5. 1945 selbst versenkt nahe der Schleimündung
U 251	VII C	BV	OL Franz Säck	20. 9. 1941	19. 4. 1945 versenkt durch Flugzeuge im Kattegat

Boot-Nr.	Typ	Werft	Kommandant	Indienst-stellung	Ende
U 291	VII C	B+V	OL H. Neumeister	4. 8. 1943	24. 6. 1945 nach England abgeliefert
U 368	VII C	F.S.G.	OL H. Giesewetter	7. 1. 1944	23. 6. 1945 nach England abgeliefert
U 416	VII C	DW	OL E. Rieger	4. 11. 1942	12. 12. 1944 bei Brüsterort nach Kollision gesunken
U 430	VII C	DW	OL U. Hammer	4. 8. 1943	30. 3. 1945 in Bremen gebombt und gesunken
U 555	VII C	B+V	OL Detleff Fritz	30. 1. 1941	März 1945 in Hamburg von den Engländern übernommen
U 704	VII C	St.W.	OL Gerhard Nolte	18. 11. 1941	3. 5. 1945 vor Vegesack selbst versenkt
U 708	VII C	St.W.	OL Herbert Kühn	1. 7. 1942	3. 5. 1945 in Wilhelmshaven selbst versenkt
U 720	VII C	St.W.	OL E. Wendelberger	17. 9. 1943	24. 6. 1945 ausgeliefert an England
U 733	VII C	DW	OL Hellmann	14. 11. 1942	5. 5. 1945 selbst versenkt in der Geltinger Bucht
U 746	VII C	DW	OL Ernst Lottner	4. 7. 1943	5. 5. 1945 selbst versenkt in der Geltinger Bucht
U 977	VII C	B+V	OL Heinz Schaefer	6. 5. 1943	2. 2. 1946 bei Torpedoversuchen untergegangen
U 1196	VII C	DW	OL Renè Ballert	18. 11. 1943	3. 5. 1945 selbst versenkt bei Travemünde
U 1197	VII C	DW	OL Kurt Lau	2. 12. 1943	25. 4. 1945 in Wilhelmshaven von den Engländern erbeutet
U 1198	VII C	DW	OL Gerhard Peters	9. 12. 1943	24. 6. 1945 abgeliefert nach England

Boot-Nr.	Typ	Werft	Kommandant	Indienst-stellung	Ende
U 1201	VII C	DW	OL R. Merkle	13. 1. 1944	3. 5. 1945 in Hamburg-Finken-werder gesunken
U 1204	VII C	DW	OL Erwin Jestel	17. 2. 1944	5. 5. 1945 selbst versenkt in der Geltinger Bucht

Nach Auflösung der 21. U-Flottille kamen folgende Boote zur 31. U-Flottille: *U 25, U 430, U 720, U 733, U 746, U 977, U 1196, U 1197, U 1198, U 1201. U 48* kam zur 3. ULD nach Neustadt.

Für »U 977« ging der Krieg weiter

In Europa schwiegen seit dem 9. Mai endgültig die Waffen. Die meisten Boote der 21. U-Flottille waren von ihren Besatzungen gesprengt worden. Sie sollten nicht in die Hände der Nationen fallen, die sie über fünf Jahre lang bekämpft hatten. Die U-Boot-Leute fühlten sich nicht als Besiegte, die meisten auch nicht als Betrogene. Für eine Besatzung aber ging der Krieg weiter.

U 977 hatte nicht kapituliert, es fuhr Richtung Argentinien. Oberleutnant Heinz Schaeffer wollte nicht Jahre in Kriegsgefangenschaft verbringen. Noch wehte ein Hauch von Freiheit über dem Meer. Er wollte nicht glauben, daß seine Crewkameraden einfach die weiße Flagge gehißt hatten: Er konnte es nicht glauben!

Gelegentlich hatte Großadmiral Dönitz oder Admiral von Friedeburg die U-Boot-Lehrdivision in Pillau besucht und den Männern Durchhalteparolen eingeimpft. Er hatte ihnen die ersten neuen Boote versprochen, denn sie hatten eine große Praxis. Absichtlich hatte er sie von der Front zurückgezogen und für die neuen Boote vorgesehen, mit denen wieder große Erfolge auf dem Nordatlantik erzielt werden könnten. Er hatte überzeugend gesprochen in seiner abgehackten Art, einfach, aber ehrlich, so sah er die Welt, so mußte sie sein, und dann hatten sie »Angriff, ran, versenken!« und »Wir fahren gegen Engeland, ahoi!« gesungen.

Seine Ansprachen hatten fast immer mit den Worten geendet: »Wir werden den Krieg bis zum Endsieg fortsetzen!«

So war er, ihr großer Admiral!

Als sich der Krieg über den Herbst 1944 hinzog, ließ sich keiner der Admirale mehr in Pillau sehen, aber auch die neuen versprochenen Boote ließen auf sich warten. Das hinderte die Männer in den abgewetzten »grauen Lederpäckchen« aber nicht, auch weiterhin an ihn zu glauben, an den großen Löwen, und sang nicht Zarah Leander »Es wird einmal ein Wunder gescheh'n...«?

Oberleutnant Heinz Schaeffer wurde die Führung der Geleitzugsicherung übertragen, der sich im Seegat vor Pillau versammelte und sich auf den Weg nach Westen machte, ohne auf die *Ubena* zu warten, das Wohnschiff der Flottille. Unbehelligt erreichte der Geleitzug Swinemünde. Der angebrachte Eisschutz auf *U 977* war jedoch verbogen und drohte, die Torpedoklappen des

179

Bootes zu beschädigen. Entschieden lehnte Schaeffer eine Weiterfahrt ab, und *U 977* durfte in die Werft verholen, um den Schaden beheben zu lassen. Da sich ein neuer Eisschutz so schnell nicht auftreiben ließ, vergingen die Tage des Krieges. Schließlich wurde das Boot aus der Schulflottille entlassen und der 31. U-Flottille in Hamburg überstellt. Es ging also an die Front, das war den Männern nun klar. Das Boot machte sich auf den Weg nach Hamburg, um bei Blohm & Voß die Restarbeiten durchführen zu lassen. Anfang April war das U-Boot zwar see-, aber nicht auch frontklar, doch sämtliche Materialanträge des Kommandanten wurden wegen Mangel abgelehnt. Bevor *U 977* Kiel mit Ziel Norwegen verließ, sprach der Kommandant mit seinem Admiral, der aber auch jetzt noch nur vom Endsieg redete und überhaupt nicht von Kapitulation. Dieses Thema war für die Kriegsmarine ein rotes Tuch.

Am 2. Mai lief *U 977* aus, um wie befohlen vor Southampton Krieg zu führen und Schiffe zu versenken. Das Boot sollte nach Möglichkeit in den Hafen eindringen. Keiner an Bord sang mehr »Angriff, ran, versenken!«.

Kaum in der Nordsee, fiel das Hauptsehrohr aus, aber umkehren wollte der Kommandant nicht, aus Sorge, der Flottillenchef würde ihm das so nicht abnehmen, die Ehre der ganzen Crew stand schließlich auf dem Spiel.

Auftauchen konnte das Boot nicht, zu groß war die Gefahr, gesichtet zu werden, es schnorchelte sich westwärts, dem Operationsgebiet entgegen. Ein Offiziersfunkspruch erreichte *U 977*, aber er war nicht vollständig, die Unterschrift fehlte, und so glaubte der Kommandant dem Aufruf, zu kapitulieren und die weiße Flagge zu setzen, nicht. Er hielt ihn für unmöglich, denn gestern hatte der Admiral doch noch vom Endsieg gesprochen und davon, daß die Marine die Waffen nicht strecken werde.

Ein neuer Funkspruch traf ein, auch er paßte nicht in das Weltbild des Kommandanten, und er befahl kurzerhand, die Funkanlage abzuschalten.

In seiner Ansprache an die Besatzung gab Heinz Schaeffer zu, daß der Krieg zu Ende sei, und sagte: »Für uns kommt es aber nicht in Frage, Befehle des Feindes auszuführen. Ich bin dafür, den Marsch fortzusetzen. Unser Ziel soll Argentinien sein. Wir haben große Mengen an Lebensmitteln an Bord, die uns ersparen, das kümmerliche Brot der Gefangenschaft essen zu müssen.«

Es wurde abgestimmt, und von der 48köpfigen Besatzung entschieden sich 30 Männer für die Reise über den Atlantik nach Südamerika, also für das Abenteuer.

Schaeffer kehrte um und setzte in der Nähe von Bergen in einer dramatischen Nachtaktion die Leute ab, die lieber nach Hause zu ihren Angehörigen wollten. Das Boot saß auf einem Unterwasserfelsen und kam erst kurz vor Morgengrauen wieder frei. Um nicht gesehen, entdeckt und vernichtet zu werden, fuhr *U 977* ausschließlich unter Wasser, 66 Tage lang, dann war es geschafft. Am 17. August 1945 tauchte das Boot aus der schützenden Tiefe auf, durchbrach die Wasseroberfläche und dümpelte in der leichten Dünung. Strahlender Sonnenschein lag über der See. Im Glas war deutlich die argentinische Küste zu erkennen. Ein Besatzungsmitglied nach dem anderen verließ die stickige enge Röhre, kletterte auf den Turm und atmete in vollen Zügen die frische Luft ein.

Bald darauf erschienen argentinische Marinefahrzeuge und kamen vorsichtig näher. Soldaten wurden ausgeschifft und betraten bewaffnet das Deck des Bootes. Oberleutnant Heinz Schaeffer machte Meldung, als sei es das natürlichste von der Welt, daß drei Monate nach Kriegsende ein deutsches Unterseeboot aus der Tiefe des Meeres auftaucht und interniert werden möchte.

Sie hatten es geschafft, die Männer von *U 977*: Sie waren in Südamerika und nicht in einem Kriegsgefangenenlager. Doch am nächsten Tag wurde der Kommandant beschuldigt, den brasilianischen Dampfer *Bahia* versenkt zu haben. Aber anhand der vorhandenen Torpedos konnte Schaeffer beweisen, daß er keinen einzigen Aal verschossen hatte.

Eine Gefahr war abgewendet, ein anderer Verdacht aber ließ sich nicht so leicht entkräften. Noch Jahre später geisterte das Gerücht durch die Presse, Heinz Schaeffer habe auf dieser Fahrt Hitler nach Argentinien gebracht.

Mit *U 977* war am 17. August 1945 auch der letzte der »Grauen Wölfe« vom Meer verschwunden. Einen Tag zuvor hatte auch der japanische Kaiser den Befehl zur Feuereinstellung erteilt. Der Zweite Weltkrieg war zu Ende, auf den Frieden aber warten wir weiter.

Die Post auf den Spuren der »Ubena«

1948 hat der ehemalige Flottilleningenieur Fritz Zimmermann einen festen Arbeitsplatz in Kiel. Seine Zukunft ist gesichert. Den Krieg hat er zwar nicht vergessen, aber die Sorge um das tägliche Brot verdrängt auch die schönen Zeiten auf der *Ubena* in Pillau.

Nach der Währungsreform am 21. Juni sind die Geschäfte in Kiel schlagartig mit Waren gefüllt, und es kommt Fritz Zimmermann vor, als ob Zarah Leanders Lied »Es wird einmal ein Wunder gescheh'n« auf diesen Tag gemünzt ist und nicht auf einen anderen Ausgang des Krieges. Am 25. Juni hat er sich freigeben lassen und ist zu Hause, als die Briefträgerin klingelt und die Post bringt. Während sie ihm ein altes, zerfleddertes Kuvert aushändigt, sagt sie stolz: »Auf die deutsche Post kann man sich verlassen!«

Fritz Zimmermann stutzt, dreht unschlüssig den Briefumschlag in den Händen und ist sprachlos. Der Brief ist zwar an ihn gerichtet, aber nach Pillau adres-

Der erhalten gebliebene Briefumschlag, aufgegeben 1944 in Konstanz, zugestellt 1948 in Kiel.

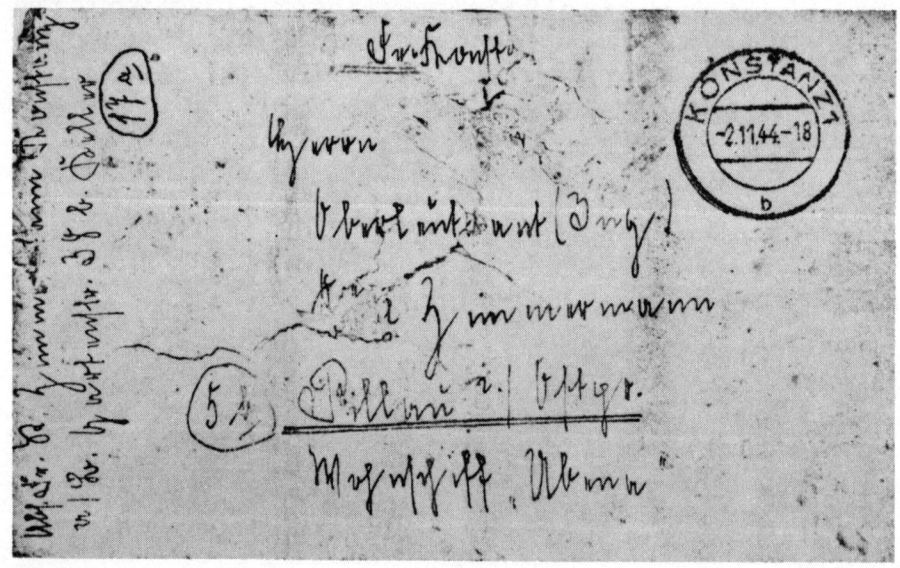

siert, Wohnschiff *Ubena*. Seine Frau hat ihn am 1. November 1944 in Konstanz aufgegeben. Auf dem Weg nach Ostpreußen blieb er in einem Postamt in Berlin hängen und wurde bei einem Bombentreffer verschüttet. Im Zuge der Aufräumungsarbeiten wurde er 1948 ausgegraben, aber nicht achtlos vernichtet. Die Beamten der Post machten sich an die Arbeit. Über die Dienststelle für die Benachrichtigung der Angehörigen von Gefallenen der ehemaligen deutschen Wehrmacht in Berlin erfuhren sie die neue Anschrift von Kurt Zimmermann in Kiel.

Er öffnet den Brief erst abends, als sie beide zusammen sind, und liest ihn laut vor. Resi schreibt von Luftangriffen, von Freunden und Verwandten, die gefallen sind, von der Sorge, die sie sich um ihn in Pillau macht, und am Schluß des Briefes steht der Wunsch: »Hoffentlich sind wir bald wieder zusammen, eine Familie in einer friedlichen Zeit.«

Sie sehen sich erstaunt an. Drei Jahre ist das erst her – und so vieles haben sie schon vergessen.

Daten der »Ubena«

Reederei:	Deutsche Ost-Afrika-Linie
Heimathafen:	Hamburg
Unterscheidungssignal:	DHYE
Bauwerft:	Blohm & Voß
Baunummer:	482
Stapellauf:	31. 3. 1928
Klasse:	GL 100 A 4 (E). Schiff wurde unter besonderer Aufsicht des Germanischen Lloyd gebaut, hatte besonders verstärkte Schotten und eine Eisverstärkung am Bug
Letzte Klasse:	11. 11. 1936
Letzte Bodenbesichtigung:	Juni 1939

	1928	1934
Länge:	136 m	142 m
Breite:	18 m	18 m
Seitenhöhe:	9 m	9 m

Auszug aus dem Schiffsregister des Germanischen Lloyds. Die Seefähigkeitsbescheinigung wurde am 2. Februar 1945 in Bremerhaven bis zum 31. Juni verlängert.

Dampfschiffe   Ube—UII

Lfd. Nr. Flagge Signal Art Masten	Schiffsname Reederei Heimatshafen	Klasse Datum der Klasse Letzte Besichtigungen	Reg.-To. Brutto Netto Unterdeck Anker u. Ketten	Datum der ersten amtlichen Eintragung — (des Stapellaufs) Bauort, Bauwerft, Werkstoff und besondere Einrichtungen	Länge Breite Tiefe Seitenhöhe	Aufbauten Anzahl der Decks usw.	Maschinenzeichen Letzte Besichtigungen Zeichen für Kühlanlage mit Datum, letzte Besichtigung	Maschine Baujahr, Bauort, Erbauer Art, Leistung (PSI) Abmessungen Elekt. Anl. Kw/V.	Kessel Anzahl, Art Dampfdruck/Heizfläche letzter Druckversuch Dampfdruck/Heizfläche
1	2	3	4	5	6	7	8	9	10
1 *Ubena* *John T. Essberger Co.* Deutsche Ost-Afrika-Linie Hamburg *4 dec. Linie* *in Hamb. - Afr.*		⚓100 A [E] mit Freibord 2,21 7. 36. Kl.II.11.36. Hamburg Br. 8.7. 6.39.	9523 5573 6098 a 1;39	8.28.—(3.28.) Hamburg, Blohm & Voß + bei Tfg. bis ca. Fl. I Ƶ 7Ƶ W3 = Db Ƭ (Öl) 20,20 Schlt. 8,90 2Pt zem. & asph. Ƶ Ⓚ Ⓡ Kühlanl. verig. 7.34.	142,85 18,37 9,06 12,32	3 Dh 3 Br 3	✠MC Hamburg Jun 12.5.8. Kl.11.36.) KAZ 6.38.9. Hamburg 5.39. 6.39.	28./34. Hamburg, Blohm & Voß Turbinen mit Rädergetriebe 6500 WPS E.A. 440/220+7,5/110 nSw.7.34. umgb. 34.	5 16,0/1275 Oelfeuerung 6. 32. u. 9. 32.

Kl. augf. 28/ I. 45.   *Bremerhaven* 2.45. *seef.* 6, 31.7.45.   *E L: an England* *abgeliefert* 12 12/47
in dienst d. Marine *IWB 18. 2.45.*

184

BRT:	9 554	9 532
NRT:	5 590	5 573
Tragfähigkeit:		5 110 t
Öl:	860 t	860 t
Wasser:	980 t	980 t
Ausrüstung:	400 t	400 t
Antrieb:	Getriebe-Turbinen von Blohm & Voß	
Kesselanlage:	Ölfeuerung; 5 Kessel; Dampfdruck 16,0 Atm.; Heizfläche 1 275,0 qm	
Leistung:		6 500 WPS
Geschwindigkeit:	14 Knoten	15,5 Knoten
Besatzung:	160	160
Passagiere:	384	338
Schornsteine:	2, davon einer blind	

Chronik des Schiffes

1928   31. 3. Stapellauf bei Blohm & Voß. Hedwig Driehaus aus Hamburg tauft den Neubau auf den Namen *Ubena*.
11. 7. Dampfer *Havenstein* rammt die am Steinwerderufer liegende *Ubena*. Das Heck des Neubaus wird erheblich beschädigt. Die Ablieferung verzögert sich dadurch.
31. 7. Probefahrt. Anschließend wird der Dampfer auf der Route Hamburg – Kapstadt eingesetzt.

1929   *Ubena* gerät bei Wittenbergen und Oevelgönne auf Grund.

1930   In Raum II bricht ein Feuer aus. Das Schiff liegt im Baakenhafen.
8. 4. Der Passagier Walter Schwittag verschwindet auf der Reise von Las Palmas nach Lobito.
25. 10. Auf der Reise von Mombasa nach Aden erleidet das Schiff aus unbekannten Gründen einen Schraubenschaden.
22. 9. Auf der Reise von Las Palmas zur Walfischbay verschwindet der Passagier Ladenburger.

1931   In Tanga stirbt der Steward Wilkens.
27. 8. Kapitän Hermann Minngold Förster übernimmt die *Ubena*.

1934   5. 6. Kollision im Werfthafen mit dem Motorschiff *Milwaukee*. Der Bug der *Ubena* wird beschädigt. Bei Blohm & Voß wird das Schiff durch Vorschuhen um 6 m auf 142,9 m verlängert.

1935   Während einer »Hansareise« verschwindet der Passagier Heinz Pöckel auf der Reise von Bremen nach Hamburg.

1939   Tod des Offiziersjungen Witt an Bord infolge einer Schlägerei. Die Leiche wird in Frankreich beigesetzt.
30. 8. Wenige Stunden vor Ausbruch des Zweiten Weltkrieges kehrt die *Ubena* nach Hamburg zurück. Besatzung wird abgemustert.
23. 9. Kriegsmarine chartert die *Ubena*.

1940   31. 3./3. 4. Der Dampfer verlegt nach Kiel und wird dort Wohnschiff der 7. U-Flottille.

1941 William von Stockfleth übernimmt die Schiffsführung.
Juni: Die 7. U-Flottille verlegt nach Frankreich.
Die neu aufgestellte 3. U-Flottille übernimmt die *Ubena*.

1942 28./29. 4.: Schiff erhält im Dock der Kriegsmarine bei einem Luftangriff drei Brandbombentreffer.
Am 7. 7. Kapitän Hermann Förster löst William von Stockfleth ab.
13. 8. *Ubena* verläßt im Schlepp Kiel-Wik und wird zum Wohnschiff der 21. U-Flottille in Pillau.

1943 21. 6. Japanischer Marinestab besucht die Flottille und die *Ubena*.

1944 März: Admiral von Friedeburg besucht die *Ubena*. Schiff wird schrittweise wieder fahrbereit gemacht. Die Reparatur kostet 70 000 Mark.
18. Juli: Maschinenprobe. Am 23. Oktober ist das Schiff seeklar. Förster organisiert 2 000 Schwimmwesten und 50 Flöße für eventuell mitzunehmende Flüchtlinge. Eine zweite Flak wird aufgestellt.

Die letzten Monate des Krieges im Jahre 1945

Januar *Ubena* ist fahrbereit und unternimmt eine Probefahrt. Im Anschluß macht das Schiff am Schwalbenplatz fest. Keine Landversorgung mehr.
22. 1.: Erhöhte Alarmstufe. 19.00 Uhr alle Kessel klar.
23. 1.: Vorbereitungen zur Abreise laufen an. Wehrmachtsgüter werden übernommen.
24. 1.: Die Bootsoffiziere und Unteroffiziere der Flottille räumen die *Ubena* und steigen auf ihre U-Boote um. Flak kommt an Bord, Ausrüstung und Proviant.
25. 1.: Nachmittags beginnt die Übernahme von Flüchtlingen. Kurz vor Mitternacht verläßt das Schiff Pillau, 2 000 Flüchtlinge an Bord zuzüglich Marinepersonal.
28. 1.: Kiel passiert. Soldaten und Verwundete gehen von Bord.
29. 1.: Rendsburg: Flüchtlinge verlassen das Schiff.

Februar 4. 2.: Fall Anker auf der Weser. 16.00 Uhr: fest im Kaiserhafen.
19. 2.: Order trifft ein: *Ubena* wird Lazarettschiff.
22. 2.: Kapitän Artur Lankau und Geschwaderarzt Dr. Stutz kommen an Bord.
24. 2.: Umbau zum bewaffneten Verwundetentransporter beginnt auf der Unterweserwerft.

März	15. 3.: Die *Ubena* verläßt die Weser, bestückt mit 16 Kanonen, Vierlingen und vielen 3,7-cm-Geschützen. 17. 3.: Schiff ankert in der Strander-Bucht vor Kiel. Am 20. 3. verläßt der Dampfer die Kieler Förde und trifft am 21. 3. in der Danziger Bucht ein. 22. 3.: Schiff übernimmt Flüchtlinge und Verwundete in Neufahrwasser, vor Gotenhafen und Hela. 26. 3.: In den frühen Morgenstunden läuft die *Ubena* Kopenhagen an. 27. 3.: Ab Kopenhagen. 28. 3.: Schiff übernimmt vor Hela Verwundete vom Lazarettschiff *Posen*.
April	1. 4.: Schiff läuft in Kopenhagen ein. 7. 4.: In der Danziger Bucht übernimmt die *Ubena* die Überlebenden des Lazarettschiffes *Posen*. 8. 4.: Die Besatzung des gesunkenen Troßschiffes *Franken* und Überlebende vom brennenden Dampfer *Moltkefels* kommen an Bord. 10. 4.: An Kopenhagen.
Mai	8. 5.: *Ubena* übernimmt auf der Reede vor Kopenhagen 3 000 Soldaten von Zerstörern und tritt mit ihnen um 18.00 Uhr die Reise nach Kiel an. 9. 5.: Englisches Flugzeug stürzt in der Nähe der *Ubena* ab. Schiff ankert in der Strander-Bucht. 10. 5.: Kapitän Artur Lankau wird vor einem englischen Kriegsgericht angeklagt, am Tod des Piloten schuldig zu sein. Freispruch. *Ubena* verholt nach Travemünde. Soldaten verlassen das Schiff und gehen in Gefangenschaft. Schiff zurück nach Kiel.
Juni	*Ubena* wird in England abgeliefert, macht aber noch mehrere Fahrten und bringt deutsche Seeleute aus England nach Cuxhaven.
Juli	17. 7.: Endgültige Ablieferung. Einsatz als Truppentransporter *Empire Ken* vorwiegend in Ostasien.
1957	Schiff wird abgewrackt und verschrottet.

Glossar

Albatros	(1912) Förde-Reederei, Flensburg, 214 BRT. 1983 in Damp 2000 als Erinnerungsstätte »Rettung über See« installiert.
Cap Arkona	(1927) Hamburg-Südamerikanische Dampfschiffahrts-Gesellschaft, Hamburg, 27561 BRT. 3.5.1945 gebombt und in der Neustädter Bucht gesunken.
Ernst	Schlepper der Königsberger Reederei G. & F. Fechter.
Europa	(1928) Norddeutscher Lloyd, Bremen. 49746 BRT. 1964 als *Liberte* in La Spezia abgewrackt.
Friedrich Ihn	(1935) Kriegsmarine, Zerstörer. Im März 1946 in Libau an Rußland übergeben. 1955 aus der amtlichen Liste gestrichen.
Fallreep	Treppe oder Leiter zum Be- und Entsteigen des Schiffes.
Franken	(1943) Kriegsmarine, Troßschiff. 10850 BRT. 8.4.1945 vor Hela gebombt und gesunken.
Fritz Reuter	(1857) Sloman & Co., Hamburg, 1516 BRT. Mai 1897 an Ulriksen, Mandal, verkauft.
Gangway	Landungssteg
Goya	(1941) Kriegsmarine. Reederei: HAPAG. 5230 BRT. 16.4.1945 durch sowjetisches U-Boot *L 3* versenkt.
Hansa	(1923) HAPAG, Hamburg. 20815 BRT. 6.3.1945 infolge Minentreffer vor Warnemünde gesunken. 1949 gehoben. 1982? abgewrackt.
Hulk	Ausgedienter Schiffsrumpf
Kanonier	(1942) HAPAG, Hamburg. 7761 BRT. 1945 an England abgeliefert. Verbleib unbekannt.
Karl Galster	(1936) Kriegsmarine. Zerstörer. Im März 1946 in Libau an Rußland übergeben.
Emden	(1925) Kriegsmarine, Kreuzer. Bei einem Luftangriff auf Kiel am 9./10. April 1945 schwer beschädigt. Wrack am 3.5.1945 gesprengt.
Knurrhahn	Wohnschiff der 21. U-Flottille in Pillau. Es soll sich um ein ehemaliges Minenräumboot handeln.

Lützow	(1933) Kriegsmarine. Schwerer Kreuzer. 16.4.1945 in Swinemünde durch Bomben schwer beschädigt, später von der Besatzung gesprengt.
Moltkefels	(1940) *Hansa* Deutsche Dampfschiffahrts-Gesellschaft, Bremen. 7862 BRT. 10.4.1945 gebombt vor Hela und untergegangen.
Mungo	(1944) Deutsche Afrika-Linien, Hamburg. 1923 BRT. 1946 an Rußland abgeliefert. 1960 in Lloyd's Register gestrichen.
Posen	(1925) Matthies-Reederei, Hamburg. 1062 BRT. 11.4.1945 gebombt vor Hela und untergegangen.
Potsdam	(1935) Norddeutscher Lloyd, Bremen. 17528 BRT. 1945 an England abgeliefert. 1976 abgewrackt.
Pretoria	(1936) Deutsche Ost-Afrika-Linie, Hamburg. 16662 BRT. 1945 an England abgeliefert. Wohnschiff in Indonesien.
Prinz Eugen	(1940) Kriegsmarine, Schwerer Kreuzer. Im Juli 1946 im Bikini-Atoll durch Atombombe schwer beschädigt, sinkt im April 1947.
Robert Ley	(1938) Deutsche Arbeitsfront, Hamburg. 27288 BRT. Nach Bombentreffer am 24.3.1945 in Hamburg gesunken. 1947 abgewrackt.
Rudergänger	Mann, der das Steuerruder betätigt.
Schlesien	(1908) Kriegsmarine, Linienschiff. 4.5.1945 bei Swinemünde nach Minen- und Bombentreffer gesunken.
Seedienst Ostpreußen	Am 29.1.1920 nahm der »Seedienst Ostpreußen« die Schiffahrtslinie zwischen Stettin und Pillau auf.
Unitas	(1937) Deutsche Walfang GmbH, Hamburg. 21846 BRT. 1945 an England abgeliefert. 1965 abgewrackt.
Verholen	Ein Schiff von einem Liegeplatz zum anderen bringen.
Watussi	(1928) Woermann Linie, Hamburg. 9521 BRT. 2.12.1939 vor Kapstadt selbst versenkt.
Wogram	Sicherheitsschlepper, eingesetzt bei der 21. U-Flottille. Mit der *Wogram* setzte sich der Chef der I. Unterseeboot-Lehrdivision am 26.1.1945 aus Pillau ab.
Wilhelm Gustloff	(1938) Deutsche Arbeitsfront, Hamburg. 25494 BRT. Am 30.1.1945 durch sowjetisches U-Boot *S 13* versenkt. Über 5300 Tote.
Z 25	(1940) Kriegsmarine, Zerstörer. 1945 Großbritannien zugesprochen. 1946 an die französische Marine übergeben. 1961/62 abgewrackt.

Quellen

Cajus Bekker: Flucht übers Meer, Gerhard Stalling Verlag 1959

Fritz Brustat-Naval: Unternehmen Rettung, Koehlers Verlagsgesellschaft, Herford 1970, 4. Auflage 1985

Dieckert Großmann: Der Kampf um Ostpreußen, Gräfe und Unzer Verlag, München 1965

Karl Dönitz: 10 Jahre und 20 Tage, Bernhard & Gräfe Verlag, München 1981

Hans H. Hildebrand/Albert Röhr/Hans-Otto Steinmetz: Die deutschen Kriegsschiffe, in 7 Bänden. Koehlers Verlagsgesellschaft, Herford 1979–1983

Im Dienste der Afrika-Schiffahrt, Broschüre der Reederei 1971

Egbert Kieser: Danziger Bucht, Bechtle Verlag, München

Wolfgang Paul: Der Endkampf, Bechtle Verlag München 1976

Hans Georg Prager: Blohm + Voss, Koehlers Verlagsgesellschaft, Herford 1977

Hans Schäufler: 1945 Panzer an der Weichsel, Motorbuch-Verlag 1979

Heinz Schaeffer: U 977, Limes Verlag, Wiesbaden

Karl Heinz Schwadtke: Deutsche Handelsschiffe 1939–1945, Gerhard Stalling Verlag 1974

Tagebuchaufzeichnungen der Kapitäne Hermann Mingold Förster und Artur Lankau und Elisabeth Wittke.

Fotos: Archive Blohm + Voss, Deutsche Afrika-Linien, Archiv Clemens Förster, Nachlaß Artur Lankau, Privatarchive von Stockfleht, Kurt Zimmermann, Adolf Popken, Dr. Stutz, Herwig Collmann, Willy Lankemann, Otto Schuhart, Gunnar Brumshagen.

Karten: Deutsches Schiffahrtsmuseum Bremerhaven

Besonders möchte ich mich bei Elisabeth Wittke, Clemens F. Förster, Uwe Diers, Otto Schuhart, Hans-Rudolf Rösing und Herwig Collmann für ihre Unterstützung bedanken.

Kurt Gerdau versteht es, die Leser durch seinen realistisch-reportage-haften Stil anzusprechen und immer wieder zu fesseln. Hier zwei weitere Bücher:

Rickmer Rickmers

Ein Windjammer für Hamburg

88 Seiten im Format 13,5 × 20 cm. Mit 31 Fotos und 9 Karten. Paperback

Dieses lebendig geschriebene Buch stellt den Windjammer *Rickmer Rickmers* vor und erzählt seine rund 90jährige wechselvolle Geschichte: Als Vollschiff gebaut, ab 1905 als Bark getakelt, diente es zwei deutschen Reedereien in der Salpeterfahrt, wurde 1916 von den Portugiesen als Prise genommen und 1924 zum Schulschiff der portugiesischen Marine umgebaut. Noch 1956 und 1958 nahm der Segler als *Sagres* an den Windjammerparaden teil. Heute ist er Hamburgs Museumsschiff.

Cimbria

Drama bei Borkum-Riff

In der Sammlung »Die Brigantine«
200 Seiten im Format 10 × 17 cm, 6 Seiten Dokumente, Efalinleinen.

Am 18. Januar 1883 wurde Europa durch einen Schiffszusammenstoß erschüttert: 434 Männer, Frauen und Kinder, die in der Neuen Welt ein besseres Leben erhofften, gingen mit dem Auswandererschiff *Cimbria* vor der deutschen Küste unter.
Was spielte sich damals vor Borkum-Riff ab, wie konnte ein solches Unglück geschehen, wer war schuld, warum wurden so wenige Menschen gerettet?
Kapitän Kurt Gerdau ging diesen Fragen nach, klärte Tatsachen und versetzte sich in die reale Situation und in die Psyche der Beteiligten, der Opfer, wie der Geretteten. Er berichtet über Versäumnisse und Unzulänglichkeiten, über stilles Heldentum, Angst und Mut auf dem Hintergrund der Katastrophe.

Koehlers Verlagsgesellschaft · 4900 Herford

Decksplan der »Ubena«

Quelle: Deutsche Afrika-Linien

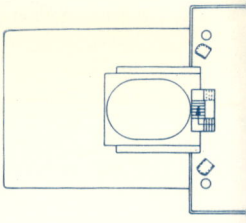

Spieldec

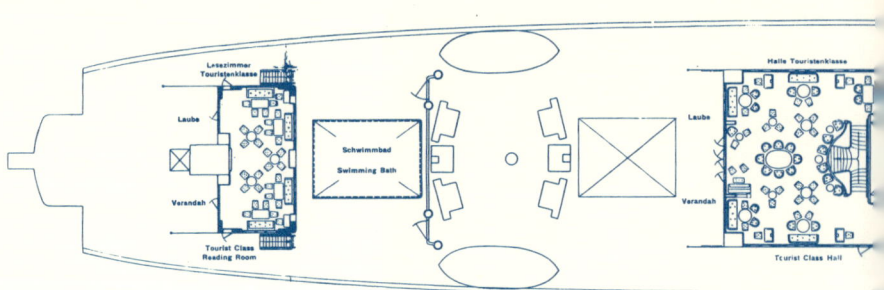

Touristenklasse — Tourist Class

Promenadend

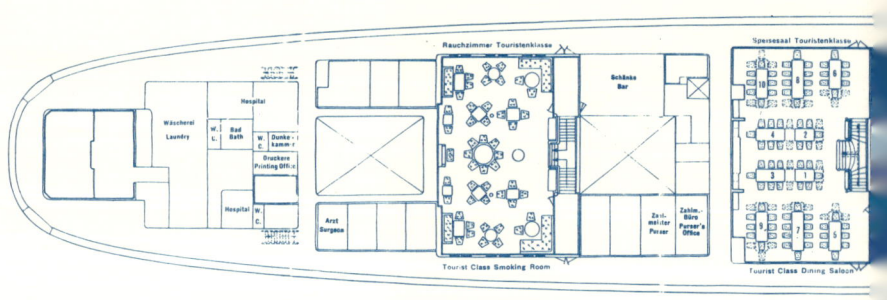

Touristenklasse — Tourist Class

Oberd

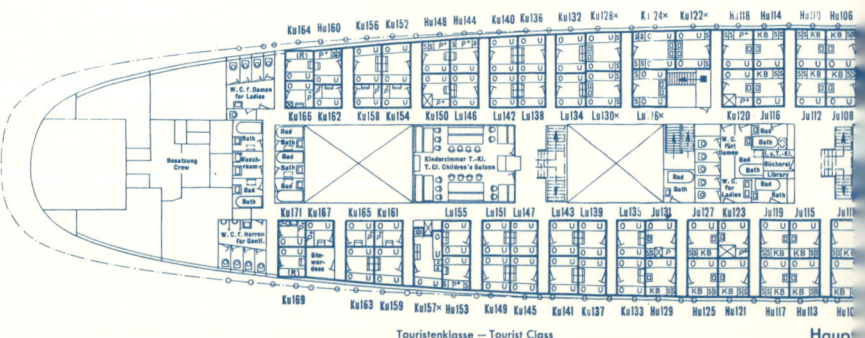

Touristenklasse — Tourist Class

Haupt

■ Nach dem Gepäckraum Touristenklasse
To the Tourist Class Baggage Room